本丛书得到国家社科基金重大项目《把握经济发展趋势性特征，加快形成引领经济发展新常态的体制机制和发展方式研究》（批准号 15ZDC009）和深圳市人民政府委托重大项目《加快发展新经济的体制机制问题：中国发展新经济的问题与对策研究》的资助

国家出版基金项目
NATIONAL PUBLICATION FOUNDATION

中国改革新征途：
体制改革与机制创新丛书

A New Journey in China's Reform:
A Collection of System Reform and Mechanism Innovation

国家治理与财税改革

National Governance&Fiscal Reform

冯俏彬◎著

人 民 出 版 社

策划编辑:郑海燕
责任编辑:郑海燕　李甜甜
封面设计:林芝玉
责任校对:苏小昭

图书在版编目(CIP)数据

国家治理与财税改革/冯俏彬 著.—北京:人民出版社,2018.3(2019.4 重印)
(中国改革新征途:体制改革与机制创新丛书)
ISBN 978-7-01-018578-1

Ⅰ.①国… Ⅱ.①冯… Ⅲ.①财税-财政改革-研究-中国 Ⅳ.①F812.2

中国版本图书馆 CIP 数据核字(2017)第 285596 号

国家治理与财税改革
GUOJIA ZHILI YU CAISHUI GAIGE

冯俏彬　著

人民出版社 出版发行
(100706　北京市东城区隆福寺街 99 号)

北京盛通印刷股份有限公司印刷　新华书店经销

2018 年 3 月第 1 版　2019 年 4 月北京第 3 次印刷
开本:710 毫米×1000 毫米 1/16　印张:25.25
字数:303 千字

ISBN 978-7-01-018578-1　定价:80.00 元

邮购地址 100706　北京市东城区隆福寺街 99 号
人民东方图书销售中心　电话 (010)65250042　65289539

总　序

　　一部中国改革史,其实也是一部制度和体制机制变迁的历史。在中国经济进入新常态的大环境下,制度改革、制度创新和体制机制变迁的作用更加凸显。党的十八大以来,以习近平同志为核心的党中央强调,"摆在我们面前的一项重大历史任务,就是推动中国特色社会主义制度更加成熟更加定型,为党和国家事业发展、为人民幸福安康、为社会和谐稳定、为国家长治久安提供一整套更完备、更稳定、更管用的制度体系"。①"到二〇二〇年,在重要领域和关键环节改革上取得决定性成果,完成本决定提出的改革任务,形成构建系统完备、科学规范、运行有效的制度体系,使各方面制度更加成熟更加定型"②,推进国家治理体系和治理能力现代化。党的文献中首次出现并重点强调"制度体系""制度定型"的概念,让世界看到新一轮改革的制度取向。

　　今天中国的改革,已经进入以强化制度建设为核心的全面深化改革阶段。"制度改革"始终聚焦重要领域和关键环节,"制度创新"始终注重顶层设计和配套衔接,综合部署"弹钢琴",使一系列制度体系愈加成熟定型。改革不是单个领域体制的调整和修补,而是各方面体制

---

① 《习近平谈治国理政》,外文出版社 2014 年版,第 104—105 页。
② 《十八大以来重要文献选编》(上),中央文献出版社 2014 年版,第 514 页。

与制度的创新;不是某个领域体制改革的单向推进,而是各领域、各层次的系统推进;不是止步于改革体制机制,而是要着眼于制度聚合与集成,形成总体性的制度成果和制度文明。以制度建设巩固改革开放的成果,以制度创新激发社会活力,增进全体人民福祉,这是全面深化改革不遗余力推进制度创新的深层逻辑。

我国仍然处在社会主义初级阶段,在跨越"中等收入陷阱"的进程中,完善社会主义市场经济体制具有特殊的紧迫性。经济发展进入新常态以来,党中央、国务院提出了供给侧结构性改革的战略部署,核心要义是优化制度供给,形成引领经济发展新常态的好的体制机制。可以说,本套丛书的研究也契合了制度供给侧改革的理论和实践,并得到了国家社会科学基金重大项目《把握经济发展趋势性特征,加快形成引领经济发展新常态的体制机制和发展方式研究》(编号 15ZDC009)的资助。

党的十八大以来,党和国家的事业发生历史性转变,我国发展站到了新的历史起点上,中国特色社会主义进入了新的发展阶段。党的十九大开启中国发展的新篇章,社会主义现代化强国建设的新征程拉开大幕,客观上要求中国特色社会主义制度体系更加成熟定型。本套丛书意在为推进我国重要领域和关键环节的制度建设,提高国家治理能力现代化提供有益借鉴。

张占斌

2017 年 8 月

于国家行政学院

目　录

前　言

　　自 2013 年党的十八届三中全会《中共中央关于全面深化改革若干重大问题的决定》指出"财政是国家治理的基础和重要支柱"以来,学界就展开了国家治理与财政改革关系的热烈讨论。借此书出版之际,在此谈谈我对这个问题的一些思考。

　　"治理"一词,本是个政治和公共管理学科中的概念。一般认为,所谓治理,是相对于自上而下的管理而言,体现的是多元、参与、协商、共治等内涵。多元是指主体,即除了政府,还应将企业、社会组织、公民等包含在内,且每一类中还应包括可能存在利益冲突、诉求各异的各方。参与是指所有主体都有平等参与那些与自己切身利益攸关的公共政策讨论的机会,当然参与的具体方式——比如是直接参与还是代议——要因具体情况而有所不同。协商是指对于利益诉求不完全一致,甚至可能存在严重冲突的各方,要在充分表达的基础上寻求"最大公约数",其实质是现代政治中最精髓的两个字:"妥协"。共治是指所有主体通过共同参与达成对于公共事务的共同决定,并在这一过程中形成共同的价值观。可以看出,"治理"这个概念更多的是政治性的、社会性的,而非经济性的、技术性的。

　　长期以来,财政一直被认为主要是经济性的、技术性的。对于财政最一般的定义是：政府的收支活动。因此财政主要研究的是"收、支、用、管"，即税收、财政支出、预算管理以及中央与地方财政体制等一系列具体问题。研究方法也主要是经济性的，以前的研究主要偏定性，近年来定量研究、实证研究则大行其道。研究群体主要是经济学者，甚至从学科上看，财政也长期归于经济学之下的应用经济学科。一言以概之，既有财政是"政府财政"的代名词，通过收税、预算、会计、报表等一系列技术手段管理政府收支活动，财政活动一切基于政府、一切为了政府。

改革开放以来，随着我国经济社会发生的巨大变化，财政形态也处于嬗变之中（这在学术界常常冠以"财政本质"的相关研究）。1994年以前，财政理论中"国家分配论"一统天下。1994年以后，财政开启了"公共财政"之路，许多重要的财政管理举措——如部门预算、政府采购、国库集中支付、收支两条线等——在这一个时期陆续推出，一个与市场经济体制相适应的财政管理框架基本上构建成型。以2013年《中共中央关于全面深化改革若干重大问题的决定》为标志，财政进入了一个新的历史时期，开始了由公共财政向现代财政的第二次蜕变。

与公共财政所强调的建设社会主义市场经济体制的大背景不同，建设现代财政的背景是国家治理体系和治理能力的现代化，既涉及经济体制改革，更涉及行政体制、社会管理体制、生态文明建设等治国理政的方方面面，内涵与外延都大得多。所以笔者认为，现代财政与公共财政最大的区别在于：公共财政语境下，财政主要关注的是公共支出占全部财政支出的比重，即财政支出中有多少钱花到了民生上、花到了老百姓身上。相对于国家分配论下的"生产建设型"财政，这显然是一种非常积极和重要的变化，但坦率地讲，中国的公共财政主要在于培养政府的"公共""民生"自觉，仍然是一种自上而下的给予。相比较而言，现代财政的内涵——即使从来没有被准确表述过——则是基于多元、参与、协商、共治的这一"治理"基础，既有自上而下，更有自下而上；既有政府自觉，更有公众主动参与以及整合不同意见的程序与机制。更重要的是，在这一过程形成了共同价值观和所有人"同呼吸、共命运"、休戚与共的"命运共同体"之感。

因此，"现代财政"除了继续保持财政之经济性、技术性这一面外，更迫切的是要引进和加强其政治性、社会性的另一面。放眼当下，这一潮流正在形成过程之中。近年来，多名财政专家撰文强调财政的综合性与交叉性、关于财政学科属性的讨论也已成为财政学界最热的话题之一。国内公共管理、社会管理的专家学者也正积极加入财政研究的行列，为打开财政的政治性、社会性之门贡献了前所未见的视角与成果。

本书的编排在一定程度上体现了作者对这一潮流的响应。全书按主题分为五个部分。第一部分的主题是"创新财政基础理论"，题目十分"财政"，但内容却力图体现"治理"。比如，第一篇文章即是关于政府、市场、志愿部门三者关系应从"替代"走向"合作"，而这正是治理的要义之一。第二篇关于权益—伦理型公共产品的文章，也超越了从经济角度定义公共产品的学科局限，将"集体选择"的成分融入其中。"私人产权与公共财政"更是试图探讨经济、政治、财政形态三者之间的互动关系。

第二部分的主题是"加强宏观经济管理"。该部分文章所涉及的均是近年来国家重大经济话题，如深化供给侧结构性改革、大力发展新经济、化解产能严重过剩、加强生态文明建设等，虽然与财政密切关联，但具体内容也超出了一般意义上的财政范畴，反映了作者试图在更加宏大的视域中定位财政、研究财政的努力。

第三部分的主题是"推进政府层级改革"。前几年,财政学界对政府层级、省管县等问题的讨论非常热烈。这一部分中的内容在一定程度上继承了这一财政研究的传统,但不只站在财政的视角,而是对优化我国行政层级与行政区划、创新跨区域行政体制等直接关联甚至影响中央、地方财政体制、事权划分的深层次问题进行了探讨。

第四部分的主题是"完善社会治理"。这是近年来财政研究的一个新维度,迄今为止对此的开发远远不够。本部分中收进的几篇文章是从政府购买服务、政府如何支持社会组织的发展等角度进行的一个初步探索。

第五部分的主题是"推进财政供给侧改革"。相对而言,这一部分中收进的文章均是典型的财政研究主题,但力图体现最新、最近的形势。比如,面对美国税改压力,中国如何减税,如何理顺我国税、费、价、租体系,农民工市民化的财政支出和消费税改革等,这些都是当前各界关心的热点话题。

必须承认,以上从"治理"角度编排全书与其说是作者自觉而为的,不如说是被时代潮流和工作需要所推动的。自从我进入国家行政学院工作以来,这种推涌无处不在,所有的讲课与课题研究,都不可能就财政论财政,也不可能只关注技术细节而不问前途与方向。相反,我们必须从治国理政的要求出发,将财政置于国家发展、政府工作、社会需求的大时空背景下进行思考与研究。"跳出财政看财政"这一财政人梦寐以求的境界,就这样在无意中一点一滴地践行起来了。

总之,国家治理与财政改革是一个极其复杂的互动过程。一方面,财政必须在推动国家治理体系和治理能力现代化的过程中继续发挥"革命军中马前卒"的先锋作用,以财政改革带动和促进国家治理体系和治理能力的现代化。另一方面,没有国家治理体系和治理能力的形成和支持,财政改革要往前推进,也是难如登天。我国房地产税历经十年讨论,至今仍然处于胶着状态,就是对此最生动的说明。这表明,在现代社会,但凡涉及所有人的公共问题,仅以经济性、技术性的方法进行回应,很难找到解决出路。中国财政,正处于国家治理的转折点上!

冯俏彬

2017 年 8 月 6 日于北京

第一部分

创新财政基础理论

从替代走向合作:论公共产品提供中政府、市场、志愿部门之间的新型关系

经济学研究的起点是市场,公共经济学研究的起点是市场失灵。继市场失灵理论之后,学术界先后进行了关于政府失灵、志愿部门失灵的讨论,形成了政府、市场、志愿部门之间基于"失灵"而依次"替代"的理论体系。本文认为,面对近年来国内外多主体合作提供公共产品的实践,这种理论已逐渐显露出对现实的解释力不足和对实践的指导力不够的问题,因此有必要重新强调和重视政府、市场、志愿部门作为社会枢纽性运行机制的"有效"性,并在此基础上,"否定之否定"地构建以"合作"为主旨、以"权力共享、共同治理"为特征的多主体提供公共产品的崭新理论框架,以期更好地解释现实和指导实践。

"理论是灰色的,而生活之树常青"①。近年来,我国公共产品提供实践中越来越重视政府与市场的合作,公私合作伙伴关系(Public Private Partnership,简写为 PPP)已成为广为人知的公共经济学新词汇。但是,在公共经济学的相关理论中,以"失灵"为标签的概念体

---

① 列宁引自康德名言,见《论策略书》,载《列宁选集》第 3 卷,人民出版社 1972 年版,第 26 页。

系——如市场失灵、政府失灵——仍然是公共经济学家案头的主要理论武器。我们认为,以往仅从关注"失灵"出发,主要看到的是政府与市场相互之间的"替代",而不能水到渠成、合乎逻辑地通往双方的"合作"。事实上,在发达市场经济国家,提供公共产品的实践已经跨越了"失灵"的分析而呼唤着理论的创新;在作为新兴市场经济体代表的中国,更需要理论创新以尽可能彰显"制度的后发优势"。那么,一个能有效解释公私合作——甚至再开阔一点,涵盖在西方国家广泛出现、我国近年也初露端倪的志愿部门大量介入公共服务领域现象——的理论基础何在呢? 进一步说,在公共产品提供中的思维起点和认识框架应做何种与时俱进的改变与创新呢? 本文拟在这方面作出努力。

一、政府、市场、志愿部门关系的
传统视角:从失灵到替代

(一)从市场失灵到政府干预

古典经济学认为,市场这只"看不见的手"自动引导人们的行动,从而调节资源配置,促进社会经济繁荣,并达到社会福利的最大化。作为人类社会历史上最好的经济制度,市场经济空前释放了人的创造力和活力,资本主义在几百年间创造的财富超过了过去人类历史上数千年间财富的总和。但是,市场主要解决的是效率问题,"市场没有道德,市场也没有良心",在追求效率的主要导向下,市场经济运行产生了一系列不合意的结果(虽然在经济上的直观表现为有效),如社会贫

富差距的拉大、公共产品提供不足、垄断、外部性等,即萨缪尔森所言"即使最有效率的市场体系,也可能产生极大的不平等"①,这些不仅反过来影响经济的可持续增长,同时也带来严重的社会问题甚至危及社会稳定。这就是广为人知的市场失灵问题。

针对市场失灵的处方是引入政府干预。以凯恩斯的《通论》面世为标志,西方社会进入了长达三十多年的政府实施干预的时期,主要表现为政府投资的大量增加和社会福利的逐渐普及。在这场影响深刻的政府干预进展中,政府这只"看得见的手"逐渐与市场这只"看不见的手"几乎成为同等重要的配置资源力量。西方社会进入了混合经济时期。

(二)从政府干预到政府失灵

基于福利经济学的逻辑,政府干预从一开始就以校正市场失灵为己任,这既是政府干预产生的理由,也是其合法性的依据。换言之,政府干预是应对市场失灵的一种替代性机制②。

仅以提供公共产品而言,由于公共产品的非竞争性和非排他性,导致不能确认付费主体,也不能确认消费数量,换言之,不能形成价格与可行的收费方案,因而不能收费。这使得在市场环境下,这些为全社会所必需的公共产品要么无人提供,要么虽然有人提供但提供的数量远远不能满足需要。于是人们转而寻求政府的替代性介入。

---

① [美]保罗·萨缪尔森、威廉·诺德豪斯:《经济学》第 17 版,华夏出版社 2002 年版,第 29 页。

② 早期学者认为市场失灵主要体现在四个方面(所谓的"老四条"),即所谓的外部性、收入分配不公、提供公共物品和宏观经济不稳定。后来的新市场失灵理论对此有所发展,认为政府干预是基于信息不充分而存在的,因而凡是有信息不充分的地方,就有政府干预存在的必要性。

同市场一样,政府提供公共产品也必须要回答,"为谁生产?""谁来生产?""生产多少?"的问题。以"为谁生产?""生产多少?"而言,由于存在着广泛的"搭便车"心理,相当部分的人不愿意表达自己对于公共产品的真实偏好,如何尽可能准确地获得公民对于公共产品的真实需求与偏好,长期以来一直是真正的"公共经济学之谜"。

从后来的情况看,公共选择学派对此问题进行了一系列卓有成效的探索。首先,公共选择全盘移植了"经济人"这一经济学的基本假设;其次,公共选择将政治视为一个特殊的市场,在这个市场上,选民相当于消费者,政治家相当于厂商,选票则相当于货币;最后,正如交易是市场活动的基本单元,交易也是政治活动的基本单位,即选民用选票交换政治家的政策。在这个逻辑下,选民投票的结果就是他们对于政治家所提出的政策(即公共产品)的偏好表现情况。

投票最好的结果是"一致同意",这表明所有公民对于某种公共产品的提供数量和成本分担达到了完全的一致,是一种最理想的结果。但是,正如完全竞争的市场一样,政治活动中的一致同意几乎也是不可得的。由于一致同意不可得,现实中往往采取两种投票机制:一是以少数服从多数为基本原则的直接民主制;二是代议制。对于前者,内生的缺陷是,任何一项政策必有少数人的偏好不能得到满足,"存在未被满足的需求",极端的情况下还可能引出"多数人的暴政";对于后者,则内生性地存在委托代理及其中的扭曲与道德风险的问题。因此投票制下公民对于公共产品的偏好表达仍然是不尽准确的,即使学者在技术上发展出"单峰""双峰"等细致分析,但阿罗的"不可能定理"最终无懈可击地证明了此路不通①。

---

① 此处仅分析了民主政体下的情形。比较而言,集权体制下由精英基于某种自觉、判断和经验提供的公共产品,与人民的真实偏好之间发生偏差的可能性更大。

进一步地，即使是关于提供什么公共产品、提供多少这样的政策制定出来后，在执行、评估、监测的过程中仍面临着一系列问题，如组织内部的分权问题、激励问题和政治家、官员的"经济人"取向等问题。总之，广泛的政府干预引出了广泛的政府失灵。

除此之外，在市场失灵的其他几个方面，政府干预也同样存在着若干不尽如人意的方面。更重要的是，政府干预还导致了对个人空间、个人自由的某种紧逼和挤压，这对广泛认同个人自由的西方社会而言，在价值观上是难以接受的。凡此种种，都使人们对政府干预产生了广泛怀疑，并进而提出了政府失灵的问题。

（三）从政府失灵到志愿部门[①]介入

从后来的情况看，对公共产品领域中的政府失灵是从两个维度进行校正的。第一，把市场的还给市场，表现为创造性地区分"公共产品的提供（delivery）"与"公共产品的生产（produce）"两个概念，一方面坚持政府负有提供、送达公共产品的责任，另一方面打破只有政府才能生产公共产品的神话，在公共产品的生产中引入市场机制，多主体进入，通过形成竞争来提高效率，这就是 20 世纪 80 年代弥漫于整个西方社会的"公共产品私人提供"的浪潮。第二，把社会的还给社会，即重新重视志愿部门在提供公共产品方面的作用。

按萨拉蒙的定义，志愿部门通常具有六个特征，即民间性、非营利性、组织性、志愿性、公益性和自治性。相对于政府（第一部门）和市场（第二部门），志愿部门常常也被称作第三部门，或非营利组织和非政

---

① 志愿部门又有非政府组织（NGO）、非营利组织（NPO）、第三部门、公民社会、民间组织、社会组织等不同称呼。

府组织①，其实质是一种民间自组织形式。这种民间自组织的形式古已有之②，并长期在济贫、救灾、教育、医疗、住房等公共产品领域发挥作用。只不过自古典经济学以来，理论家们更多地关注市场，福利经济学以来，理论家更多地关注政府，志愿部门这种民间自组织始终处于视而不见的角落中③。且福利国家兴起以后，由于政府大力介入、一力承担提供公共产品和服务的责任，确实在一定程度上弱化、边缘化了志愿部门在这方面的功能与作用。但是，福利国家下政府始终面临着庞大的公民权利性需要（mandatory spending）和财力困顿、预算硬约束的两难困境，到后来不得不致力于"以结果为导向"、不再囿于"政府必须提供公共产品"的教条，转而重新重视包括志愿部门在内的多主体公共产品的提供机制。

（四）从志愿部门介入到志愿部门失灵

相对于政府干预下始终存在"未被满足的需要"，志愿部门天生是用来满足少部分人的需求的。如一个关爱艾滋病患者的社会团体，一个从事保护野生动物的协会，一个致力于救灾的志愿者联盟……针对

---

① 从其名称上就可以看出，志愿部门从一开始起，在理论家眼中的身份就是不确定的，其参照系要么是市场，要么是政府，要么是市场和政府。

② 斯蒂芬在《网络化治理》中说，在古老的希腊就有将税费收缴工作外包给税款包收人和将国有矿藏出租给受让人的做法；萨拉蒙在《公共服务中的伙伴——现代福利国家中政府与非营利组织的关系》一书中提及，对于美国而言，志愿部门在殖民地时期即美国联邦政府之前就已存在了。在我国，夏成立之前的各种氏族、部落似也可视为一种自组织。此后在长达数千年的以中央集权、专制为主要特征的封建社会，民间自组织在我国也从未消失。

③ 2009年诺贝尔经济学奖得主埃莉诺·奥斯特罗姆因其对民间自组织的研究获此殊荣。有人猜测，她之所以获奖的原因之一在于其时的社会心理：正是2008年爆发的全球性经济危机使得人们第二次世界大战时建立起来的对于强大政府的信心发生了根本性的动摇，鉴于早已认识到市场的不完全可靠，此时又认识了政府的不可靠后，人们转而回到那些最古老的传统中，重新认识志愿部门在整个社会中的作用。

的恰恰就是一小部分人的需要。同时必须看到,仅就一个志愿团体而言,其规模也许不大,其服务的人群也许是一小部分,但如果同时存在着形形色色的、成千上万的志愿者团体,则那些在统一的政府体系中不能体现、不能满足的需求在志愿部门介入后则常常可以得到比较理想的满足。从这个意义上讲,志愿部门的介入在一定程度上弥补了政府失灵。

与此同时,志愿部门也可以部分地弥补市场失灵。相对于市场的利润至上而言,志愿部门秉承"非营利"的宗旨展开活动,可以较低的价格和不以盈利与否为标准扩大公共服务的覆盖面,这种发自善良和人性的服务相对于市场而言,更具温情与关怀,是整个社会的一种情感润滑剂和政府"雪中送炭"的合力因素。

但是,志愿部门也有一些内生性的缺陷,即"志愿部门失灵"。按萨拉蒙的归纳,志愿失灵主要表现在四个方面:一是"慈善供给不足",这主要是基于其资源的有限性;二是"慈善特殊主义",即仅服务于某些特定的社会群体而忽略另一些——甚至更需要帮助——的社会群体;三是"慈善组织家长式作风";四是"慈善业余主义",即志愿部门中充斥着有爱心但无专业技能的业余人员,而这不可避免地会影响到服务的质量①。

(五)简要的归纳

从市场失灵到政府干预,再从政府干预到政府失灵,然后是志愿部门介入和志愿部门失灵……可以明显地看出,以上理论思维的逻辑特征总体而言是板块状的、单向的,即在市场、政府、志愿部门三者之间,

---

① [美]莱斯特·M.萨拉蒙:《公共服务中的伙伴——现代福利国家中政府与非营利组织的关系》,商务印书馆 2008 年版,第 47—50 页。

呈现出一种基于"失灵"而依序继起、替代与被替代的关系①。

历史地看,基于某种机制失灵的理论有利于打破对其的迷信,从而为另一种机制的导入开路,客观上有其积极与进步的一面。但是,在"替代"这枚硬币的另一面则很容易滑入冲突和互不兼容,比如关于政府与市场的紧张关系,不仅在我国改革开放以来多次激烈论辩中可窥见端倪,而且在发达国家,即使时至今日仍然有大量讨论政府与市场冲突的文献。另外,在政府与志愿部门之间,也被认为存在持久的冲突,如罗伯特·奈比斯特说:"我相信,政治国家中的中央权力与教会、家庭、行会和地方社区拥有的一整套功能与权威之间的冲突,是社会结构变化和地位废除的主要来源,它们是我们这个时代社区问题的原因。正如经常所说的,现代政治历史中真正的冲突不在国家与个人之间,而在国家与社会群体之间"②。

这种"让政府的归政府,让市场的归市场"式的思维框架,在许多场合是正确的、有益的、不可或缺的,但也具有愈益明显的"板块式"局限性。正如我们在引言中所指出的,这种基于失灵而替代的逻辑与思维方向,已不能为现实生活中广泛存在的公共产品中的公私合作创新实践提供理论支持,更无法涵盖在西方国家出现的志愿部门大量介入公共服务领域的现实并对 20 世纪后半期以来,政府、市场、志愿部门之间"合作"蓬勃生长的基本事实进行解释。对于我国而言,这种基于失灵而替代的单向思维,更是强化了各方对于二者之间冲突的认识,以至

---

① 萨拉蒙在构建以合作、相互支持为主旨的政府与志愿部门之新型关系时对流行的理论认识进行过全面的回顾与梳理,比如,他说,一般认为,"非营利部门……是为了弥补政府和市场……失灵,是满足人类服务需求的替代性机制"。当然他本人是反对这样的理论认识的。

② 转引自[美]莱斯特·M.萨拉蒙:《公共服务中的伙伴——现代福利国家中政府与非营利组织的关系》,商务印书馆 2008 年版,第 39 页。

于只要出现市场机制运行不畅的现象,下意识的对策就是政府介入、干预甚至代替;反过来,一旦政府运转出了问题,顺理成章的就是放弃政府责任导向下的所谓市场化。改革开放以来,我国在教育、医疗、住房以及某些社会保障事项的改革上,主要呈现的无一不是这种由"失灵"而"替代"的逻辑,且在现实生活中愈益感觉左支右绌,捉襟见肘,建设性不足。从市场到政府再到志愿部门,固然这个链条上的后一环可在某种程度上替代上一环,相互之间存在互补,但是当志愿失灵的概念提出后,接下来我们会很自然地问:谁是志愿失灵的替代者呢?这种替代的游戏能一直走下去吗?与之伴生的冲突和不兼容可以得到削减吗?

在我们看来,建立在"失灵"基础上政府、市场、志愿部门之间的替代与被替代的问题其实不过是人们认识上一种渐进过程的表述而已。在真实世界中,政府、市场、志愿部门从来都在一起。不否认在某一特定的历史时期,它们中的某一个曾居于显眼的,甚至对另两个主体曾产生过相当程度的挤出的时期,但仔细考察一下各个时期的状况,就会发现,它们始终都同时存在,并各自在不同的领域发挥着功用,整个人类社会正是在三者的共同支撑之下走过了历史,经历着现在,同时也通向未来。

近几十年来,随全球化、信息化、文明进步,纯公共产品与纯私人产品的中间联结部分——准公共产品和俱乐部产品、权益—伦理型公共产品①等——不断地发生着多样化的升级发展,已经表现了长足的扩展,从而使政府、市场、志愿部门愈益相互渗透融合。PPP 这一"前沿概念",正呼唤更清晰、更现代化的思维框架。

---

① 关于权益—伦理型公共产品的概念及其表述,请参见冯俏彬、贾康:《权益—伦理型公共产品:基于扩展的公共产品定义》,《经济学动态》2009 年第 7 期。

二、从有效到合作：对三者关系的新认识

我们认为，人类社会的现实发展与进步已经告诉我们，需要转换视角，丰富和发展理论，从重视"失灵""替代"转向重视"有效""合作"，在正面承认和肯定市场、政府、志愿部门各自有效性和失灵之处的基础上，重视各自的优势与长处，由原来的替代、拼接关系，发展到在一系列重要领域（政治领域等当然除外）的相互渗透融合的关系，进而达到互补、整合、共赢、相得益彰的合作伙伴关系。

（一）市场有效

相对于市场失灵，市场大多数时候是有效的，特别是在生产那些有明确受益主体、受益度可准确衡量因而可以运行使用者付费机制的产品与服务方面。市场上行动的个体（公司、企业、个人或其他类型的各类经济主体）无时无刻不在进行着成本与收益的计算，而且——一般而言——只有在因其行动获得的收益大于为此所付出的成本时，个体方会从事某种产品的生产或经营。正是在市场这只"看不见的手"的指引下，成千上万的经济主体基于自身利益所进行的计算与分散的竞争与创新行动，最终导致了经济效率的提高和社会福利的增加，致使市场经济几百年来人类所创造的财富超过了此前数千年的总和。简言之，市场有效主要在于最大限度地动员资源进行"生产"。可以用以下关键词来概括市场有效："自愿""效率"和"创新"。

（二）政府有效

所谓政府有效，主要体现在通过一系列政治机制和程序，寻求符合

大多数人需要且不能通过个体行动实现的共同利益,大到国家安全、生态环境,中到交通体系、公共工程,小到社区休闲公共空间、体育锻炼设施等。这些"公共产品"因为具有了消费的非竞争性和非排他性,而无法被时刻进行成本收益计算的市场主体持续性地取得投入的回报,于是人们转而寻求政治主体和政治规则来实现。与市场相比,政府并不追求个体意义和短期时期内的成本与收益的对称,无论是税收还是各类公共产品(服务)的分配,直观上都体现出相当程度的强制性。可以用以下关键词来概括政府有效:"多数""强制"和"公平"。

(三)志愿部门有效

作为非政府和非营利的第三部门,志愿部门的有效性体现在可满足选择性的人群的某种需要。这可从两个方面理解:一是作为志愿服务提供方的部分社会成员出于种种原因,有自愿从事公共服务的强烈动机和能力;二是志愿服务的需求方,相对于大多数人而言,这些需求是特殊的、只涉及少部分人,因而在奉行多数原则的政治规则下不能得到充分满足。与市场相比,志愿部门主张非营利,并不刻意追求利润;与政府相比,志愿部门崇尚公共服务的"自愿"参与,因此有别于政治强制,这种发自人性、仁慈和善良的服务,是支撑社会长远稳定、和谐的重要"社会基础设施"(social infrastructure)。可以用以下关键词来概括志愿部门有效:"选择性的少数""公益"和"志愿"。

(四)认识三者关系的新视角:基于"有效"的"合作"

可以看出,政府、市场、志愿部门三个主体各自具有显著优势——政府的优势在于可超越个体利益之争提供大多数社会成员需要的公共产品,并以公权力为后盾在社会成员之间进行必要的强制分配,市场的优势在于较高的效率,而志愿部门则有利于满足那些"未被满足的需求"。这些"老生常谈"的话语后面,却隐含着一种新的境界:只要在适当的领域和场合,使它们之中的任意两个形成合作,都可以达到比各自单独发挥作用时更大的效果。

比如,在政府与市场之间,一般情况下,提供公共产品是政府的主要责任,但是,政府提供公共产品并不必然地要由政府生产公共产品,萨缪尔森自己就曾多次指出,"我已经无数次重复告诫,一种公共产品并不一定要由公共部门来提供,它也可由私人部门来提供"①。一方面,在公共产品的庞大光谱中②,真正的纯公共产品数量很少,大部分都是介于私人产品和公共产品之间的准公共产品,而且随着技术的进步和经济条件的变化,准公共产品与私人产品之间的边界还处于不断的漂移之中③。一旦准公共产品更多地向私人产品的方向移动和靠拢,则说明随着技术的进步和经济的发展、体制的优化等,该产品已经逐渐具备了由市场生产所需的收费条件,理论上可转由市场主体来进行生产。特别是进入现代社会以来,随着公民权利的高涨,政府提供的公共产品的清单上还出现了教育、住房、医疗、个人服务等具有私人产品性质的权益—伦理型公共产品,不仅受益主体清晰可辨,而且受益程度也可准确衡量,由市场来生产,理论上和技术上都没有任何障碍。另外,在政府一极,在退出公共产品的生产环节后,政府转而专注于管理,专注于筹资与付费机制的构建、专注于公共产品(服务)的分配与送达,

---

① [美]A.爱伦·斯密德:《财产、权力与公共选择——对法和经济学的进一步思考》,上海人民出版社、上海三联出版社1999年版。

② 对于公共产品光谱的最新表述,请参见冯俏彬、贾康:《权益—伦理型公共产品:基于扩展的公共产品定义》,《经济学动态》2009年第7期。

③ 边界漂移可以发生在公共产品谱系中的任何类别之间,如纯公共产品与准公共产品之间的边界漂移、准公共产品与权益—伦理型公共产品之间的边界漂移、公共产品和私人产品之间的边界漂移等。

将更多的时间与精力用于识别、回应公民的需求并通过一系列的机制将其转化为某种具体的公共政策,即所谓的"决策者应专注于掌舵而不是划桨"(E.S.Savas)。由此,实现市场与政府基于"按经济原则生产,按政治原则分配"的有机分工与合作机制,一面获得市场在生产方面的效率好处,另一面获得政府在公平分配方面的优势,这种基于各自的优势而实现的合作所产生的正面效果,显然要大于其中任何一个主体单独发挥作用时的效果,甚至也大于二者简单的两两相加所取得的效果。

在政府和志愿部门之间,虽然差异显著——政府规模庞大、合法地拥有公共服务的权力、拥有常规性的税收,而志愿部门则往往小而分散、"妾身不明"且资源塞顿,但是志愿部门灵活、多样、选择性强的特点却可以有效地弥补政府大规模集体行动下的疏漏与照顾不周,而且"志愿部门比政府更能提供个人化的服务,可以在更小的范围内运作,可以根据客户的需求而不是政府机构的结构来调整服务,可以允许服务者之间一定程度的竞争"①,因而可获得更高的效率和更好的效果。同时,由于"政府有潜力提供更为可靠的资源,可以在民主政治程度的基础上,而不是根据富翁的希望,确立优先考虑的事情……可以通过建立质量标准等来保证公共服务的质量"②,因此"无论是志愿部门代替政府,还是政府代替志愿部门,都不如两者之间的合作有意义和现实合理性"③。从实践层面上看,近些年欧美已发展出既有别于非营利组织又有别于商业性组织的"公益风险投资"式的"慈善金融"主体,酝酿着

---

① [美]莱斯特·M.萨拉蒙:《公共服务中的伙伴——现代福利国家中政府与非营利组织的关系》,商务印书馆 2008 年版,第 51 页。

② [美]莱斯特·M.萨拉蒙:《公共服务中的伙伴——现代福利国家中政府与非营利组织的关系》,商务印书馆 2008 年版,第 51 页。

③ [美]莱斯特·M.萨拉蒙:《公共服务中的伙伴——现代福利国家中政府与非营利组织的关系》,商务印书馆 2008 年版,第 51 页。

由"第一部门"和"第三部门"结合而来的巨大社会创新①。

甚至在市场与志愿部门之间,其界限也不是一般人所想的那样泾渭分明,同样也有诸多合作的空间。比如,志愿部门在参与提供公共产品时,也需要和其他主体进行竞争,需要进行内部管理,需要像企业一样讲求生产效率……因此在诸多方面需要模仿并借重于市场机制。对于企业而言,尽管其主要目标在于利润,但强大的公民社会和消费者主权在很大程度上约束着企业单纯逐利的取向,并反过来向企业不断注入公益、慈善的道德因子,表现为企业越来越多地承担社会责任,或无数企业主通过经营致富后转而从事公益慈善……这种温情与人性,使得企业家脱离了以往唯利是图的无良商人形象,获得公众(消费者)更多的理解与支持,而这,显然有利于市场机制本身更加顺畅运转。

三、市场、政府与志愿部门之间的新型
伙伴关系:权力共享、合作治理

事实上,在政府、市场、志愿部门之间,以"替代"与板块拼接式的"互补"为初始基础,在现代社会中已生长、存在和发生的广泛深度合作的可能性和创新实践,在发达国家是很容易认定的基本事实。仍以公共产品为例,其生产与提供早已越过了政府的边界,市场、志愿部门都以不同的方式介入到提供公共产品的队列之中。唐纳德·凯特尔(Donald E.Kettl)指出,第二次世界大战以后,美国"在每一个政策领域

---

① 赵萌:《慈善金融、欧美公益风险投资的含义、历史与现状》,《经济社会体制比较》2010 年第 4 期。

都发现了公私伙伴关系""政府对于私人部门的依赖已经变成了战后的主要行政政策模式"①。这种公私伙伴关系有时候又被称为公共服务的民营化②,素有民营化大师之称的萨瓦斯(E.S.Savas)将民营化定义为"更多地依靠民间机构,更少地依赖政府来满足公众的需求"③,即在公共服务的提供中广泛引入市场机制与市场主体,他进一步列出了具体的公私合作机制:合同承包、特许经营、补助、凭单、法令委托、出售、无偿赠与、清算、民间补缺、撤出、放松规制等④。与此同时,各类志愿组织越来越深地卷入公共服务的生产与提供之中,以社会政策为例,"自从20世纪60年代以来,大部分的社会政策项目都是通过两步模式进行管理的……第一步,先联邦政府负责确定富有挑战性的目标,然后向州政府和地方政府拨款,再由州政府和地方政府对一些项目实施管理;第二步,由州政府和地方政府将这些项目中的大部分工作承包给当地组织,特别是非营利团体"⑤。萨拉蒙及其同事通过调查发现,同样在美国,长远以来在公共服务领域内就广泛地存在着公共部门与志愿部门之间的伙伴关系,表现为政府制定政策并出资、志愿部门负责生产和提供相应的服务。以1980年为例,在美国非营利组织的总收入中,来自政府的资金占到65%,在以提供公共服务为主——其中主要是医

---

① [美]唐纳德·凯特尔:《权力共享:公共治理与私人市场》,北京大学出版社2009年版,第8页。

② "民营化"的英语原文为privatization,直译即为"私有化",民营化是一种更易于为中国人所接受的表述方式。

③ [美]E.S.萨瓦斯:《民营化与公私部门的伙伴关系》,中国人民大学出版社2002年版,第4页。

④ [美]E.S.萨瓦斯:《民营化与公私部门的伙伴关系》,中国人民大学出版社2002年版,第7页。

⑤ [美]唐纳德·凯特尔:《权力共享:公共治理与私人市场》,北京大学出版社2009年版,第8页。

院——非营利组织中则高达 77%①，其间的伙伴关系清晰可见。

市场、政府与志愿部门之间的伙伴关系既大大增强了活力，提高了效率，同时也带来了令人迷惑的公共部门、私人部门和志愿部门之间边界的模糊和各种组织功能的交叉往复，并进一步修正着传统的政府管理模式和理念②，从而催生与形成"权力共享、共同治理"的现代行政运作新格局。

所谓"权力共享"，是指自福利经济学以来被政府垄断式的提供的公共产品与公共服务的权力——或者广而言之，政府作为社会管理者的权力——正在由更多的主体分享，市场、志愿部门都已深深地卷入到公共产品的生产之中。正如新制度经济学中"产权束"概念一样，现在，当我们讨论政府管理社会、提供公共产品的权力时，已不能笼统地谈权力，而必须在"权力束"的眼界下对权力本身进行条分缕析。具体而言，权力包括决策权、执行权和监督权，在传统的行政管理中，以上权力主要是由政府内部的不同层级、同一层级内部的不同部门来分别履行的。现在的发展趋势则是：政府仍然保留和执掌着那些体现公共价值、以提供公共产品和公共服务为主的决策权，相关执行权则呈现多主体特征，政府或政府内部的某个部门、企业、各类志愿组织都可能是执

---

① ［美］莱斯特·M.萨拉蒙：《公共服务中的伙伴——现代福利国家中政府与非营利组织的关系》，商务印书馆 2008 年版，第 59 页。

② 唐纳德对传统政府管理模式的描述是：20 世纪 80 年代以前，传统政府管理模式占据主要地位，其主要特征包括：(1) 对政府追求公共目标的动机和政府能力的高度自信，政府就像大公无私而又能力非凡的骑士，当市场出现缺陷和社会病时行侠仗义，祛邪匡正。(2) 夸大公共部门和私营部门之间的差别，淡化两者在管理方面的共通性。(3) 以公共部门的特殊性为由，强化公共服务的政府垄断、集中化和政府机构的直接生产，排斥市场主体、市场价值和市场机制。(4) 政府改革持续不断，但都具有内向特征，关注焦点是政府组织结构、程序、公务员素质提高和奖惩制度的改革。(［美］唐纳德·凯特尔：《权力共享：公共治理与私人市场》，北京大学出版社 2009 年版，第 3 页。)

行主体,甚至监督权也同样呈现出多主体的特征,一方面,科层制政府内部自上而下的监督、同级立法部门的横向监督仍然在起作用,但另一方面,媒体监督、公共监督占据着越来越重要的地位,监督的内容,则呈现了由传统的"合规"监督向加入"绩效"诉求的综合监督的演进。

所谓"共同治理",是指基于伙伴关系的政府、市场、志愿部门之间平等协作、形成和分享共同价值的社会管理新模式。相对于过去政府自上而下的"管理","治理"意味着政府要运作一个网络①,在政府内部既要维持"传统的自上而下的层级结构建立纵向的权力线",在政府外部又要"根据新兴的各种网络建立起横向的行动线"②,致力于在同级部门之间、上下级政府之间,公共部门、私人部门和志愿部门之间形成优势互补的"跨界治理"③,其实质内容就是跨越不同"部门""板块"拼接递补的效应,而生成与追求渗透、融合、系统化提升的合作共赢效应。

更重要的是,在这样一个涉及多方主体的治理结构中,政府、企业、志愿部门通过对话讨论形成和分享共同价值、通过合同明确各方的权

---

① 美国国防部负责国际安全政策的前助理部长,哈佛大学教授小约瑟夫·S.奈在其《全球治理》一文中说,当前"全球治理的大部分工作都依赖于正式和非正式网络。网络组织(比如 G20)被用来设定议程、建立共识、协调政策、交换资讯并设立标准",尽管"网络并不像它们原先管理和设想那样容易被引导和控制",但"多个参与者整合为一体的力量要大于他们作为各自分散的个体的总和"。

② [美]斯蒂芬·戈德史密斯、威廉·D.埃格斯:《网络化治理:公共部门的新形态》,北京大学出版社 2008 年版,第 6 页。

③ 马奔将跨界治理总结为三种类型:第一,行政单位中的跨组织治理(cross-administrative organizationes),即指某一公共事务必须同时由两个或两个以上的政府组织参与才能得以解决,可以是组织内的部门或不同组织部门之间(intra-organizational or inter-organizational)的合作治理;第二,地理空间上的跨区域治理(cross-districts),即指某一公共事务需要跨越不同的行政管理辖区,导致治理权分属不同的区域,需要不同行政区域的政府,甚至不同国家的政府之间的合作治理,譬如长江流经不同的省份,就需要跨区域治理;第三,优势互补上的跨部门治理(cross-sectors),即指某一公共事务的治理需要跨越政府、私人部门与非政府组织的界限,充分发挥各自的优势,形成一种伙伴关系的治理。

利责任形成平等合作、有序分工的关系。不可否认,政府在其中仍然居于中心位置,但与传统模式相比,治理结构中政府与市场、志愿部门之间的关系,已不再是过去政府高高在上的管理与被管理关系,而是一种相互倚重、平等合作的伙伴关系。这一点,既深刻地改变着当代政府的行政模式,同时也深刻地改变着政府花费公共资金、履行财政管理职责的模式。

政府、市场与志愿部门之间这种基于"有效"而形成的伙伴关系,固然源自公共问题本身的高度复杂性,同时更为解决复杂的公共问题提供了方案。无论在中国还是在西方,公共安全、环境保护、自然灾害、治安、资源、教育、医疗等,在流动性越来越强的现代社会,已经从过去单一行政区域内的问题演变成复杂的跨区域、跨部门、涉及多元利益主体的公共事务,完全意义的纯公共产品趋于缩减,而俱乐部产品和权益—伦理型公共产品正随经济社会的发展进步而扩大其覆盖整个"公共产品光谱"的范围,不仅某一个政府部门难有作为,甚至政府整体也不足以应对。正如伦敦政治经济学院院长、著名社会学家安东尼·吉登斯所说,"在现代社会,任何一个行动者,不论是公共的还是私人的,都没有解决复杂多样、不断变动的问题的知识和信息;没有一个行动者有足够的能力有效地利用所需要的工具;没有一个行为者有充分的行动潜力去单独地主导(一种特定的管理活动)"[1]。相反必须要在作为核心的政府的主导下,吸收市场主体、志愿部门等共同参与,借助三者合作形成的新机制将越来越大比重的公共产品资源低成本、高效率地实现,从而达到对复杂公共问题协力共助、合作求解的目的。

---

[1] [英]安东尼·吉登斯:《现代性——吉登斯访谈录》,新华出版社 2001 年版,第195 页。

四、一个理论应用的简要案例:灾害管理中
政府、市场和志愿部门的合作

中国在经济社会转轨的一定阶段上,于近年也愈益表现出政府部门、私人部门、第三部门的由互动而不止于替代、补充,已开始追求合作、渗透与融洽伙伴关系的种种表现。下面我们以近年来频发的自然灾害为例,观察现实生活中政府、市场、志愿部门合作的一面。

自然灾害是一种"负"公共产品。面对个人、小规模集体几乎不可能抗御和应对的自然灾害,政府历来是救助与赈灾的当然主体①,古今中外,概莫能外。尽管如此,任何一个国家的救灾史从来都不仅仅是关于政府的救灾史,同时存在着大量关于志愿部门参与救灾的记录②。在历次应灾的过程中,都可以见到政府、企业、志愿部门协力共助、共赴危难的合作图景。以2008年四川汶川"5·12"特大地震为例,政府在救灾、灾后重建中发挥了极其重要的作用,如灾后尽快调动军队、消防官兵进入灾区救人、抢通道路、抢修各类生命设施、救护伤者、埋葬死难者、转移安置灾民、对灾民进行临时生活救助、恢复灾区各类物资供应等;灾后过渡期结束后,政府及时组织各方面力量制定灾后重建规划,国家财政出巨资扶持灾区重建等,充分发挥了政府动员资源、集结力量的优势,成绩有目共睹。但是,即使在我国这样一个以政府主导为基本

---

① 德国裔美国历史学家魏特夫(Karl Wittfogel)在1957年发表的《东方专制主义——对于集权力量的比较研究》(*Oriental Despotism:A Comparative Study of Total Power*)中认为,东方社会的形成和发展与治水密不可分。大规模的水利工程的建设和管理必须建立一个遍及全国的组织,君主专制便由此形成。

② 详见孙绍骋:《中国救灾制度研究》,商务印书馆2004年版。

特征的救灾与灾后重建模式中,市场主体和志愿部门也大力参与其中。如地震发生后,灾区的大量生活物资主要是由企业运入并销往各地的;进入灾后重建阶段以后,即使是那些全部由财政出资的项目,企业也是其具体执行者和实施者,无论是在基础设施重建、市政设施重建、民房重建、学校、医院、养老院建设……无一不是如此,更典型的例子是,成都市在灾后民房重建中开发出的"联建"模式,即受灾户提供土地、企业或个人提供资金,建成后的房子或者农户一半、联建方一半,或者合作经营、共同分利。这些方式有效地解决了灾后民房重建中面临的重大资金约束,不仅有效地完成民房重建任务,而且为当地灾民开发出一条新的生计来源。其中的合作机制与具体运作,有诸多值得总结的方面。此外,市场大量参与灾后重建并与政府之间形成某种合作关系,还表现在商业性贷款大量流入灾后重建。据统计,四川省灾后重建共花费了 7000 亿元左右,其中 3999 亿元即来自于银行贷款①。这些市场主体基于成本收益计算、以求利为主要动机的行动,因符合其社会的需要而与政府政策引导支持相得益彰,一起发挥了合作救灾、共纾危难的正面作用。至于志愿部门,更是在救灾、灾后恢复与重建方面发挥了令国人为之瞩目的作用,以致有人将 2008 年称为"中国公民社会"的元年。不仅来自民间的捐赠资金达到创纪录的 800 亿元左右,而且全国的志愿者如潮水一般地拥向灾区,在那些政府统一行动顾及不到之处,如救人、医护、灾民心理抚慰、板房区秩序维持、乡村重建、公益设施重建、妇女就业、少数民族文化保护等,无一不活跃着志愿部门的身影,充分发挥了灵活多样、拾遗补阙的作用,有力地填补了那些在政府统一政策之下"未被满足的需要"的空白。

---

① 参见冯俏彬、王勇:《灾后重建:商业性信贷资金、政策性金融支持和立体化资金保障体系建设》,《财政研究》2010 年第 2 期。

需要指出的是,灾害管理是一项具有综合性的复杂任务,多主体参与其中,似乎事所必然。但本文中所论述的政府、市场、志愿部门之间的合作关系不仅存在于类似的复杂任务中,同时也存在于几乎各一项公共事务或公共产品的生产与提供之中。只要深入基层去认真观察,就可以发现,在任何一项公共产品的生产与提供中,都绝对不只有政府的身影,而是政府、市场共同参与其中,如教育、医疗、住房、个人服务以及幼儿教育,无一不是如此。在我国,由于种种原因,志愿部门还不够发达,但即使如此,在上海、广州等大城市,已有大量的志愿部门(国内一般的称谓是"社会组织")深深地卷入到参与面向社区百姓的公共服务之中①。

最后,必须看到,尽管在我国的公共服务提供中,市场、志愿部门已经与政府一起行动,但是总体而言,我们的行政模式仍然是"管理式"而非"治理式"的,政府与市场、志愿部门之间平等合作的伙伴关系要么极其脆弱,要么极不稳定,曾经风行一时的基础设施建设中的 BOT(建设—营运—转移)模式近年来却在某些区域淡出公众视野即为其中一例。究其原因,一方面是因为在我国,政府作为社会管理者和公权力的执掌者和行使者,还没有像市场主体一样受到严格明确的法规约束,因而行政方式有随意、硬性、简单化甚至粗暴的一面。这在很大程度上,就是因为在人们头脑中长期以来形成的计划经济思维惯性与一旦论及市场失灵问题,政府就必须挺身而出加以解决的带有极端色彩的思维逻辑所致;另一方面市场发育水平低、市场主体素质低、志愿者队伍经验不足……往往又进一步印证和放大"政府万能"的幻觉,遏制

---

① 如 2006 年上海市浦东新区社发局、经信委、劳保局等 8 个政府部门分别与民办阳光海川学校、阳光慈善救助社、街道老年协会等 8 家民间组织签订了购买服务的协议,广州市海珠区委以 200 万元向社工组织购买青少年事务服务等。

了对 PPP 机制发展的热情,特别是在某些不该"合作"的领域,官商之间"权钱交易"、腐败风行,亦往往强化了人们对于"公私合作"的困惑与畏惧。但是,中国经济社会日新月异的成长和在一个 13 亿多人的大国中提供公共产品和公共服务的极端复杂性已在提醒我们,是将注意力从主要集中于各主体之"失灵"向适当集中各主体之"有效"转变的时候了,也是我们将政府、市场以及随着我国经济成长而必将进一步成长壮大的志愿部门之间的"替代"关系更多地向正视、重视和培育它们之间"合作"关系转化的时候了。有必要在"公私合作"的理念之下,积极探讨、认真研究如何在三者之间建立、形成和发展定位正确、方式合理、复杂精致的合作机制,以更好地提供各类公共产品。我们认为,这事关我国经济社会的和谐稳定、新时期社会管理的改善健全和整个国家的现代化转轨之宏伟事业。

权益—伦理型公共产品：
关于扩展的公共产品定义及其阐释

消费上的非竞争性和非排他性是经典公共产品理论的基石，有关政府与市场职能划分的依据、公共产品提供方式的合理化等认识，皆由此而来。但是，萨缪尔森等人的经典定义却不能令人信服地解释基础教育、基本医疗服务、廉租房等这类具有竞争性和排他性的产品被认定为公共产品、由政府提供的国内外政策实践。本文在详考已有文献的基础上，认为基础教育、基本医疗服务、廉租房等属于一种特殊的公共产品，我们将其冠名为"权益—伦理型公共产品"。在此基础上，借鉴布坎南等人认识中的合理要素，提出了"扩展的公共产品定义"并进行了相应的理论阐释，勾画了从纯公共产品到纯私人产品的"光谱"，由此在萨氏定义与布氏定义之间实现了"桥接"和"打通"。进一步地，我们讨论了"权益—伦理型公共产品"内在所要求的每隔一段时间重新界定边界所需要的民主化、法治化机制。

关于公共产品(亦称公共品、公用品、公共财货等)的理论认识，在现实生活中密切关联于政府职能、公共财政分配的定位与边界、政府与市场和企业的关系等我国改革开放以来各方反复探讨的重大问题。作一番"理论联系实际"的考察，我们发现，已有的研究文献关于公共产品的定义和认识,除了存在不少细微的差别外,还存在不容忽视的盲区。一般认为,公共产品具有消费上的非竞争性和非排他性两个基本特征,准公共产品弱化这两个特征但又不至弱到"完全不具备"的私人产品程度,或仅具备其中之一。这进一步地引出相关产品提供主体、提供方式等一系列理论认识。但是,基础教育、基本医疗服务、廉租房等当代各国政府普遍提供、我国政府在"公共财政"建设中也在大力强化供给的"公共产品",却并不直观地具有以上两个基本特征中的任何一个,更别说两个同时具备了。基于"两个基本特征"的经典公共产品理论对此不能作出合乎逻辑的解释,因此需要进一步详考已有的文献,重视一种扩展的公共产品定义及其理论研讨与阐释。

一、关于经典公共产品理论的简要回顾

涉及公共产品的理论分析,可以上溯到大卫·休谟(Hume,1739)和亚当·斯密(Smith,1776),但在较完备的形式上,一般认为,现代公共产品理论始于萨缪尔森(Samuelson,1954,1955,1958),他在《公共支出的纯理论》一文中给出了公共产品的经典定义:"任一个个人的消费都不会减少其他个人对这类物品的消费",即所谓的共同消费,用公式表示为 $X_{n+j} = X_{n+j}^i$;其后,马斯格雷夫(Musgrave,1959,1969)将价格排他性原则的非适用性引入公共产品定义,并贴切地把公共产品的特征总结为后来广为接受的公共产品的两个本质特征:消费上的非竞争性和非排他性[①]。

---

① 参见保罗·萨缪尔森(Paul A.Samuelson):The Pure Theory of Public Expenditure, *The Review of Economics and Statistics*, Vol. 36, No. 4 (Nov., 1954), pp. 387 – 389; Michael Pickhardt,Fifty Years after Samuelson's "The Pure Theory of Public Expenditure"一文。

按照这两个基本特征上的不同表现,所有物品又被大体分作三类:纯公共产品、准公共产品和私人产品。其中,准公共产品还可进一步分作两类:能排他但非竞争的"俱乐部产品"、有竞争性但不能排他的"共用品"(也有学者称之为公共池塘物品,如公共渔场、公共草地等)。多名学者进一步用表格、坐标等方式描绘类别,将各类生活中常见的产品在其中予以直观地定位①。

除了公共产品的定义与分类,经典公共产品理论还在公共产品的筹资与成本分担、公共产品的有效供给等问题上取得了一系列的进展,它们与此前众多经济学家对于税收、公共支出问题的探讨汇集在一起,形成了层次分明、内容丰富的理论体系,其中的林达尔均衡、庇古税、公共选择理论、公共产品的多主体提供(政府、私人、集体和自愿提供等)等都对后来的学术研究和实际政策产生了极大的影响。

随着研究的深入和公共产品理论应用于实践,已形成了一种广泛接受的看法:由于公共产品所具有的消费上的非竞争性和非排他性,使得市场机制在其提供上产生失灵,于是需要由政府合乎逻辑地替代市场成为提供公共产品的责任主体②。这既是政府产生的理由,也是界定政府职能范围的依据。也就是说,公共产品理论为政府与市场的分工——政府提供公共产品、市场提供私人产品——提供了理论依据,并在相当长的时间内成为政府干预和公共财政职能定位的理论基础。在我国改革开放进程中,公共产品理论被引进国内,很快被学界接受并成

---

① 参见马珺:《公共品概念的价值》,《财贸经济》2005 年第 11 期;周义程、闫娟:《什么是公共产品:一个文献评述》,《学海》2008 年第 1 期。

② 2009 年诺贝尔经济学奖得主埃莉诺·奥斯特罗姆指出了公共产品的第三条提供道路:集体自组织提供。但她自己也慎言说这仅适用于一部分的公共池塘物品,且现实中同时存在成功与失败的各种案例,参见埃莉诺·奥斯特罗姆《公共事物的治理之道——集体行动制度的演进》,上海三联书店 2000 年版。

为标准的教科书理论。近年来,公共产品理论在全社会得到越来越多的关注,"政府应当提供公共产品和公共服务"成为一致的共识——这种认识的基石,一般认为就是"两大基本特征"。

二、扩展的公共产品定义

尽管公共产品理论取得的成就足以使其在全世界流行,但是当我们用经典的公共产品理论来对照当代各国生动丰富的政策实践时,还是遭遇到一些难以解释、逻辑上不能圆通自洽的阻碍。

(一)教育、医疗、住房等的"公共产品"身份认定问题

在当代,基础教育、基本医疗服务、廉租房等是各国政府普遍提供的公共产品;几乎无人对此持反对意见。但是,它们中的任何一种,如果严格地用消费上的非排他性和非竞争性两个标准来评判,都不是经典定义上的公共产品。以基础教育为例,要实现"排他",在技术上简直是轻而易举,只需要一道校门,而且成本也可以极其低廉;另外,对于任何一个学校或一个班级而言,可容纳学生的人数是有限的,在边际意义上,收了张三就不能再收进李四,竞争性也明显存在。文献对这些的解释,多是从以下三个方面来说明的:

1. 它们不是公共产品,而是准公共产品。

2. 它们具有强烈的正外部性。

3. 它们是优质品(merit goods)。

对此,可依序反诘如下:

1. 所谓准公共产品,是指至少具备消费上的非竞争性和非排他性

两个基本特征中任何之一的产品,如前述俱乐部产品与权益—伦理型公共产品,而教育、医疗、住房等并不直观地具备其中任何一个特征。

2. 并非只有公共产品才具有正外部性,相当多的私人产品也具有正外部性。教育、医疗、住房等固然具有正外部性,但是一个人如果有充足的食品,吃得饱并身体健康,一般而言对他人、对社会也具有正外部性,但似乎还从来没有人认为需要一般性地把食品定义为公共产品。

3. 优质品的内涵与外延都不甚清楚。虽然马斯格雷夫在《预算决定的多重理论》一文将"优质品"定义为"通过制定干预个人偏好的政策而提高生产的物品";1959 年,他在《财政学原理》中再一次指出,优质品是指对消费者有益但由于消费者的无知而消费不足的物品。但理论界对此的解释还莫衷一是。

可以看出,以上努力是从不同角度试图合法化教育、医疗、住房的"公共产品"身份问题。但是,它们都尚未给出教育、医疗、住房成为公共产品而非私人产品的关键性论据。

(二)按照经典公共产品定义,教育、医疗、住房可确定为私人产品

实际上,哈维·罗森(Harvey S. Rosen)早已坦承"……在某些场合,保健服务和住房是由公共部门提供的私人产品"[1]。英吉·考尔(Inge Kaul)在对全球公共产品进行归类时,也将"基础教育、健康保健及食品安全"归于"关键性的私人产品"[2]。英国伦敦政治经济学院社

---

[1] [美]哈维·罗森:《财政学》(第四版),中国人民大学出版社 2000 年版,第 59 页。

[2] 英吉·考尔等编:《全球化之道——全球公共产品的提供与管理》,人民出版社 2006 年版。

会政策系的霍华德·格伦内斯特教授也说:"虽然我们所关注的人类服务也带有一些公共产品的性质,但基本上还是私人产品。"①

另外,蒂莫斯·柏斯里(Timothy Besley)和史蒂文·柯特(Stephen Coate)于1991年发表过一篇《私人产品公共提供与收入再分配》的文章,丹尼斯·艾普(Dennis Epple)和理查德·罗马诺(Richard E.Romano)(1996)进一步讨论了私人产品公共生产时公共支出水平与选民的收入分配之间的关系②。这说明,部分西方学者已经认识到并承认:按经典的公共产品定义,教育、医疗、住房等是既可排他也具竞争性的私人产品。

于是,我们可知,不少有影响的学者其实是倾向于"收紧"公共产品的边界而严格固守"两个基本特征"定义的。但在现实生活中,这个问题的实质却是这些产品该不该、能不能由政府提供?因为在经典公共产品理论的逻辑下,公共产品由政府提供,私人产品由市场提供,已是既定的、广为接受的思维定式。一旦明确并承认教育、医疗、住房是私人产品,它们就立即失去了由政府提供的理论基石。而这,与各国的政策实践、与当代公民权利的价值观是相违背的,是不可行的。这个悖论在现有的研究文献中,还是一个未见正面阐释的盲区。

(三)公共产品定义的扩展:对经典公共产品定义的改进和补充

当我们重新反复梳理文献时,发现还存在另外一种关于公共产品

---

① 唐钧:《社会政策的基本概念与理论框架》,价值中国网 http://www.chinavalue.net/Article/Archive/2007/4/8/61689_14.html,2009 年 4 月 12 日。

② 参见 Timothy Besley and Stephen Coate, Public Provision of Private Good and the Redistribution of Income, *The American Economics Review*, Vol. 81, No. 4 (Sep., 1991), pp. 979-984;Dennis Epple & Richard E.Romano,*Public Provision of Private Goods*,*The Journal of Political Economy*, Vol.104,No.1(Feb.,1996)。

的定义,它早已存在,但却远不像萨缪尔森的经典公共产品定义一样广为流传。

布坎南(James McGill Buchanan)在《民主过程中的财政》(1976)中认为,"任何由集团或社会团体决定,为了任何原因,通过集体组织提供的物品或劳务,都被定义为公共的"[①]。

马尔丁(Malkin)和瓦尔达沃斯基(Wildavsky)(1999)认为公共产品是一种社会构成物(social construct,有人译作"社会观念"),是一种纯粹与文化相关的观念性认定。他们说,一种产品不能根据客观标准来将其定义为公共产品;或者说,不应该由其自身固有的某种属性来定义。一种产品变成公共的是因为它由社会决定以这种方式来处理它[②]。

休·史卓顿(Hugh Stretton)和莱昂内尔·奥查德(Lionel Orchard)(2000),说:"我们将所有那些其供给不是由个人的市场需求而是由集体的政治选择决定的物品,即把任何由政府决定免费或以低费用供给其使用者的物品和服务,看作公共物品"[③]。

与经典的公共产品定义相比,以上定义的重大差别显而易见:经典定义是由某种产品的"消费属性"——是否具有消费上非竞争性和非排他性——来定义的,而布坎南等人则是从"供给主体"(政府还是市场)和决策机制("集体的政治选择决定")来确定的。

但是,我们认为:布坎南等人的定义并不否定、实际上是可以将经典公共产品理论已经形成的基本框架包纳其中。这是因为,在布坎南

---

① [美]布坎南:《民主过程中的财政》,唐寿宁译,上海三联书店1992年版。

② W.VerEecke,Public Goods:An Ideal Concept,*Journal of Social-Economics*,1999,Vol. 28,p.142.

③ [澳]休·史卓顿、莱昂内尔·奥查德:《公共物品、公共企业和公共选择》,经济科学出版社2000年版,第68页。

等人的公共产品定义下,一种产品是否为公共产品,根本标志在于是否经过确定的政治决策由政府来提供,而在决定是否由政府提供时,相关主体自然会考虑到两种情况:一种是那类消费上既有非竞争性又不能排他的产品——大到国防、环保,小到路灯、道路标识等——出于技术和成本的原因"只能"由政府提供,这正是经典的公共产品定义下的情形;另一种是虽然不存在由市场提供的技术或成本障碍,但出于某种共同的关于公民权利的价值观或政治伦理,经集体决策程序认定"应该"由政府提供的产品。正是在此意义上,我们接受布坎南等人对公共产品定义的要点,并可将其视为"扩展的公共产品定义"的关键内容①。

我国学者秦晖关于"群己权界论"的认识框架,也可以对我们提供重要的启示:除了公认的群域和己域,以及"群域要民主、己域要自由"这些公认的规则外,还有很多模糊领域,很难绝对说是群域还是己域。对这部分模糊领域,应每隔一段时间(如几年)让公众有机会重新选择②。比照上述认识,我们可考虑一种一端(群域)是纯公共产品,另一端(己域)是纯私人产品,而中间有大量"准公共产品"的框架。可以认为,经典的萨缪尔森式定义解决了"两端"(即纯公共产品与私人产品)的问题,但在模糊的准公共产品领域,则需要加入布坎南式的"公共选择"要素(即秦晖所说每隔一段时间让公众重新作出选择的制度要素),才能扩展到既合乎逻辑也正视现实地解决绝大多数公共产品都

① 在福利经济学中,教育、医疗、公共住房等往往被视为"社会福利品"。我们认为,福利品的表述突出强调了供给上的"低价"和"免费",但在一定程度上掩盖了生产各类福利品的巨大成本并造成了"公共产品"概念表述上进一步的紊乱。因此我们在本文中不采用"福利品"这样的表述。

② 秦晖:《群己权界论:个人价值整合成社会价值的关键》,《中国与世界观察》2006年第4期。

是"准公共产品"所带来的定义盲区问题。因此,在公共产品的理论阐释上,需要基于现实对经典定义作出扩展与补充,形成扩展后的定义与认识。

三、权益—伦理型公共产品和扩展的
公共产品:一个理论框架

在扩展的公共产品定义下,政府既可以提供公共产品,也可以提供直观形式上的私人产品,前提是只要公共选择程序决定这么做①。教育、医疗、住房固然可以排他也有竞争性,是可以由市场提供的私人产品,但是,当社会发展到一定程度以后,每一个公民能得到基本的教育、生病的时候能得到救治、有基本的住房保障、有一份工作、年老的时候能得到基本生活品等被视为人之所以为人的"基本权利",被视为一个文明社会理应具备的仁慈与人道关怀。这种价值观在得到广泛的共识后,经过公共选择的程序,转化为现实的社会政策。于是,这些以前的私人产品顺理成章地进入了政府提供的公共产品的清单。

不可否认,由政府提供基础教育、基本医疗服务、廉租房等在满足当代社会对于公民权利的诉求,在贯彻"公平""平等"等基本价值观的同时,的确还对全社会带来了实实在在的利益,即大多数文献中所声称的效用不可分割的"正外部性"或公益性。由此,我们将这类新的公共产品称为"权益—伦理型公共产品"应该是恰当的。

在扩展的公共产品定义基础上,公共产品的范围见图1-1。

---

① 这就是丹尼斯·艾普等人研究的私人产品的公共提供问题。反过来,也使"公私合作伙伴关系"概念下市场不仅提供私人产品,有时也提供公共产品得到逻辑上的贯通。

```
                    扩展的公共产品
          ┌──────────────┼──────────────┐
  经典公共产品（有非竞      准公共产品          权益—伦理型公共产品
  争、非排他"两性"，     （有较弱的"两性"）     （无直观的"两性"，随
  与纯私人产品完全对立                      着市场、技术、体制、社
  的纯公共产品）                          会发展）
```

图 1-1　扩展的公共产品结构示意图

（一）权益—伦理型公共产品的基本特点是"有私人产品特征的公共产品"

相对于经典公共产品，权益—伦理型公共产品具有双重性，即"有私人产品特征的公共产品"。也就是说，基于政治伦理，它应当由全体社会成员平等消费，因此只能按照政治原则分配。但是，基于产品属性，则既能排他也有竞争性，且某种这类产品在一定时间的消费总量 X 等于 i（$i=1,2,3,\cdots,n$）个消费者消费量之和，用公式表示为 $X = \sum_{x=1}^{n} X_i$，因此消费它们的效用可分割、受益主体可识别且受益程度可计量，具备了收费的全部条件。由此，在其生产中可以引入经济原则，并打开通向公共部门与私人部门合作的大门（见图1-2）。

1. 按政治原则进行分配，但特别重视那些缺乏权利的人群

大凡公共产品，都应由全体国民平等享受。权益—伦理型公共产品基于"每个人都应平等地享有某种权利"的价值观念而产生，因此理论上讲政府更应当向全体国民平等地提供。但是，必须注意到这样一个事实，任何时候当人们抱怨"不公平""不平等"，呼吁政府作出政策调整时，都存在着一个不言自明的事实，那就是社会中已经有一些人、

```
            ┌─────────────────────────┐
            │      权益—伦理型公共产品      │
            └─────────────────────────┘
                 │                 │
    ┌────────────────┐      ┌────────────────┐
    │    公共产品      │      │    私人产品      │
    │  (基于政治伦理)   │      │  (基于产品属性)   │
    └────────────────┘      └────────────────┘
            │                       │
    ┌────────────────┐      ┌────────────────┐
    │   按政治原则分配   │      │   按经济原则生产   │
    └────────────────┘      └────────────────┘
            │                       │
         ┌──────────────────────────────┐
         │     公共部门与私人部门合作        │
         └──────────────────────────────┘
```

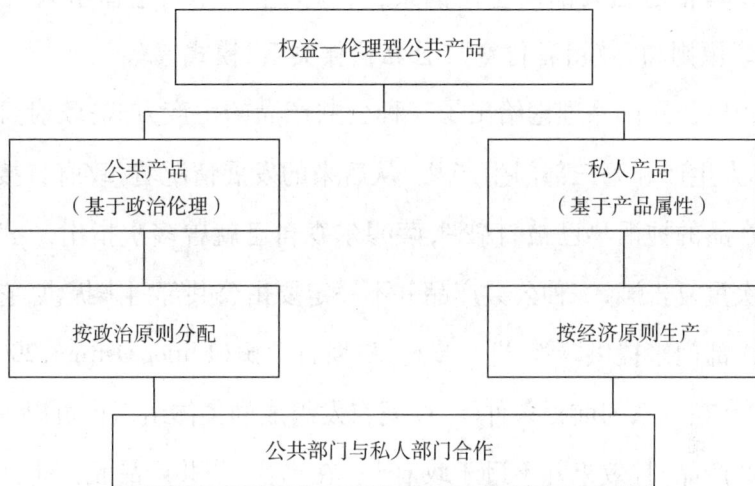

图 1-2　权益—伦理型公共产品的基本特点

一些群体已先行享有那些被视为更多人以至每一个人都应当拥有的权利。因此,权利的普及对象应该是那些还没有权利的群体。换言之,只有缺乏权利才需要争取权利和给予权利,只有权利不均衡才需要普及权利。

注意到这样一个事实,有助于精准锁定权益—伦理型公共产品在某一特定时期的重点供给对象,即那些由于自身不能控制的原因,无力支付学费、医药费、生活费等的低收入者。正如英国公共政策专家迈克尔·希尔(Michael Hill,2003)指出的:现在的发达国家,在历史上公共产品与服务的供给基本上都是首先偏向于最迫切需要得到帮助的贫困人口,然后在此基础上逐渐实现公共产品与服务提供的均等化①。

---

① [英]迈克尔·希尔:《理解社会政策》,商务印书馆 2003 年版。

2. 具备由私人部门生产的条件,因此生产中可全面引入"经济""效率"原则和"使用者付费""公私伙伴关系"模式

经典公共产品理论给出了三种公共产品的生产方式:政府直接生产、私人生产和第三部门生产①。从后来的发展情况看,政府直接生产公共产品的神话早已被打破②,萨缪尔森自己就曾多次指出,"我已经无数次重复告诫,一种公共产品并不一定要由公共部门来提供,它也可由私人部门来提供"③。进一步地,奥斯特罗姆(Elinor Ostrom,2000)已经证明,在一系列前提条件下,民间自发组成的集体组织也可以提供某种公共产品,且效果并不逊于政府④。在当代,公共产品私人生产的观念已广为接受。

在何种条件下,公共产品可由私人提供且数量足够?德姆塞茨(Harold Demsetz,1970)认为,在能够排除不付费者的情况下,私人企业能够有效地提供公共物品;并且通过歧视性价格策略——对不同消费者制定不同价格——可以达到收益最大化从而保证私人能提供足够的公共产品⑤。戈尔丁(Goldin Kenneth,1979)也认为,某种公共产品若

---

① 参见吕恒立:《试论公共产品的私人供给》,《天津师范大学学报》(社会科学版),2002年第3期。

② 萨缪尔森曾给出政府有效提供公共产品的条件,即每一个社会成员对某种公共产品的边际支付意愿等于其边际替换率,同时所有社会成员的边际替换率之和等于边际转换率。这意味着政府对于每一个成员对于该公共产品的需求偏好完全了解和每一个社会成员对自身偏好的真实完全表露。这事实上是不可能的。

③ [美]A.爱伦·斯密德:《财产、权力与公共选择——对法和经济学的进一步思考》,上海人民出版社、上海三联出版社1999年版。

④ 这些约束条件是:清晰界定边界、占用和供应规则应与当地条件保持一致、集体选择、监督、分级制裁、冲突解决机制、对组织权的最低限度的认可和分权制企业。参见奥斯特罗姆:《公共事物的治理之道——集体行动制度的演进》,上海三联书店2000年版,第144—160页。

⑤ [美]德姆塞茨:《公共产品的私人生产》,《法与经济学》1970年第3期,芝加哥大学出版社。

不能通过市场手段充分地提供给消费者，那是因为把不付费者排除在外的技术还没有产生或者在经济上不可行。一旦能够实现排他，则可对消费者施加"选择性进入"的约束条件——如收费——而将那些不付费者拒之门外。总之，在经典公共产品理论看来，一种产品能不能由私人来提供，关键在于能否排他。

据此，权益—伦理型公共产品的最佳生产方式的答案已经呼之欲出。如前，我们已经充分说明，类似教育、住房、医疗服务这样的产品，在未经公共决策程序成为公共产品之前，它们是在消费上既有竞争性、技术也能轻松实现排他性的私人产品，何人消费了？消费了多少？……这一困扰普通公共产品定价与收费的问题在此却异常清楚。不论是德姆塞茨所要求的"排除不付费者"，还是戈尔丁的"选择性进入"的约束条件，在此都能得到满足。进一步地，根据已经反复证明的理论，这些公共产品在交由私人提供以后（辅以必要的政府管制），市场通过"使用者付费"制度的力量将使其逐渐趋近于生产与消费的均衡点，达到资源配置的最佳境界①。

公共产品的私人生产还有另一个意料不到的副产品：自动解决"公共产品定价"这一经典理论中的核心难题②，当然前提是生产者之间存在着相对充分的竞争。大多数情况下，发生定价困难的原因主要在于垄断，在公共产品领域，因自然垄断产生的定价困难更是一直困扰着各国政府的难题。可以这样讲，只要存在垄断——不论是由什么原

---

① Besley 和 Coate(1991)、Epple 和 Romano(1996)都讨论过"私人产品的公共提供"问题。我们认为，这两篇文章的主要贡献在于指出了教育、医疗、住房的"私人性"，但他们并没有就经典定义本身进行修正，因此有所谓的"私人产品的公共提供"一说。一旦修正了公共产品的定义，则既可以他们一样讨论这类产品的公共提供问题，同样地，也可以讨论其私人提供问题。

② [美] A.爱伦·斯密德：《财产、权力与公共选择——对法和经济学的进一步思考》，上海人民出版社、上海三联出版社1999年版。

因导致的——价格发现机制就会存在问题,产品定价就会变成一个难题。因此解决定价难题的根本办法在于消除垄断。就权益—伦理型公共产品而言,它们原本就是能被竞争性消费同时也不存在排他困难的"私人产品",因此——技术上讲——不仅能由私人部门生产,而且还能被竞争性地生产。

其实,一种公共产品是由政府来生产还是由私人来生产并不重要,重要的是需要澄清这样一个认识误区,即只有政府生产才能保持公共产品的公益性,进而才能低价或免费地为大众所享用,即政府生产=低价或免费,而私人生产则往往导致高价,进而失去公共产品之"公益性"和"公共性"。只需将此处的逻辑要点列出,就足以分辨出其中的混乱。一方面,低价或免费消费公共产品不等于可以低成本地生产,更不等于政府生产的成本低于私人部门;另一方面,私人生产公共产品也不等于在所有情况下私人部门都可以直接面向个体出售公共产品(服务)。在任何公共产品私人生产的情形下,其生产和消费之间,都必然横亘着"政府"这一中介体(参见图1-3),政府可视情况分别对产、消双方进行调节与规制,如规定生产者的进入条件、产品标准和质量,对消费者则规定其资格条件、费用负担、年限时间等具体条件,而这正是扩展的公共产品定义下政府发挥作用的主要方面。由此,政府可分别适用不同的原则:在"消费"一极,在决定谁应该消费或享受时,回答的是"该不该?"的问题,决定依据是决策程序中大多数人或决策者所持有的政治伦理和价值观;在"生产"一极,考虑的则是"能不能?"的问题,即谁来组织公共产品的生产可以获得更高的效率,决定依据是"效率"这样的纯经济问题。鉴于经济学家对此早有定论——一般情况下,公共部门的生产效率总是低于私人部门——因此公共产品交由私人生产,就提高效率而言,是必要且正当的。正如周其仁(2008)所言,一种产品，在消费上具有非竞争性并不等于在生产上也具有非竞争性，可以被低价或免费地被消费并不同时意味着生产这些产品是低价或免费的。

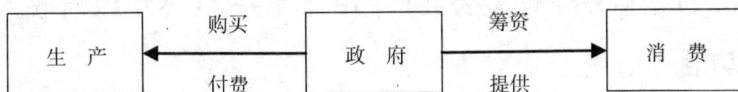

图 1-3 公共产品的生产与消费

对于公共产品私人生产经久不衰的讨论从另一个侧面证明了这样一个事实，即那些由政府亲自组织生产的公共产品往往具有比私人生产更低的效率，进而导致了资源浪费、公共产品质量低劣、公共部门的扩张和国民实际负担的加重。因此关于公共产品私人提供的热烈讨论实际上反映的是力图将效率原则重新引回到公共产品的生产之中的不懈努力，即在一定约束条件下，私人部门参与公共产品的生产不仅无损于、相反还有益于后者的"公益性"，因为它有利于动员一切可能的社会资源参与公共产品的生产，扩大供给、提高质量并降低价格，进而从总体上增进社会福利。

如果说经典理论语境下，某些公共产品还会因为具有非排他性和非竞争性无法由私人部门参与生产的话，权益—伦理型公共产品的"私人特征"则基本上不存在这样的阻碍。这正是权益—伦理型公共产品与经典定义下的公共产品最重要的区分之一。

因此，从理论上讲，实现权益—伦理型公共产品的最佳途径是：主要由私人部门按经济原则组织生产，主要由公共部门按政治原则和政策引导机制配置给民众进行消费。如此，既能落实"每一个都应当享有同等权利"这样的政治伦理，同时又能充分利用市场机制，实现公共产品生产上的效率最大化。正是在这个研讨方向上,公私合作伙伴关系(PPP)这一前沿理念,已在近些年迅速成为在新公共管理实践中引领潮流的前沿创新方式。

(二)权益—伦理型公共产品的提供主要体现政府收入再分配的功能

突出强调权益—伦理型公共产品私人生产的种种优点,并不意味着否认和降低政府在其中提供的重大作用。如前,在公共产品的生产和消费之间,横亘着政府这一中介体。除了在消费环节要按政治原则进行分配这一点必须由政府执行和保证以外,政府还必须在如何筹资、如何付费、如何管理等"中间环节"上发挥不可替代的作用。

经典公共产品理论下,政府通过征集税收为公共产品筹资。尽管林达尔均衡早就证明某种公共产品的价格等于愿意为享受此公共产品的个体分别缴纳的税收金额之和,且最理想的状况是那些对某种公共产品评价最高的人(往往也是最需要的人)将承担最大的税收份额,以此类推,直至全部成本分摊完毕。不过由于种种原因,税收实践中很少能体现上述逻辑中的"(对等)受益原则",多数情况下,税种、税率的确定与个人消费公共产品的种类、数量之间并无直接对应的联系。这固然源于居民公共产品偏好显示的困难,也有经典公共产品因存在消费上的非竞争性和非排他性而导致的对个体收费的不可能性,以及"能力原则"从另一角度呈现的局限性的制约①。

权益—伦理型公共产品所具有的较强的"私人产品"属性使针对个体收费成为可能,而且只要需要,还可以显化、强化个人付费水平与

---

① 低收入者纳税能力低,但公共服务需求并不相应降低,需得到高收入者所纳税收的转移支付。

消费水平之间的联系。典型的例子除"使用者付费"制度外,还可提到各国广泛推行的社会保险制度的改进。一方面,只要符合条件,每一个社会成员都必须加入社会保险体系,且按政府规定的标准交付社会保险费(税);另一方面,同样只要符合条件,每一个社会成员都可以从这一体系中获得与自身缴费水平相挂钩(不一定相等)的公共服务。政府在其中的作用主要在于举办并维持这样一个体系:其一,制定相关法律并以国家公器来敦促每一个社会成员加入;其二,制定相关费率强制要求雇主、雇员缴纳;其三,在该体系资金不足时注资和运用预算可用资源施加再分配;其四,直接或通过制定相关制度委托管理社会保险资金;其五,以公众代表的身份购买相关产品并代为付费;等等。

至于政府选择在哪些产品、多大程度、哪些人群上彰显个人付费水平与消费水平之间的联系,取决于不同国家在具体阶段的具体情况。如医疗、社会保障通常要在一定程度上体现付费与消费之间的联系,而教育、住房、就业、个人服务等的联系性并不强。其中起决定性因素的仍然是全社会公认的某种"政治伦理"和"价值观",当然同时还有财力方面的必要考虑。如对于低收入群体,存在"缺乏支付能力而又必须满足的需求",因此满足这个群体对于权益—伦理型公共产品需求的资金,不是个人缴费而往往是政府一般性税收①。此外,从实践上看,即使是曾经非常看重社会保险缴费与消费之间关联性的美国,两者之间的联系也正表现出弱化的趋势。正是从这个意义上,我们可以将权益—伦理型公共产品的提供视为政府发挥收入再分配功能的一个方

---

① 阿马蒂亚·森在其代表作《贫困与饥荒》(商务印书馆2004年版,第9页)中说道,"贫困不仅是穷人的不幸和苦难,更为重要的是,它还导致了社会不安并增加了社会成本……低收入者会为高收入者带来麻烦"。这从另一个角度说明了政府为低收入者提供权益—伦理型公共产品、进行收入再分配的必要性。

面。典型例证之一就是由政府牵头构建的"共济"型社会保障体系,它以再分配机制向公众提供市场经济的"安全网""减震器"以及为弱势群体托底的一系列保障产品。

至于付费方面,权益—伦理型公共产品的共同特征是政府作为公众的代表可以代为垫付、支付相当大的一部分成本。在私人生产的情形下,政府通常通过制定进入标准、发布所需公共产品(服务)的质量标准与种类、进行绩效考核等方式,向市场招标生产者,并在社会成员消费后按规定承担付费责任。即使那些由政府直接生产的公共产品,虽然没有上面那样一个清晰的付费脉络,也还是通过财政预算、政府拨款等方式履行付费责任。

可见,原本在直观形式上是私人产品的权益—伦理型公共产品,一旦经过政治选择成为公共产品之后,政府就在其中发挥重要的收入再分配和社会管理者作用,在维持"使用者付费"形式并配之以补贴和差别定价等政策调节工具的情况下,填补了生产者"必须收费才能生产"与部分消费者"不能付费但必须消费"之间巨大的鸿沟,使权益—伦理型公共产品在尽可能大的范围为社会成员共同消费而形成社会总福利的提升。

(三)权益—伦理型公共产品的边界确定和相关决策制度问题

在当代,权益—伦理型公共产品的主要内容是教育、医疗、住房、就业、个人服务以及对低收入人群的救济等。但是要注意,不同国家或同一个国家在不同时期对"供给什么?"的回答可能是不完全相同的,如美国提供 12 年义务教育,英国则将医疗服务作为基本公共产品供给;在我国,免费义务教育的时间是 9 年,基本医疗服务、廉租房等则是近年来刚刚明确要由政府负责安排提供的公共产品。

在经典公共产品理论中，公共产品的边界漂移与动态调整已是可观察的普遍事实，对此，最一般性的解释是排他性技术的进步与成本的下降导致某些产品从"公域"到"私域"的移动①；另外，市场经济体制的发展和经济社会发展阶段的不同等因素，也造成其边界的漂移。就权益—伦理型公共产品而言，确定边界的标准则不仅是纯粹的技术条件与冰冷的经济因素，而且要包含有复杂政治互动因素的社会政策，其中决定性的影响因素是大多数人持有的某种"政治伦理"或"价值观"。鉴于"价值观"或"政治伦理"总是依国情的不同、随着社会发展和各方面情势的变化而变动不居，因此若观察时间足够长，必然发现即使就同一个国家而言，不同时期权益—伦理型公共产品的具体内容也是不尽相同、动态变化的。原来不在范围之内的某些物品，每隔几年重新界定的时候，有可能被纳入。反之，一种在几年前被广泛视为正当和必须的选择，几年后世易时移，也可能被视为错误。这些便表现为权益—伦理型公共产品具体内容的动态调整和公共产品的边界漂移。

进一步说，最重要的不是政府应当提供什么样的权益—伦理型公共产品，而是要在制度层面建立其动态调整、定期重划的公共选择机制②。历史地看，"公民权利"既产生于缺乏权利者的不断抗争，也源于既得利益者基于现实需要的妥协与让步。因此根本性的问题在于，通过什么样的机制让双方实现互动？从人类历史的长河来看，最粗线条的分类不外有两种方式：其一是缺乏权利者在忍无可忍、揭竿而起之

---

① 经典的例子是美国西部曾经有大片的公共土地，但在铁蒺藜出现以后，隔绝外人和牲畜进入特定土地区域的成本极低，于是这些土地逐渐就变成私有了。又如电子收费技术，使不可处处设收费站的市区道路，也可以成为收费道路。

② 参见秦晖《群己权界论：个人价值整合成社会价值的关键》的有关表述。

后,既得利益集团被迫进行适应性调整,其形式往往表现为社会代价极大的外部冲突(起义、暴动、改朝换代等),可称之为"非规范的公共选择";其二则是建立普通民众可以参与、社会代价较低、基于民主法治原则的决策过程,可称之为"规范的公共选择"。孰优孰劣,历史已经,并将继续作出回答。

四、加入权益—伦理型公共产品
后的社会产品"光谱"

(一)扩展公共产品定义后的公共产品构成

扩展的公共产品定义及其相关阐释,使我们可以粗线条地勾画一张社会产品从公共产品到私人产品基本分布状态的"光谱"示意图(见图1-4)。

在最左侧的纯粹公共产品和最右侧的纯粹私人产品之间,分布着边界可漂移的、为数众多的准公共产品和权益—伦理型公共产品,这个领域的社会产品特征,是不严格满足"非排他性"和"非竞争性"两个性质,以及微观上不满足、宏观上却有一定程度的满足,这既有别于左侧的"完全满足两性",也区别于右侧的"完全不满足两性"。但无论是纯公共产品,还是准公共产品和权益—伦理型公共产品,都具有不可分割的"正外部性"效应,区别于私人产品的"无明显正外部性",但程度可以明显不同。在这个认识角度上——以教育为例——贾康(1998)曾有所分析:"教育和医疗保健,对某些个人和微观单位,可归为非公共产品,但由于在全社会保持公共教育、保健的某一水准是宏观稳定与整

严格满足 非排他、非竞争 "两性"

不严格满足 "两性"

微观、直观形态上无 "两性"，宏观上有一定的 "两性"

无 "两性"

纯粹公共产品

准公共产品
公共池塘物品如公共草地、不收费的路桥、公共水源、公共渔场、自然垄断产品中不收费的灌溉系统、网管型公用基础设施等

权益—伦理型公共产品

义务教育
基本住房保障
基本医疗保障
基本养老保障
……

高等教育

纯粹私人产品
（一般商品）

高档住宅、付费的高级医疗服务等

强制性养老个人账户
可应用的科技成果等

生态、环保、治安、制度、法规等
（同时具备非竞争性与非排他性）

（不能排他但有竞争性）

俱乐部产品，如收费的路、桥、公园、管网等
（能排他但在到达 "拥挤点" 之前无竞争性）

边界可漂移
需定期经公共选择重新界定

无明显 "正外部性"

具有不可分割的 "正外部性" 效用

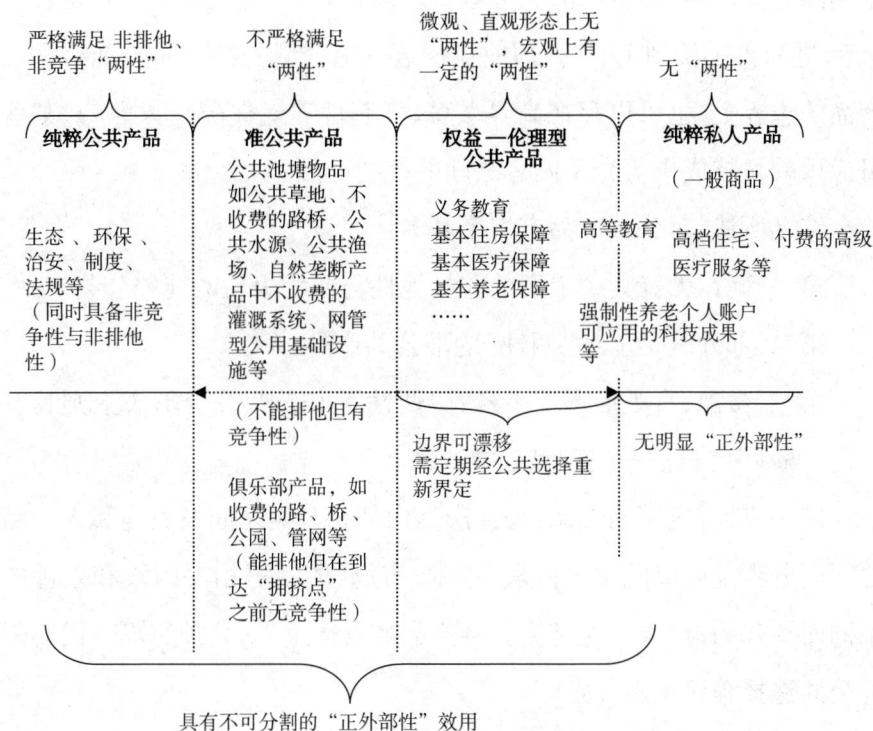

图1-4 公共产品—私人产品"光谱"示意图

体发展的必要条件,因而又使基础教育、大众医疗保健成为公共产品",“现代社会中,社会成员所受基础教育达到和保持某一水准,是社会整体发展的必要条件。所以,基础教育如我国的'九年制义务教育'更多地具有纯粹公共产品的特点,而高等教育在社会成员个人择业和人生设计上,与分散的'发展投资'决策和'竞争性'的关联度明显增加,因而更多地偏向非公共产品的特征"（贾康,2002）。本文所提的权益—伦理型公共产品,是在政府牵头的社会再分配中首先稳定了低收入阶层和所谓的“弱势群体”,进而稳定了全社会,促进了公共利益最大化。不过,其边界需每隔一段时间通过公共选择程序重新确定,且在不同的历史发展阶段、技术条件、市场状况、体制机制等情况下,可能产

生不同的界定结果。比如,义务教育时间长度,可由法定的 6 年延长到 9 年,进而再延长到 12 年。即使在权益—伦理型公共产品与纯粹私人产品的边界上,也可以存在高等教育、强制性养老保障个人账户、某些可应用的科技成果等介乎两者之间的社会产品。

综上所述,对公共产品有三个基本认识:

第一,确定无疑具备消费的非排他性与非竞争性的纯粹公共产品;

第二,部分满足上述"两性"的准公共产品;

第三,微观、直观形态上不具有"两性"而宏观、综合形态上则具有一定"两性"的权益—伦理型公共产品。

进一步地,应明确强调:公共产品内部各分类之间及其与私人产品之间的分界是可以随发展阶段、技术、市场、体制等相关因素和条件的不同而漂移的;权益—伦理型公共产品的具体范围,尤须每隔一段时间经公共选择程序重新界定。

(二)具体案例:我国近期的医疗卫生体制改革

2009 年 3 月 17 日,我国印发了《中共中央国务院关于深化医药卫生体制改革的意见》(以下简称《意见》),提出完善公共卫生服务、医疗服务、医疗保障、药品供应保障四大体系,健全八项机制,近期重点推进基本医疗保障制度建设,健全基层医疗卫生服务体系,促进基本公共卫生服务逐步均等化,初步建立国家基本药物制度和推进公立医院改革试点等五项改革。与以往相比,这一历时 3 年、历经争议才出台的新医改方案,最引人注目的变化在于政府明确地提出"把基本医疗卫生制度作为公共产品向全民提供",引发全社会的热切关注。

这一《意见》及其上述有关基本医疗卫生制度的公共产品属性的用语,对本文关于权益—伦理型公共产品的基本认识,提供了一个很好的实例。经济社会中的制度安排,也是一种公共产品,而覆盖全民的基本医疗卫生制度所提供的使最低收入阶层也能获得的基本医疗保障条件,支撑着让全社会成员共享的和谐稳定局面,更是惠及全民的公共产品。在中国,基本医疗卫生制度作为一种原未定义而新形成了其定义的公共产品,表现的是现实生活中提供这一权益—伦理型公共产品的动态演变过程。中国经济社会转轨变革的现实表明,扩展的公共产品(包含权益—伦理型公共产品)定义,是值得探讨,并有可能成为相关理念创新与公共管理实践创新的理论基础。

国家分配论、公共财政论与民主财政论

——我国公共财政理论的回顾与发展

本文在分析梳理20世纪90年代"国家分配论"和"公共财政论"之间学术论争的基础上,认为两种财政观的主要差异在于各自有不同的理论基础:国家分配论建立在马克思主义的国家学说的基础上;公共财政论建立在社会契约论的基础上。公共财政有两个基本特征:一是以满足全体社会成员的公共需要为主,表现在财政支出上,公共支出在全部财政支出中占据了绝大部分的比重;二是公众参与各项财政决定的财政。公共财政的实质是民主财政。

以张馨发表在1997年第1期《经济学家》上的《论公共财政》为标志,公共财政论在中国正式作为一种财政理论走到历史的前台,并从出生伊始,就处于和其他财政流派——其中又主要是"国家分配论"——的激烈论战中。归纳起来,各界关于公共财政的争论主要集中在以下四个方面。

第一,公共财政和财政是什么关系? 主要观点是认为公共财政是public finance的英文直译,与我们惯常使用的财政是同义反复的关系。

第二,公共性与阶级性是什么关系? 主要观点是认为公共财政论者"面向一切市场主体所提供的一视同仁的公共服务"的说法抹杀了国家的阶级性,他们建立在社会契约论基础上关于国家的看法是"资产阶级唯心主义的幻想"。

第三,公共财政与市场经济是什么关系? 主要观点是认为"公共需要"存在于一切有人类社会活动的地方,"公共财政是与市场经济相适应的一种财政类型"的说法不能解释国家产生之前和国家消亡以后的财政状态。

第四,公共财政与我国庞大的国有经济之间是什么关系? 主要观点是认为公共财政论者关于政府与财政职能上的"非营利性"不适应我国庞大的国有经济的现实,而且进一步衍化为这样的问题:公共财政是不是就是吃饭财政? 公共财政下国家还需不需要发挥经济职能?

对于以上诘难,主张或支持公共财政的学者们从不同角度试图给出回答。对第一个问题,合理的回答是"在这种(转轨)历史背景下,明确提出公共财政,显然是为了解决我国经济转轨中的财政改革走向的问题,或者说是财政职能定位问题"[①];对第四个问题,我们认为张馨、叶振鹏"双元财政"——即同时建立公共财政与国有资本两种预算——能较好地解决理论与现实的差异。但对于第二、第三个问题,则需要从各自不同的理论基础上进行认识和把握。

一、两种财政理论不同的理论基础

(一)国家分配论——以马克思主义的国家学说为理论基础

许毅在《对国家、国家职能与财政职能的再认识》中开宗明义:"认

---

① 刘尚希:《公共财政:我的一点看法》,载高培勇主编:《公共财政:经济学界如是说》,经济科学出版社 2000 年版,第 20 页。

识国家的本质有必要重温马克思主义的国家学说",“公共权力,就是国家。公共权力的本质是阶级统治的权力",这是关于国家分配论之马克思主义国家学说的最清楚的表述①。

邓子基在《财政的本质决定财政职能是经济基础的范畴》中说:“在剥削阶级占统治地位的社会中,不论哪一种类型的国家财政,由于建立在生产资料私有制的基础上,总是剥削阶级国家为实现其职能并以其为主体无偿地参与一部分社会产品的再分配,来满足需要所形成的一种以剥削为内容、具有对抗性质的分配关系"②,他很明确地点明了“国家是阶级剥削的工具"(列宁语)。

不仅国家分配论者坚定地站在马克思主义的国家学说的基础上,另外一些提出与国家分配论相异观点的学者们其实也自觉地坚持和发扬着马克思主义的国家学说。如贾康(主张“社会集中分配论"),叶振鹏(“双元财政"的倡导者之一),何振一(主张“共同需要论"),陈共、侯梦蟾(主张“再生产前提论")等持同样论点。

(二)公共财政论——以社会契约论为理论基础

从亚当·斯密的《国富论》到穆勒“必要的职能"和“选择的职能"的划分,都是在市场经济的既定前提下,界定政府与市场的作用范围,甚至到了马斯格雷夫和布坎南,也还有“我们两人都属于政治哲学中的契约论者"之说。因此,我们有必要简要回溯社会契约论的基本发展踪迹。

约翰·洛克之前,社会契约论主要是一种哲学观念。早在古希腊

---

① 许毅:《对国家、国家职能与财政职能的再认识》,《财政研究》1997年第5期。
② 财政部财政科学研究所编:《财政本质问题论文选》,经济科学出版社1984年版,第121页。

时代,伊壁鸠鲁就认为国家不过是存在于人们的相互交往中的……一种契约,是在一些国家内为了不损害他人和不受他人损害而制定的契约。公元前 4 世纪,斯多葛学派给出了"正义即自然"的规则。16 世纪,雨果·格劳秀斯建立了系统的古典自然法理论,在此基础上,认为国家是源于人类的契约而不是上帝的创制,霍布斯、斯宾诺莎等人从不同的角度发展了这一理论。

从约翰·洛克开始,社会契约论演变为一种政治学说。洛克的社会契约论包括三个方面的基本内容:一是人们的一致同意不仅是联合成一个政治社会和组成一个国家的必要条件,而且也是法律得以确立、政府正常运行以及民众服从政府的持久条件;二是政府权力的有限性,因为人们在契约中交给国家的权力仅限于自我保护和惩罚犯罪的权力,并未放弃生命、自由和财产权利,换言之,政府的责任就在于保护成员的这三项自然权利;三是政府要依据公民一致同意的法律来行使职能,政府本身只能执行法律,而没有创制法律的权力。

1762 年,法国启蒙思想家让-雅克·卢梭出版了《社会契约论》,与洛克相比,卢梭重点强调了"公意"在形成契约、创制国家和选择政制以及政权废立等问题上的决定性意义。

卢梭之后另一个社会契约论的代表人物是康德。康德将社会契约作为一种理性规定和"一种评价国家合法性的标准",他甚至主张建立一个"自由国家的联邦"进而发展出一种普遍的"世界公民的状态",以实现欧洲乃至世界的统一与和平。

康德之后,资本主义进入了一个稳定发展的时期,社会契约论渐趋沉寂。直到 1971 年罗尔斯出版了《正义论》,社会契约论再次引起了世人的关注。与以前相比,罗尔斯笔下的社会契约论不再讨论"理想的国家、政治制度应该是什么?"这一问题,而是极其务实地转向讨论如何通过建立程序保证正义的实现。为此,他设想了一个假想的"无知的面纱"的状态,在此基础上人们就未来政治体运行的规则达成一致共识,此即为符合广泛意愿的"正义",换言之,正义即为平等和自由。罗尔斯的理论是当代西方最受人关注、影响最大的政治理论之一。

综观社会契约论在各个时期的发展,囿于时代局限,不同时期的学者在具体政治制度的选择上或许有所不同,但在国家是经由全体社会成员同意的基础上建立,国家权力是接受公民所让渡的自然权利的总和,人民保持有评价、更换,甚至推翻不合意政府的最后权力等一系列重大、基本的问题上,各个时代学者们的观念惊人的一致。

二、对两种财政理论争论的
焦点问题的再认识

在厘清国家分配论和公共财政论不同的理论基础后,我们不仅能较好地解答两者之间第二、第三个论争,更重要的是,我们将懂得时代与现实需要对理论,尤其是对作为政策指导的理论之"自然选择"的道理。

关于财政的公共性与阶级性的问题。在马克思主义国家学说基础上,国家是由统治阶级和被统治阶级组成的,国家的出发点和最终归宿都是"为了维持统治阶级的利益",因此财政也服务于阶级压迫的需要,即使有部分用于公共需要,也主要是阶级性的而不是公共性的。社会契约论下,国家是由政府与公民组成的,政府的目的是为了满足公民在自然状态下、仅凭单个人的力量所无法实现的需要,与此相适应,财政始终致力于满足经由个人需要总和而成的社会共同需要,因此主要是公共性的。

当然,无论是在真实的历史中,还是在历代学者们的辩论中,国家或者说财政的公共性和阶级性都没有像以上所说的那么泾渭分明,更多、更现实的情况是:任何时期、任何地区的国家都具有两面性,即一方面尽力维护当时占据统治地位的阶级的利益,另一方面也面向大众提供不同程度的公共服务。马克思主义的国家学说尽管并不否认国家有公共性的一面,但主要在于解释国家的阶级性问题;社会契约论很好地说明了国家公共性的问题,但回避了国家阶级性的一面,适用于"无阶级"的人类社会的状态。因此它们中的任何一种,都不能在总体上对纵贯古今的国家性质作出全面的、令人信服的解释。理想的做法是将以上两种理论融合到一起,寻求一个既尊重历史又适应现实需要的解释框架。在这方面,已有多名研究者作过努力。综观起来,我认为贾康在这方面努力最为成功。他与叶青在《财政研究》2002 年第 8 期上发表了一篇名为《否定之否定:人类社会公共财政发展的历史轨迹》的文章,以一种"追溯以往、探寻未来"的、彻底的理论研究者的态度,通过在更长的时间维度内——即向前拉到国家产生之前的原始社会、向后拉到国家消亡之后的共产主义社会——考察国家与财政的公共性与阶级性问题,并对国家分配论和公共财政论予以了不同的历史定位,从而比较圆满地解决了两种理论之间的冲突。在仔细考察了各个不同时期的财政形态以后,他说:"马克思主义的历史唯物主义认为,人类社会发展的基本轨迹表现为'否定之否定'的螺旋上升,即无阶级社会——阶级社会——无阶级社会。与此相适应,人类社会中财政发展的基本轨迹也相应地表现为一种'否定之否定'的螺旋上升,即公共财政(原始财政)——国族财政(公共财政渐被否定过程)——非公共财政(国家财政的帝皇财政与王室财政形态)——公共财政渐进重现的过程

（从资产阶级革命开始的、将由社会主义时期完成的由形式到内容的公共性回归）——公共财政（未来共产主义社会的财政）"。进一步地说，在国家产生之前和国家消亡之后，国家与财政是公共性的，适用于社会契约论者所描述的国家观，此时公共财政论成立；在国家产生之后及其漫长的存续期内，"公共性"经历了一个由渐弱到渐强的过程，而"阶级性"则始终居于任一时期的主导地位，适用于马克思所描述的"阶级压迫"的国家观，这时候国家分配论成立。结合我国财政发展的实际情况，他指出，1998年后在我国已"开始启动公共财政的实质性复归过程"，"中国现阶段的国家财政，正处于其第二个'否定'的初期"，这就是说，当前我们所处的时期，是一个阶级性逐渐淡出、公共性逐渐增强的时期，换言之，我国财政的发展方向是公共财政。

关于公共财政是不是只存在于市场经济之下的问题。我们认为，市场经济既不是公共财政存在的充分条件，甚至也不是必要条件。不论是在现代，还是在古希腊和古罗马时期，只要当时社会与民众广泛认为国家是契约性的，是公民为了换取国家所提供的公正与保护所结成的政治体，国家或者说政府就是为满足公共需要而存在，这样的国家和财政就具有公共性，公共财政就不局限于市场经济形成以后。同样地，如果坚持国家的阶级观，任何一个时代的国家就都是为阶级压迫、为统治阶级剥削被统治阶级而存在，即使财政支出中客观上存在用来满足纯粹意义上的公共需要方面的支出，其初衷和目的也绝不是完整意义上的社会全体成员的共同需要。

写到这里，笔者不由地想起了布坎南在《自由、市场与国家》一书中的一段话：对于一种学说，你只要接受它的前提，就必须接受它的结论。诚哉斯言！国家分配论也好、公共财政论也好，关键在于前提的区分。在一定的前提下，任何能自圆其说的学说都展示出作者观察世界的独特的视角,都有一定的合理内核,但该学说能不能走上时代舞台,演绎出一段惊心动魄的历史,根本上取决于现实需要对理论的选择。

因此,财政"公共性"与"阶级性"之争、财政与市场经济的关系问题,实际上是一个假问题,真正的问题是我们持什么样的国家观?我们需要什么样的国家观?

大多数时候,这不仅仅是一个学术的问题,可能也是一个政治的问题、一个文化传统的问题,甚至是一个价值观与哲学观的问题。有没有一种先验性的学说可以始终一贯地烛照人类历史发展的漫长道路?回答是没有也不可能。马克思说过:理性的谬误,在于忽视了历史规律,即使最好的思想在历史中也必定是时来才能运转。这是说任何一种理论,能不能为大众所接受、传播,取决于当时有没有对该理论的现实需要。在历史的任何一个时期,都涌动着不可胜数的、立场各异、观点相左的、各种各样的学术主张,谁能被历史的慧眼选中,关键还在于某一个时代所产生的巨大的、有时甚至是极其紧迫的现实需要和压力,从亚当·斯密的"看不见的手"到凯恩斯的"国家干预",从古代中国的"罢黜百家,独尊儒术"到西方近代史上卢梭的"社会契约论",其命运辗转变迁,隐含于其中的,正是这千年不变的历史机要。在我国,国家分配论有过辉煌的昨天,但在新的形势下与新的需要下,公共财政论正崭露头角。值得提醒的是,由于政治的、意识形态等诸多原因,即使是现实需要也往往不会以直接明白的方式表现出来,它可能以与逻辑或学术论证完全相逆的顺序渐进地出现,最初可能是细小的、微弱的,很难从一开始就被人们清楚地认识和把握,需要研究者从不同角度来观察、认识、把握。所以笔者认为,我们今天讨论的公共财政问题,表象上是财政问题,实质上是政治问题,是实行市场经济体制后时代对崭新政制的一种试探,也可以说是变化了的经济基础对上层建筑改革的一种呼唤,因此讨论公共财政问题,绝不可以仅仅停留在技术的、表象的层面上,而应尽力切入到问题的内核之中去。

三、公共财政的实质是民主财政

在厘清公共财政所依据的国家学说以后,公共财政的两个基本特征已经呼之欲出:一是以满足全体社会成员的公共需要为主,表现在财政支出上,公共支出在全部财政支出中占据了绝大部分的比重;二是公众参与各项财政决定的财政。相对地说,第一个特征只是公共财政运行的一个顺理成章的结果,无须多加说明,而第二个特征由于涉及政府与公民的关系问题,是一个更具有实质意义、更加重大的政治与经济问题,即使在公共财政赖以生长的西方发达的市场经济国家,这一过程也波谲云诡,充满了权谋、诡计甚至鲜血与战争。从英国的发展史上看,代表人民意志的议会从一开始就处于和王权的激烈斗争之中,斗争的焦点在于国王有无权力在未征得人民同意的情况下,向臣民开征新税,直到 1215 年《大宪章》通过,才第一次将"非同意勿纳税"的原则以法律的形式确立下来,即使如此,以后也还经历过若干次国王违反《大宪章》擅自开立新税、议会激烈抵抗,直至爆发内战的过程,其间国王不断地否定《大宪章》,又不断地确认《大宪章》,如爱德华三世在位期间,曾对《大宪章》做了 15 次确认,直到 1689 年《权利法案》通过,才奠定了"非同意勿纳税"的完整的宪法基础。此时,议会不仅控制了税收,而且控制了公债,并进而涉足支出领域,对国王的财政收支进行全面的监督与管理,更加重要的是,现代意义的预算制度由此产生了。到此,代表社会各阶层利益的议会全面地介入到政府财政收支活动中,参与税收、公共支出、预算的讨论与制定,在各项财政问题上发挥决定性的作用,政府在一个更加完整的意义上成为人民意愿的受托者,民主财政的框架也相对比较完整地搭建起来。

无独有偶,法国公共财政的确立过程也充满了争斗,与英国不同的是,法国是通过急风暴雨似的资产阶级民主战争才彻底冲垮了专制统治,建立起现代意义的民主国家与公共财政。

以上是从历史的角度谈公共财政之"民主财政"确立过程。另外,从西方公共财政的学术发展看,公共财政的"民主"特征同样突出。学界公认,西方财政学发端于亚当·斯密的《国富论》,在这部鸿篇巨著里,他专章论述了君主的收入,并阐明了政府"守夜人"的职能。到了穆勒,进一步将政府职能划分为"必要的职能"和"选择的职能"。19世纪80年代,瑞典"边际效用"学派第一次将分析微观经济活动的边际分析法用于公共产品的分析,取得了辉煌的成就,这一时期最具代表性的成果是林达尔建立的公共产品供给的"自愿交换理论",即按照个人从公共产品的消费中所取得的不同的效用来确定他应当负担的税收份额,尽管该理论建立在"个人对公共产品的偏好已充分显示"这一充满了争论,甚至与现实有极大出入的假设之上,但他明白表示的"税收即(公共产品)价格"的理念却获得了广泛的称道。20世纪20年代兴起的福利经济学开始致力于研究政府在消除外部性、干预收入分配以达到社会公平方面的作用。1929年席卷西方世界的大危机将主张国家干预经济、建立政府与市场共同发挥作用的"混合经济"的凯恩斯主义推上了历史的舞台,成为战后几十年间雄踞政府经济学的主流理论。这一时期财政学上最夺目的桂冠当属萨缪尔森,他不仅给出了后世广为接受的公共产品的概念,而且创立了一个精确的公共产品有效配置的一般均衡理论,认为在"全能的计划者"洞悉所有社会成员的收入和他们对公共产品的准确偏好的前提下,社会资源将在用于公共产品和私人物品的边际转换率相等的那一点上达到最优配置,这一理论不仅继承了"税收即价格""纳税人即消费者"的理念,而且将福利经济学所关注的收入公平纳入分析框架,是这一时期集大成的巅峰之作。60年代以后,国家过度干预经济的恶果出现了,"滞胀"困扰着主要的资本主义国家,对国家干预经济的质疑之声再起,"政府失灵""公共选择""财政立宪主义"成为这一时期的焦点,以布坎南为首的公共选择学派获得了全世界的瞩目。公共选择最惊世骇俗的贡献在于无情地撕下了蒙在政府及政治人身上的"公正""仁慈""无私""无所不知"的面纱,将他们还原成一个个有血有肉、有私欲、有个人利益、与市场上活动的经济人没有本质差别的"人",在此基础上,布坎南建立了以公共选择为基础的财政立宪主义学说。与布坎南差不多同期的许多研究者,以"如何准确地显示公民对公共物品的偏好"为线索,对西方国家以代议制为主的民主制度的诸多运行规则(如简单多数投票制等)进行了入木三分的剖析。尽管一个能完美地显示公民偏好与意愿、最广泛地体现"民主""平等"的政治制度的财政制度尚未找到,但西方学者们探索公共财政的主题与路径充分表明了依托于"社会契约论"的公共财政之实质在于民主财政。

从上面的叙述可知,公共财政即民主财政,这一点在尚处于建设社会主义市场经济和公共财政的初期的我国,已逐渐得到共识。前财政部部长项怀诚曾在2003年2月12日《人民日报》上发表过一篇题为《社会主义政治文明与公共财政建设》的文章,指出"公共财政的本质是社会公众的财政","必须在公共财政的框架下,大力推进民主理财和依法理财",贾康在凡涉及公共财政的讲话、文章中,都浓墨重彩地突出公共财政的四个基本特征:一是关于导向上的公共性;二是以提供公共产品和服务为基本方式;三是以权力制衡的规范的公共选择机制;四是财政运行上具有现代意义的公开性、透明度、完整性、事前确定、严格执行的预算作为基本的管理制度,后两个特征已淋漓尽致地说出了"公共财政即民主财政"的内涵。2003 年,《财政研究》刊出了两篇有关民主财政的文章:一篇是由财政部干教中心的井明所著的《民主财政论——公共财政本质的深层思考》;另一篇是由西北大学经管学院的宋德安所著的《契约性、公共性与公共财政》,尽管两篇文章的角度不同,但两名作者都意图表明"公共财政即民主财政",并力图在这一框架下探讨我国公共财政的建设之路。

公共财政即民主财政,民主财政即公众有权参与各项财政决定的决策过程,并在这一过程中显示公众对公共产品的偏好,不仅有利于提高资源配置效率,更有利于形成政府与公民之间的良好互动。认识到这一点,下一步究竟怎样才能建成公共财政,就比较清楚了。

论私人产权在财政形态
演变中的基础性作用

本文认为,私人产权、民主政治、公共财政是从不同角度对市场经济作出的特定描述,三者同为一个系统的组成部分,缺一不可。因此,在研究、讨论以及具体建设我国"如何建成公共财政"这一重大问题时,必须从最根本的经济基础出发并十分注意政治层面的变化,才能防止和避免"就财政论财政",甚至只将公共财政理解为只要引进发达市场经济国家的一些先进做法就可以实现,从而陷入简单技术引进的泥淖。

一、完全的私人产权是公共财政的必要条件

在对英国公共财政演变的数百年经历进行深入考察的基础上,我们发现,"完全的私人产权是公共财政的必要条件"①。那么,本文要问的是:从私人产权到公共财政,其间的机理何在?

---

① 这方面的详细论证,可参见冯俏彬著:《私人产权与公共财政》中的相关内容(中国财政经济出版社 2005 年版)。

回答这个问题,需要构思出场景Ⅰ和场景Ⅱ。

(一)场景Ⅰ:完全的私人产权、民主政治与公共财政

我们设想,场景Ⅰ符合以下条件:

第一,存在完全的私人产权。个人是财产的绝对所有者,他们对于财产的权利不受任何个体或组织的影响与控制。

第二,政府是产权制度的第三方规制者,以界定和保护产权为天职,且已有的制度能确保国家始终服从和服务于此种"公意"。

第三,个体与政府同处于法律的管治之下。

在这种情况下,整个社会由政府与公民两大部分组成,其中公民是经济活动的主体,政府是政治活动的主体,两者之间由比较完善的制度屏障分开,经济力量既不能随意介入政治运作,政治权力也不能随意越界进入经济领域。从功能上讲,经济活动的功能是创造财富,政治活动的功能则是生产和提供个人不能生产或虽可以生产但不经济的公共服务或公共产品,联结两者的纽带之一是税收。因此,从社会整体的意义上讲,税收是公共产品的价格,是经济主体获得公共产品的一种经济付出。

以政府一方而论,由于定位于面向全社会界定和保护产权、提供秩序与安全,本身不从事经济活动,因此其运作的全部经费(即财政收入)都来源于经济主体(或者通俗一点,用"纳税人"这个词)的税收给付,除此之外,没有别的收入来源。在这种情况下,一个显而易见的后果是,它必须像市场上的生产者一样,高度关注公众(相当于商品市场上的消费者)对于它所提供的公共产品的反应,并只有在获得公众良好评价的情况下,才能获得下一轮的税收,政府本身方能持续①。

───────────

① 按诺斯的说法,政府实际上也是一个要素所有者,只不过它所有的要素不是土地、资本等,而是"暴力",国家以此换取税收。

因此,政府取得收入和开支的过程,如税种税率的确定,提供的公共产品的数量、质量和成本等,必须与财产所有者充分协商。在这个过程中,公众将制度性地获知政府的财政信息,并据此评价政府绩效。一个低效、浪费甚至无能的政府,必然会被公众通过事先确定的"政治程序"选择掉,代之以一个新的政府。

以上已蕴藏着公共财政的全部主要内容:政府的收入主要来自于税收,政府的支出用于向公众提供公共产品和公共服务,政府收支过程受到公众的有效监督,不合"公意"的政府将被其竞争者取代等。

因此,完全的私人产权之所以是公共财政的必要条件,一个主要的原因是掌握绝对财产权利的个人是自己财富的所有者,未经本人同意,政府不能随意取用,而政府一旦没有了税收,就没有了存在的基本条件。所以,政府对财产所有者的依赖决定了在政府与公民的关系中,财产所有者是第一位的,政府是第二位的,政府是社会成员为了获得单独的个人不能提供的安全和秩序,在让渡部分权利的基础上结成的组织,它理所当然地服务、服从于财产所有者的利益与需要。政府的这一性质决定了它运作的目的、方向甚至具体方式,当然也决定了税收需要通过与公民的协商,财政支出将主要用于公共需要,而公民将借预算制度参与各项财政决定,保证其始终处于"公意"的约束与监督之下。

(二)场景Ⅱ:不完全产权、专制政治与非公共财政

这是一个与场景Ⅰ相反的情形,即撤掉或放松以上所有假设:个人既不是自己财产的绝对所有者,他们对于财产的权利常常受到来自于掌握公权者的侵犯;政府是全社会财产的最终所有者,法律只是政府管理民众的工具。此种情形,又当如何?

首先,整个社会的激励系统被改变了,经济活力低下、经济总量趋

于缓滞甚至萎缩。人们不再通过勤奋劳动、努力工作去寻求收入的增加和生活的改善。相反,他们投靠权贵,争取特权,力图在社会分配的蛋糕中取得更大更多的份额。当一个社会的大多数人这么做的时候,经济就趋于萎缩,财富总量则趋于缩小。

其次,政治与经济之间的制度屏障被撤除了。一方面,经济主体借财富之力介入政治,以金钱寻求特权和更多的金钱;另一方面,政治主体介入经济,以公权寻求金钱,"资本权力化"和"权力资本化"同时发生,社会严重分化,危机四伏。

最后,政府的收入来源被改变了。由于政府直接介入经济,或者亲自经营,或者随意取用公民财产,总之,强大的公权使它成为全社会财富事实上的所有者,此时或许还有税收之名,但税收已经不是公民购买公共服务的支出,而是一种变相的"利"或"租",是政府以所有者身份取得的收入。至于资金的使用,完全属于政府内部的事,形式上可以与社会公众无关。进一步地,社会成员成为政府的仆从,仰政府之鼻息过活,不可能约束与监督政府。

在这种情形下,整个社会在经济上既无完全的私人财产权利,在政治上也无民主与宪政,财政收入来自于政府作为财产所有者所获得的"利"或"租",财政支出服务于政府自身需要,尽管还是会存在一些用于满足全体社会成员共同需要的公共支出,但出发点是基于维护现存秩序而不是服务于大众。这是一种非公共的财政。

以上所设想的是两个极端,一极是完全的私人产权对应公共财政,我们称为财政一型;另一极是不完全的私人产权对应非公共的财政,我们称为财政二型。历史上有过的财政,当然不都是如此绝对,但总体变迁轨迹却表现为从财政二型向财政一型的不断移动,正如我们在英国中世纪所看到的一样。

（三）促使财政一型向财政二型转化的两个关键因素

在财政一型向财政二型的转化中，有两个因素起了非常关键的作用。

1.不同财产形式内在的交易成本促使着政治与经济不断分离

历史地看，人类先后经历了以劳动力、土地、货币资本为核心的三个财产阶段，加上后续的发展，还应有一个以人的知识与技能为核心财产的阶段①。不同的核心财产具有不同的物理特性，不同的物理特性决定了它们各自不同的交易成本，而不同性质的交易成本则引出了不同的组织形式。

劳动力的特性是，它天然生长于劳动者身上，劳动者能按自己的意愿自主控制劳动力输出的多少。人类社会结成之初，由于生产力水平低下，必须采用共同劳动的形式才能保证全体成员的基本生存需要，于是劳动力——这一当时最主要的生产要素——不再属于劳动者自己而属于共同体。要使这种要素所蕴藏的生产能力成为现实，共同体必须克服巨大的监督与管理成本。在共同经济中，把成本降至可以忍受的程度的唯一之道是，顺应"不共同劳动便全都不能生存"的客观制约而赋予共同体对劳动者的合法强制能力，这就是我们整个人类历史进程中所看到的原始社会解体后，奴隶社会在各个民族中都或长或短地存在过的时期，在本书中则具体化为英国中世纪的庄园农奴制、夏商周时期的分封制。于是，政治权利被深深地植入经济组织之中，两者你中有我，我中有你，合二为一，共同支持低技术水平下人类的生存所需。

随着技术的进步和人口的增加，劳动力渐渐变得丰裕了，土地代替

---

① 尽管以上种种财产形式之同时并存或部分并存是一个更接近于真实的存在，但并不抹杀，相反更能彰显核心财产的纵向变迁脉络。

劳动力成为人类历史上第二个主要的财产形式。土地的物理特性是：数量相对固定、空间位置不可移动、产出易于计量等，对于国家来讲，将占有、使用土地的权利界定给更小的经济单位，如家庭或个人，比其本身直接从事生产活动能获得更多的收入。这为政治权利的向上提升创造了条件。在下放土地权利所带来的经济收益等于因此而带来的政治风险时，这种提升停止了，国家保留了对土地的最终所有权。于是，在一个更高的层面上，产权与政权扭结在一起，国家既是政治权力的所有者，同时也是全国土地的所有者，即马克思所说的"国家就是最高的地主……主权就是全国范围内集中的土地所有权"。

当市场与交换发展到某一个临界点上，"为市场而生产"替代了"为消费而生产"成为主要的社会生产，甚至生活方式时，货币资本就被推上历史的舞台，代替土地成为新一轮的核心财产。货币资本的特性是：高度的流动性、较强的隐蔽性和所有者的自主控制性。这使得国家对它进行直接控制和支配的任何企图都面临着巨大的风险，一旦资本受到侵害，它既可以远走高飞，也可以萎缩到零，更何况瞬息万变的市场、分散不均的知识与信息使得经济生活前所未有地复杂，要求政府提供更多的制度和秩序也越来越多。从政府的一面来讲，退出经济，将从事和组织生产的权利还给企业、家庭和个人，自己专心提供公共产品与公共服务，是一个更理性也更有益的选择。政治与经济的分化势所必然。

时代的车轮永不停息。近年来，在一些发达国家，"信息社会""知识经济"的端倪已现，人的知识与技能正成为第四种核心财产。关于它的特性，周其仁的描述非常贴切，第一，人力资本天然属于个人；第二，人力资本的权利一旦受损，其资产可以立即贬值或荡然无存；第三，人力资本总是自发地寻求实现自我的市场。这使得国家对人力资本所有者的任何侵犯和伤害，哪怕仅仅是试图，也会将整个社会拉入经济萎缩的泥淖,相反,对于政府来讲,提供保护知识产权、专利等方面制度,促进全社会财富的极大增加、创新的不断涌流,是一个更理性的、具有"帕累托改进"性质的选择。

因此,核心财产形式由劳动力到土地再到货币资本、人的知识与技能的演变过程,大体对应于原始时代、农业经济时代、工业经济时代和知识经济时代的更迭继起。一方面,这一过程同时也是经济活动不断趋于分散化、经济主体对于财产的权利不断增加的过程,另一方面,也是政治与经济不断分离,逐渐回归到面向全体社会成员提供公共服务的本来之道的过程。在这一演化过程中,人口因素、技术因素作为最底层的因素,推动着财产不断地从一种形式进展到另一种形式,而不同财产形式交易成本的特性与大小,则从本源上决定了对应的社会组织方式。

2. 市场经济的展开大大加速了产权明晰化的过程

市场经济是交易经济,交易的前提是双方对于交易对象有明确的、可以主张并实际贯彻的权利,所以私人产权是市场经济的前提,这是从静态的意义上讲。从动态的意义上讲,正是市场不断扩展、交易不断增加的过程,才促使产权从不完全走向完全,从混沌走向明晰,因此私人产权也是市场经济发展与成熟的结果。历史地看,尽管早在原始社会末期就确立了私有制的形态并由此促成了原始社会的彻底解体和阶级国家的出现,但初期的私人产权主要明晰在国家或者说统治集团这一层面上,中下层的产权要不是没有、要不是处于严重的"残缺"之中。随着经济活动不断向家庭或个体分散,产权已经启动了向中下层、向家庭和个人沉降的过程,但只有在市场经济展开后,这个过程才陡然提速,因为市场将明确界定的权利作为交易的前提,其重要性提升到了一旦缺乏整个体系就会崩溃的程度,这就大大加速了产权明晰化的过程。

以上两个因素中,第一个因素具有长期性和不可逆性,一个皇帝、一个国王或者一个政府,都在特定的约束条件下行动而不可能改变条件本身,因而是根本性的。至于市场经济,更类似于一种"触媒"或"催化剂",它大大加速了私人产权走向完全和绝对的进程,进而联动地引出政治和财政层面的巨变。以百年长波的世纪眼光看历史,市场经济是一个一旦展开就不可逆转的过程,而且有着自身的发展逻辑和系统结构,因此意义更为巨大。

二、英国公共财政发展之路的简要勾勒

英国的历史是制度自然演进的一个绝佳的实例。从中世纪到近代社会,有三条清晰的制度变迁线索:一是核心财产形式由劳动力到土地再到货币资本,产权由不完全到完全的过程;二是国家组织由产权与政权合二为一到有所分离,最后无可挽回地彻底分开;三是财政完成了由国王的私人财政向社会的公共财政的逐渐转化。具体地说,在英国封建制初期,低下的技术水平使得以庄园农奴制为主体的共同劳动成为必要,表现为土地产权的王有制和劳动者普遍的"依附"与超经济强制,共同劳动中巨大的监督与管理成本使得庄园在充当一个经济的组织体时,还必须拥有相应的政治功能,即维护秩序、提供安全和某些必需的公共产品,由此,国王的统治权被分解为一个个小型的政治单元,国王的财政也因而具有强烈的"私"性质,表现为国王应"靠自己过活",本质上与一个大领主并没有什么不同。12 世纪在英国全境发生的"拓殖运动"率先在封建制的堡垒下打开了一道缺口,出现了只交租而不承担其他封建义务的新型地产,它以相对的高效和自由促进了庄园内严苛的封建关系的松动,领主对于土地的权利一步步增加了,先是继承权,然后是转让与买卖权,一步步向事实上的所有权靠拢,封建链条上每一级的上级领主对下级领主,直到对农奴的人身控制都在松动,条件是他们原来承担的封建义务转化为财政义务。政治方面,长期的封土封臣已经培育出独立于王权并一直试图牵制王权的贵族集团。借传统之名,他们始终保持并强化了其政治参与权,并于 1215 年成功地将贵族参政的传统上升到法律,确立了国王与臣民经济关系的宪法准则——"非同意勿纳税"。由此使财政虽然继续维持着王室财政的"私"性质,但同时因体现国王与臣民契约关系的税收的出现和常规化,财政出现了公共化的最初萌动。15 世纪的地理大发现所引致的市场和需求的爆炸,大大加速了产权的完全化进程,公地、教会地产、王室领地都先后以不同形式私人化了,劳动者则获得了从人身到精神、从支配财产到参与经济活动的广泛的自由,它们共同进入市场成为自由交易的要素。更重要的是,这一过程还促成了人类社会历史上影响最为深远的一次"财产"转型——货币资本成为时代的新宠。在货币资本强大的推动力下,原来集于政府一身的政治权利和经济权利迅速分化,以商人、手工业者为主的市民代替土地贵族成为同时代财富的主要拥有者,以此为基础,治理国家的权力不仅由国王向议会转移,甚至议会的重心也开始由上院向下院转移,到光荣革命前后,国王已经失去了统治国家的权利。与这一复杂、宏大的经济、政治背景相关联,财政发生了本质性的改变,税收成为政府财政收入的主要形式,议会获得了全部财政事项的决定权,并通过一系列的制度建设,特别是预算制度将政府置于自己的控制之下。公共财政在英国就这样实现了。

英国的公共财政之路给予我们无数弥足珍贵的经验,至今仍发人深省。其一,经济基础决定上层建筑,不管历史现象如何纷繁复杂,不管制度变迁如何缓慢悠长,甚至不管其中有过多少扭曲或延误,制度演进都有着自己的河道,其间可能偏离,但最终将实现回归。其二,只有政治与经济的分离,双方各居其位,进而通过一系列的制度安排,才能在两者之间形成相互制衡。一方面,创新不断涌流、财富不断增长,另一方面,政治不为少数人控制,各个社会阶层的利益都能得到表达,整个社会便趋于生机勃勃、和谐稳定。其三,一个掌握大量财富的中间阶层在推进政治变革方面居功至伟。一方面,他们因掌握大量的财富而使政府不得不对其忌惮三分;另一方面,相对于其他阶层,他们往往具有较高的组织度,谈判能力很强。各国的发展经历已经证明,一个庞大的、组织程度较高的中间阶层往往是社会稳定、政治昌明的代名词。其四,财产是权力的基础,但财产的多少绝不能决定权力的大小。在英国,先是贵族集团后是新兴工商业者都是因为拥有雄厚的财产,进而才得以染指政治,所以说,财产是权力的基础。但是,必须看到,在英国,后来还发生了一系列的议会改革,政治权利在全社会扩展开来,多数人获得选举权,无论巨富还是赤贫,都拥有了"平等的一票"。从少数到多数,权利渐渐扩展,这可能是民主过程中一道必经的门槛。其五,对于本书的分析更直接的是,产权私人化、政治民主化、财政公共化是一个过程的不同方面,公共财政不过是经济主体参与政治、制约与监督政府的工具,不能设想财政的公共化能在无视产权变革、缺乏政治配套的情况下可能孤军深入,而且一枝独秀。

三、市场经济条件下,当代中国公共财政与英国公共财政存在某些重要的趋同性

尽管如此,我们还是强烈认识到马克思"生产力决定生产关系,生

产关系反作用于生产力"这一论断的无比正确性。中国与英国在自然条件、制度基础、文化传统等多方面纵有诸多差异，但是人类之所以为人类，则必有某些原生的、后天不可改变的共通性。比如，在谋求更好的生活这一基本欲求上，全人类都是共同的；另外如经济学中关于"理性人"的假设、制度经济学家阐发的"人总是在一定的约束条件下行动"等，都具有普适性。基于此，我们有充足的理由推定：大致相同的条件下必定会引出大致相同的结果。

落实到财政问题上，当代中国公共财政从自发到自觉的过程再一次证明经济基础的巨变必将引起上层建筑相应的、不以人的意志为转移的响应。换言之，研究、讨论以及具体操作我国"如何建成公共财政"这一重大问题也必须从最根本的经济基础出发、并十分注意政治层面的变化，才能防止和避免"就财政论财政"，甚至只将公共财政理解为只要引进发达市场经济国家的一些先进做法就可以实现，从而陷入简单技术引进的泥淖。另外，对现阶段我国公共财政建设的前景也不可盲目高估，不排除财政在某些特定时期、特定情况下，可能充当政治体制改革的"马前卒"，但根本上不可能完全脱离政治体制的前提而孤军深入、一枝独秀。

当然，时代在发展，特别是市场经济在西方已经经历了一个相对成熟的发展过程，而按新制度经济学家的理解，制度本身是可以学习、可以模仿、在一定条件下也可以移植的，同一制度演进过程中的成败优劣，已有经验与教训摆在前面，我们完全应当努力发挥能动性①、借助"后发优势"，注意克服市场经济已被证实的缺陷和不足，即使是必须要付的成本，也可以在学习总结的基础上，尽量将其减少到最小。所谓"自然不能飞跃"，但时间却可以大大缩短。

---

① 关于制度的能动性，请参见贾康、冯俏彬：《论制度供给的滞后性与能动性》，《财贸经济》2004年第2期。

政府失灵与公共产品的多元化提供

本文尝试阐释公共产品多元化提供的理论基础。从分析公共产品提供中的政府失灵现象入手,分析了导致政府失灵的三大因素:政治体制的缺陷、组织固有问题、政府作为公共权力的垄断者等。本文认为,这些导致政府失灵的重要因素具有内生性和根本性,很难通过政府自身的改进加以克服。应对之策在于引入市场、志愿部门等,与政府一起形成公共产品提供主体的多元化格局,进而创造竞争,改善服务。

自 2008 年我国推进新医改以来,财政投入已超过最初承诺的 8500 亿元,实际达到 12409 亿元。2012 年,我国财政教育支出要达到 GDP 4%的目标,预估为 20772.88 亿元。随着保障性住房时代的来临,财政也有一个数千亿元的宏伟投入目标。但是,在财政投入如此大幅度增长的情况下,各方面对于公共服务的满意度并没有同步提高,老百姓对于上学难、看病难、住房难、就业难的抱怨仍然尖锐激烈。

要提高老百姓对于公共服务的满意度,增加财政投入仅仅是条件之一。要改善公共服务的提供现状,提高各方面的满意度,有很多具体方式,如增加数量、提高质量、加强管理等,但其中最重要、最根本的是提供主体的多元化,即除了政府以外,市场和志愿部门都应以不同的方式介入公共服务的提供,以此形成竞争机制,促进公共服务产出的数量增加和质量逐渐提高。就这方面而言,近年来虽有局部起步,但总体乏善可陈,即使个别地方、个别行业小有动作,却因种种原因时有犹豫、倒退之举。究其原因,笔者认为,一是受缚于对"政府提供公共产品"这一公共经济学"常识"而致的片面、僵化理解;二是现有相关理论不能适应公共产品提供实践的巨大变化。因此,有必要从政府失灵这一角度,进一步探求多主体提供公共产品的理论基础,以适应和推动新时期改善我国公共服务提供的现实需要。

一、公共产品提供中的政府失灵

关于政府失灵,一般认为是萨缪尔逊提出的。他认为,政府失灵是"当政府政策或集体行动所采取的手段不能改善经济效率或道德上可接受的收入分配时,政府失灵便产生了"。查尔斯·沃尔夫后来(1988)在更广泛的意义上将政府失灵扩展为非市场失灵①。

(一)就公共产品的提供而言,政府失灵首先表现在生产公共产品上的低效率

同市场一样,政府提供公共产品也必须要回答"为谁生产""谁来生产""生产多少"的问题。尽管公共经济学家就这三个方面进行了很

---

① 查尔斯·沃尔夫认为,区分市场与非市场的根据是,市场组织从市场上——在这里,购买者能够选择买什么,以及是否购买——所售商品索要的价格中获得其主要收入,而非市场组织则是从税收、捐赠或其他非定价资源中获得其主要收入。尽管政府无疑是非市场部门最大和最有影响的要素,非市场部门还包括基金会、政府资助的大学、教会、家庭老师协会和童子军等。

多研究,但总体而言,对这三个问题的回答是不圆满的。仅就"生产多少"而言,"鲍温模型"阐释了针对个体的局部均衡模型,即当其消费公共产品所得到的正效用等于其为公共产品付税所带来的负效用时,此时的公共产品数量的最优解出现。林达尔则给出公共产品最优数量的整体均衡解,即当每个消费者都同意在自己最偏好的水平上为公共产品付费时,此时将每一个消费者愿意支付的价格相加,由此形成的需求曲线与供给曲线相交的那一点,即为公共产品数量的最优点,此时的价格为"林达尔价格",此时所达到的均衡为"林达尔均衡"。"林达尔均衡"就公共产品的数量问题给出了完美的理论模型,成为公共经济学的经典理论之一。

但是,以上分析虽然可以从理论上说明提供公共产品的成本如何在消费者身上分摊,即生产公共产品的成本等于每一个消费者愿意为此付费的总和(也称为价格相加或者纵向相加)的问题,但真正要落实下来,还有一个必须的前提,那就是每个人都真实地表达自己对于公共产品的偏好。

正如广泛认知的那样,在公共产品的消费中,存在着广泛的"搭便车"心理,相当部分的人是不愿意表达自己的真实偏好的。这样,基于"每个人根据他对所消费商品的效用评价来付费"的这一条市场原则,政府在公共产品生产数量的问题上遭遇"滑铁卢"。从后来的情况看,如何让公民真实地表达对于公共产品的需求与偏好,成为"公共经济学之谜"。

(二)就公共产品的提供而言,政府失灵还表现在多数原则下对少数人异质性公共产品需求的忽略

与市场依靠价格机制相同,政府提供公共产品依靠的是公共选择

机制。从理论研究的角度看,公共选择是真正的"政治经济学",它全盘移植了"经济人"这一经济学的基本假设,将政治视为一个特殊的市场。在这个市场上,选民相当于消费者,政治家相当于厂商,选票则相当于货币。正如交易是市场活动的基本单元,交易也是政治活动的基本单位,即选民用选票交换政治家的政策。在这个逻辑下,选民投票的结果就能显示出他们对于政治家所提出的政策(即公共产品)的偏好情况。

投票最好的结果是"一致同意",这表明所有公民对于某种公共产品的提供数量和成本分担达到了完全的一致,是一种最理想的结果。但是,正如完全竞争的市场只存在于经济学家的理想中一样,政治活动中的一致同意几乎也是不可得的。由于一致同意不可得,现实中往往折中采取两种投票机制:一是以少数服从多数为基本原则的直接民主制;二是代议制。在运行良好的情况下,这两种机制都能显示出多数选民对于公共产品的偏好与需求情况,然后政治家、政府再据此进行实际的生产与提供。但是,这两种机制同时都具有忽略、放弃少数人不同于多数人的特殊公共产品需求的特点。比如直接民主制下,任何一项政策,由于是按多数原则决定的,必然有少数人的偏好要被忽略和放弃,极端的情况下还可能引出"多数人对少数人的暴政"。代议制下,同样是按多数原则确定政策,不过同时还伴生另外一个问题,即委托(选民)代理(政治家、政府)关系中如影随形的道德风险,选民对于公共产品的偏好偏离"真实""一致同意"的程度更大。即使人们对于以投票结果准确表达公众偏好的分析方法在技术形式上发展出"单峰""双峰"等细致分析,但阿罗的"不可能定理"最终无懈可击地证明此路是不通的。

这种按多数人需求决策的政治运行逻辑同样适用于集权体制。不同的是，与民主体制相比，集权体制可能忽略的群体更多、获得决策错误的信息时滞越长、改正的道路更加曲折。从这个意义上讲，政府提供公共产品所具有的不足可以说是天生的。

二、公共产品提供中的政府失灵在很大程度上源于政治、政府本身

导致政府失灵的原因很多，相关文献犹如汗牛充栋。基于本文的目的，我们主要是关注那些内生性的，依靠政治、政府本身不可能或者很难克服的原因。归纳起来，这类原因主要有以下三个方面。

（一）政治体制的内生性缺陷

如上所述，现行政治体制大约可分为两大类：一是民主制；二是集权制。基于政治本身的运行规则，这两种体制都有忽略少数人异质性公共产品需求的天然缺陷。在西方直接民主制下，政治运行的基本原则是少数服从多数，逻辑地，少数人的意愿自然不能得到体现；其中在代议制下，选民与政治家之间形成委托代理关系，必然会产生代理人因种种原因，不按或不完全按选民意愿行事所导致的问题等。在集权制下，权力自上而下配置，越是层级高、权力大的上级政府，其拥有的基层信息越弱，深知辖区内百姓需求的地方政府只有很小的权力。这种权力的纵向分割与信息丰度的严重不对称更易引致公共产品供给与需求之间的矛盾。

（二）组织固有问题

作为一种组织，政府与企业并无本质差别，都面临着诸如设定目

标、激励成员、划分内部权责、惩罚绩效不佳等难题。组织行为学的相关研究已经充分说明,这类问题对于组织本身而言,相当大程度上也属于伴生式的问题,通过改进组织形式、量化绩效等现代组织管理方式,可以弱化但不能彻底消除此类问题。与企业不同的是,政府本身还缺乏变革的基本推动力,使得这类问题在政府组织内比企业组织更加突出、更加明显、更加难以解决。查尔斯·沃尔夫曾以"内部性"对此进行概括,"市场组织可以从消费者行为、市场份额和盈亏账目结算中获得直接的绩效指标,而公共机构因为缺少这些,必须自己创立自己的标准""这些标准就是非市场组织内用以指导、调整和评估机构绩效、机构全体员工表现的目标,笔者将之称为内在性""内在性与这些机构所要服务的表面的公共目标之间没有十分清晰或可靠的联系……意味着私人或组织成本和收益很可能支配着公共决策者的计算",因而正如"外在性影响市场活动的结果一样,内在性也影响非市场活动的结果"①。

(三)政府作为公共权力的合法垄断者所引致的问题

在相当长一个时期内,政府几乎是提供公共产品的唯一主体。实践中,这种唯一性常常转换成垄断性。关于市场环境中垄断的后果人尽皆知。在政治领域内,垄断同样带来低效和消费者福利的严重损失,在公共产品、公共服务上就直接表现为高成本、低质量、低满意度、低合法性。

此外,政府官员同市场主体一样,也是追求自身利益最大化的个人,这种基于个人得失进行成本收益计算与相应的行动也会在相当的

① [美]查尔斯·沃尔夫:《市场还是政府:市场、政府失灵真相》,陆俊、谢旭译,重庆出版社2009年版,第68页。

程度上折损、扭曲组织功能。

所以，正如完全市场只是经济学家的理想一样，完美的政府也不存在。政府天生有缺陷，正如市场天生有缺陷一样。

三、引入市场、志愿部门，与政府一起
形成公共产品提供主体的多元化

要克服公共产品提供中的政府失灵，获得公民更高、更大的满意度，首先必须在一系列导致政府不能很好提供公共产品的原因中，区分哪些是内生性的，依靠其本身是几乎不可能克服的；其次才是针对那些属于外生性的原因提供一些旨在解决问题的技术性方案。针对第一类政府失灵缺陷，一方面当然需要进一步完善公共选择机制，尽可能获准确信息，另一方面则需要放宽视野，放开襟怀，引入市场、志愿部门，与政府一起形成多主体提供公共产品的格局，从而达到系统性配置优化、相互取长补短的效果。

（一）市场的"王者归来"

针对政府在提供公共产品上的低效率，实践证明，应当积极寻求在效率方面已经被证明为十分有效的市场机制的重新回归。与市场失灵相比，市场在更多的情形下是有效的，这种有效体现在市场总是能最大限度地调动资源进行生产，增加供给，同时在竞争中降低成本，因而具有较高的效率。当然，市场有效的前提是要能够辨别受益主体，确认受益程度，通过收费补偿生产成本。如果说在传统的公共产品观下，这一点实行起来还有困难的话，在当代随着公共产品光谱的不断扩大和细化，越来越多的公共产品(服务)已经或正在具备这样的条件。如当前在我国公共产品提供实践中成为焦点的教育、卫生、住房、个人服务等权益—伦理型公共产品,谁受益、受益多少,一目了然,生产者据此获得费用补偿,技术上完全没有问题①。当然,市场主体参与这些公共产品的生产并不等于它们直接向公民提供和收费,联结双方的是政府关于公共产品筹资、付费、分配、管理、评价、监督等一系列复杂机制的建设和配套。

(二)引入志愿部门

针对政府在提供公共产品时始终存在未被少数人满足的需求,实践证明,应当寻求志愿部门的介入。按萨拉蒙的定义,志愿部门通常具有六个特征,即民间性、非营利性、组织性、志愿性、公益性和自治性。与着眼于大多数人需求的政府相比,志愿部门天生是用来满足少数人需要的。如一个专门关爱艾滋病人的志愿团体,一个专门从事保护野生动物的协会,一个专注救灾的医生团体等。仅就一个志愿团体而言,其规模也许不大,其服务的人群也只是一小部分,但如果同时存在着形形色色的、成千上万的志愿者团体,则那些在趋利的市场环境中和在统一的政府体系中不能体现、不能满足的需求,在志愿部门中则常常可以得到满足和体现。这一点,已经为发达国家的实践以及近年来我国社会组织在公共服务领域内的崛起所证明。

(三)多主体"合作"提供公共产品

一旦市场、志愿部门进入公共产品的提供领域,就将形成政府、市

---

① 关于扩展的公共产品光谱和权益—伦理型公共产品的有关论述,详见冯俏彬、贾康:《权益—伦理型公共产品:基于扩展的公共产品定义及其阐释》,《经济学动态》2010年第7期。

场、志愿部门多主体提供公共产品的新格局,并进一步促使三者之间关系出现新变化。由于引入了竞争机制,一方面可以部分消融政府在公共产品生产上因垄断而致的低效;另一方面可以满足少数人的异质性公共产品需求,而这在很大程度上有助于克服公共产品提供中的那些属于天生缺陷的政府失灵问题。不仅如此,正是由于市场、志愿部门的介入,它们与政府之间的关系还将进入一个新时代。通过在政府、市场、志愿部门之间的合理分工,公共产品的各个环节——生产、分配、管理——将逐渐得以精细化、专门化,政府主要负责决策、筹资、分配与管理,市场和志愿部门则主要负责公共产品的生产与提供,由此可望部分地克服公共产品提供中的政府失灵问题,进而提高公众的满意程度。假以时日,政府、市场、志愿部门之间将进入以"权力共享、共同治理"为特色的公共治理新时代,原来的"自上而下""命令""指示"等用来描绘它们之间关系的生硬、僵化的字句将被以"合作""平等""协商"等更具包容性的字眼代替。长远而言,这种新型关系对中国社会的稳定发展十分重要、十分必要。

回到本文一开始提出的问题上来。长期以来,我国教育、医疗等公共服务的提供仍然集中在政府身上,政府仍然是绝大多数公共产品生产和提供的唯一主体。一方面,正是由于政府存在那些天生的缺陷,这些公共服务的提供才始终反应慢、成本高、管理不良;另一方面由于在公共产品的提供中还同时挟裹着"经济人"的种种冲动且得不到良好抑制,以及既得利益的顽固掣肘,才使得这些领域在民营化、放开社会资本进入通道方面步履蹒跚,市场主体、社会组织难以实质性进入,即使进入也面临种种有形无形的障碍。在一个13亿多人的大国,政府如果过多地直接生产公共产品,那些先天、后天的缺陷就会借政府机体本身而呈现出几何级数的放大,政府本身也就会陷于具体事务而很难退回到"专注于掌舵"这样的决策者和宏观管理者的位置上去，公共服务的质量、公民的满意度更难以提高。如果说此前，公众对于教育、医疗等公共服务不满意在很大程度上是因为财政投入不到位、相关部门巧妇难为无米之炊的话，现在，在财政投入动辄数以千亿计的背景下，这样的理由就越来越站不住脚了。情况已经很清楚，改善我国公共服务的提供，不只是财政部门大量资源的问题，更需要一个有关部门积极致力于实质性地改变公共服务的提供方式。

第二部分

加强宏观经济管理

供给侧结构性改革：新常态下
我国宏观经济管理的重大创新

党的十八届五中全会提出，大力"释放新需求，创造新供给"。以现代服务业、"互联网+"为核心的新经济及其对传统产业的改造、巨大的区域和城乡差距的弥合等，将是未来我国经济发展新需求的主要来源。但是，对应于有效释放这些新需求，还面临着严重的"供给约束"与"供给抑制"，在决定经济长期增长的供给侧的主要要素，如土地、劳动力、资本、制度供给、创新等方面，均存在严重的结构性问题。为此，必须深入推进供给端改革来创造新供给，以释放经济社会活力，为中国经济长期稳定增长奠定坚实基础。

认识新常态、适应新常态、引领新常态，是当前和今后一个时期我国经济发展的大逻辑。2015年以来，我国经济进入了一个新阶段，主要经济指标之间的联动性出现背离，经济增长度持续下行与CPI持续低位运行，居民收入有所增加而企业利润率下降，消费上升而投资下降，等等。对照经典经济学理论，当前我国出现的这种情况既不是传统意义上的滞胀，也非标准形态的通缩。与此同时，宏观调控层面货币政策持续加大力度而效果不彰，投资拉动上急而下徐，旧经济疲态显露而以"互联网+"为依托的新经济生机勃勃,东北经济危机加重而一些原来缺乏优势的西部省区异军突起……可谓是"几家欢乐几家愁"。简言之,中国经济的结构性分化正趋于明显。为适应这种变化,在正视传统的需求管理还有一定优化提升空间的同时,迫切需要改善供给侧环境、优化供给侧机制,通过改革制度供给,大力激发微观经济主体活力,增强我国经济长期稳定发展的新动力。

一、需求侧为主的管理已不能适应
中国经济转型升级的现实需要

供给与需求,是市场经济的一对矛盾统一体,两者互为表里,同生并存。理论上讲,在任何一个时期,都要既重视供给侧,也要重视需求侧。但就某一个特定的阶段而言,由于要素禀赋不一、外部环境条件不一、施政目标不一,宏观经济管理上往往需要选择着重在供给侧发力,还是着重在需求侧发力。1998年亚洲金融危机以来,我国宏观调控总体而言是以需求侧管理为主的。

需求侧管理的理论基础来自于凯恩斯理论中的国民收入均衡分析。简言之,凯恩斯认为经济增长主要源于投资、消费与净出口这"三驾马车"的拉动,可用公式表示为:

$$Y = C + I + G + NX \tag{公式 2-1}$$

其中,Y代表总产出,C是消费,I是投资,G是政府支出,NX是净出口。

当经济出现下滑时,需求侧理论认为,这主要是由于有效需求不足所致,因此对策就是千方百计地提高有效需求。在政策层面,需求侧管理的主要政策工具是财政政策与货币政策的协调配合,其中,财政政策侧重于结构调整,货币政策侧重于总量调节。依情况不同,共有紧财政—紧货币、紧财政—松货币、松财政—紧货币、松财政—松货币四种政策组合方式。

改革开放以来,我国在推动计划经济体制向市场经济体制转轨的同时,十分重视需求管理。比如,改革开放之初,沿海一带发展经济主要依靠来料加工、三来一补,借力的是海外需求。在国内,由于基础设施匮乏,长期依靠的是以政府投资为主的数轮基础设施建设。在1998年亚洲金融危机和2008年全球金融危机发生以后,先后都采用了"积极财政政策"与"稳健货币政策"的搭配,这同样也是需求管理的标准操作之一。总之,多年以来,无论在中央还是地方,政府拉动经济增长均主要在投资与出口两个方向上用力,需求侧管理已成为过去一个时期我国政府在推动经济增长中,使用得最多、最为得心应手的方法。

需求侧管理对推动中国经济增长曾发挥过重大作用。从1998年看,我国率先走出了亚洲金融危机的阴影;从2008年全球金融和经济看,我国也是在较短的时间内实现了复苏,并带动了其他国家经济恢复。到2014年,我国GDP总量已达到67万亿元,稳居世界第二位。与此同时,我国的城市建设、基础设施条件等发生翻天覆地的变化。需求侧管理对此功不可没。

但是,随着时间的推移,需求侧管理所产生的副作用正日渐明显。2008年全球金融危机之后,美国、欧洲经济一蹶不振,外需一路下滑,已不能对中国经济形成重要支撑。由于存在诸多结构性问题,中国经济也进入了下行的通道,从此前的两位数下降为一位数。进入2015年以来,经济下行的基本态势不变,各类衡量经济发展的指标如GDP、CPI、PPI等,连续多月低迷。整体上看,我国经济出现了"四降一升"

的状况,即经济增速下降、工业品价格下降、实体企业盈利下降、财政收入增幅下降、经济风险发生概率上升。为保持经济稳定,政府先后通过加大投资、降息降准等,试图稳住经济下行的态势,但较之从前,以需求侧为主的管理所取得的效果日益下降,相反,为此付出的代价则越发明显。更重要的是,中国经济已进入"三期叠加"时期,无论从哪个角度看,中国经济正站在长周期的转折点上,转型升级的需要比以往任何时候都更加迫切。但解决中长期的经济结构性问题,以短期平衡为主旨的需求管理是无能为力的,必须引入并适时向全面的供给侧结构性改革。

二、供给管理和需求管理的区别与联系

理论研究表明,从供给侧看,支持经济长期增长的主要有五大要素:劳动力、土地和自然资源、资本、创新、制度。可用公式表示为:

$$Y = F(L_1, L_2, C, I_1, I_2) \qquad \text{(公式 2-2)}$$

其中,Y 代表总产出,F 是一个函数形式,L_1 是指劳动力,L_2 是指土地与自然资源,C 是指资本,I_1 是指科技创新,I_2 是指制度。也就是说,从供给角度看,经济增长取决于劳动力、土地与自然资源、资本、科技创新、制度五大要素的数量和质量。

供给管理和需求管理的主要区别是:

第一,前提条件不同。一般而言,需求管理的前提是完全竞争,即供给一侧已处于良性甚至优质状态之中,因此只需要调整有效需求即可。而供给管理的前提是不完全竞争,即供给一侧存在严重问题,如垄断、创新不足、体制机制不健全等,需要进行结构性改革。

第二,适用时期不同。一般而言,需求管理适用于短期,而供给管理关注长期。因此,前者可用于一个经济周期内的调整和相机抉择,而后者则适用于更加长期、更加深刻的结构性变革之机。

第三,政策工具不同。一般而言,需求管理的主要政策工具是财政政策与货币政策,而供给管理的主要政策工具则是制度变革,即通过放松政府管制、减税、降低福利、国企市场化改革等,培育和释放社会自身活力。

但是,供给管理并不是对需求管理的简单替代,而是不同时期、不同情况、不同条件下的不同选择。短期而言,需要根据具体情况确定宏观调整是侧重于供给,还是侧重于需求,但长期而言,供给与需求永远都是一对矛盾的两个方面,缺一不可,同时供给和需求也不是非此即彼的关系,相反两者互为条件、相互转化。但就某一个特定时期而言,可能需要更加侧重某一个方面而非均匀用力。当前,我国经济发展面临的主要矛盾是结构性的,因此必须在注重需求管理的同时,特别加强供给侧结构性改革,改善供给结构,提高供给体系的质量和效益。

三、当前我国经济转型急切呼唤
深化供给侧结构性改革

过去三十多年,我国经济实现了年均 9.8% 的高速增长,经济规模上升到第二位,占全球经济总量的比重大幅度上升,由以前的不足 2% 上升至 10% 左右。2010 年,我国人均 GDP 超过 4000 美元,正式进入了中等收入国家行列。近年来,我国人均 GDP 继续上升,2011 年超过5000 美元,2012 年超过 6000 美元,2013 年为 6767 美元,2014 年达到

7485 美元。这一巨大经济体的长期高速增长,在人类经济史上还是比较罕见的,称之为中国奇迹也不过分。这一成就的取得,主要还是国家在将工作重心调整到以经济建设为中心后,以制度供给和结构调整为核心,推动经济体制从计划经济向市场经济全面转轨所释放出的惊人的制度红利,而这就是典型的供给管理。当然,这也与 1998 年我国政府以极大决心与勇气加入 WTO,迎来新一轮制度变革大潮,主动融入国际贸易与全球化市场有关。回望过去,尽管正确的需求管理对中国经济成长功不可没,但供给侧的系列重大制度变革才是中国经济增长真正的、最强劲的动力。尽管如此,就总体而言,一个完善、健全、规范的市场经济体制还没有完全建成,政府与市场的关系仍然没有厘清,还存在着很多政府对市场的不当管制与干预,在影响经济长期增长的供给侧要素方面,存在着严重的"供给约束"与"供给抑制"。这是推进供给侧结构性改革主要的根本原因。

(一)人口红利下降,劳动力成本上升

我国人口总量世界第一。改革开放以来,以农民工为代表的农村人口向城市、向工业的巨量转移是支持我国当今经济发展的主力贡献因素之一。但是,据学界测算,在 2011 年前后,我国劳动力转移的"刘易斯拐点"已经出现,以数量为特征的劳动力转移对于中国经济的贡献度颓势已现,近年在各地不断出现的民工荒、招工难以及劳动人口工资明显上升,就是明证。与此同时,我国人口结构已呈现明显的老龄化。有研究表明,在未来十年间,我国将步入老龄化社会,速度之快,超过日本,超过我国经济发展的速度。通观全球人口与国力的变化史,人口基数与结构的变化对国力、国运有着决定性的作用。我国自 20 世纪 70 年代以来执行的以控制人口数量为目标的人口政策已到了非调整不可的关口。

（二）土地管理制度僵化，自然资源消耗过多过快

由于种种原因，我国土地及自然资源管理方面存在的供给抑制十分明显。随着城镇化的发展，大量邻近城市的农村土地通过各种形式转化为城市发展用地，这本是城市化的题中应有之义。但是，由于现行土地制度管理过于僵化，导致大量农村土地在转为城市用地的过程中，利益天平过多偏向地方政府和房地产开发商，引发诸多激烈的社会冲突与群体性事件。在这种情形下，另一种声音以"保护农村、保护农民"为口号，阻止市场与工商力量向农村扩散，又从另一个角度延误了农村在现代化大潮中应有的发展，使我国本来就十分巨大的城乡差距迟迟得不到弥合。归根结底，这与现行土地管理制度缺乏在城市化背景下的走向判断有密切关系，与土地制度本身涉及的各相关群体的巨大利益调整高度相关，是制度供给滞后的另一个例子。除土地之外，我国其他各类自然资源方面，也存在着定价机制缺失以及政府发展经济的强烈动机之下的粗放使用，已经造成了近年来各方面有深切感知的、公众意见十分强烈的各类水、土、气污染问题，以及资源能源消耗过多过快的严重问题。

（三）金融抑制明显，对实体经济支持不足

无论是从外汇储备还是国内储蓄上看，我国都是世界上"最有钱"的国家。但从资本的使用效率上看，从实体经济得到资金滋养的程度看，我国金融领域存在的供给抑制与供给约束居全世界之冠。一是利率市场化到现在仍然只走了三分之二的路程。二是金融市场主体"大小不均"，主体国有比重过大而民资外资比重过低、超级银行占比过大而中小型金融机构占比过小。三是资本市场结构不合理，主板市场占

比过大而创新板、新三板、场外股权交易市场高度不发育。这些导致长期以来我国对经济增长贡献最大、对就业贡献最大的广大中小企业得不到合理的融资支持,实体经济升级"突破天花板"得不到支持,"三农"领域的金融支持始终盘桓于政策倡导层面而实质性进展十分缓慢。

(四)科技教育体制僵化,创新"驱不动"

各方公认,当前我国经济增长的动力机制应当而且必须转向创新驱动。早在党的十六大文件中,就提出了建设创新型国家。但从进展上看,科技与经济"两张皮"的格局还未得到根本扭转,一方面我国科研人员的论文发表数、专利申请数快速增长,名列世界前茅;另一方面科技成果向产业、市场的转化率不到10%。究其原因,还是因为激发科技人员、企业创新研发的体制机制不畅通。一是科技成果转化的激励机制明显滞后;二是知识产权保护不力;三是人力资本改善供给机制受到行政化、违反规律的落后制度机制的阻滞,创新人才还未充分涌现;四是狭窄的部门利益阻碍,这在2017年以来互联网与传统产业结合过程中,各类磕磕绊绊的事例中特别明显。

(五)政府管理与改革不到位,制度供给严重滞后

政府是垄断性供给制度的主体。改革开放以来我国经济社会获得的巨大增长与政府管理理念的调整、方式的转化、体制机制的不断优化有着极其密切的关联。但是,随着改革进入深水区,各类利益纠葛日渐复杂,当下政府在供给以改革为取向的系列制度方面已经大大滞后。一是关键功能不到位,市场经济条件下,政府的主要功能是市场监管、公共服务与社会管理等远未到位,目前各地一再呼吁的"多规合一"始

终末有实质性进展。2015年六七月，震动国内外的"股灾"就是其中的典型事例。二是关键领域改革不到位，如土地改革、金融改革、国企改革、收入分配改革、人口战略调整等，慢于社会预期。三是政府支持经济发展的方式陈旧，仍然习惯于替代市场，习惯于以"政"代"经"。以"补贴""优惠"代替扎实的市场环境与市场基础建设，近期在政府主推的棚改、中心市区交通体系等方面就可以清楚地看到。四是"简政放权、放管结合、优化服务"的质量与效果还有待提升，大众创业、万众创新面临的实质性门槛仍然比较高。

此外，在涉及市场环境与体制机制的其他方面，还面临着一系列的约束，如公平竞争的市场环境、居民收入分配差距明显、区域发展不协调、社会保障制度不健全，社会的公平正义有待加强。这些都表明，我国建立市场经济体制的任务还没有完成，距离市场机制发挥配置资源的决定性作用还有待努力。

四、供给侧结构性改革的
重点领域与近期任务

2015年11月，习近平总书记在中央财经工作领导小组第十一次会议上强调，要推进供给侧结构性改革，引发各界高度关注，被认为是高层经济思路上的重大变化。随后，中央经济工作会议对于如何推进供给侧结构性改革进行了重点部署。

（一）供给侧结构性改革的重中之重是制度创新

制度经济学代表人物之一、美国著名经济学家舒尔茨说过，"任何

制度都是对实际生活中已经存在的需求的响应"。随着中国经济进入转型升级的新阶段,一些制度体系已严重滞后,进而提出了创新制度供给的迫切需求。所有这些需求加起来,可以概括为一句话:发挥市场配置资源的决定性作用与更好地发挥政府作用。这主要是因为,虽然我国实行社会主义市场经济体制已有三十多年了,但发展仍不完善,在影响经济增长至关重要的土地、劳动力、资本、创新、制度等要素方面,还存在着十分明显的供给抑制与供给约束。现在制度结构、生产结构已经不能满足庞大中等收入家庭升级换代后勃兴的各类新需求,不利于中国潜在经济增长率的释放和全面小康目标的实现。正是基于此,党的十八大五中全会才提出"释放新需求,创造新供给"的号召。

居于制度创新之首的,应当是政府管理经济、社会方式的创新。具体表现在深入推进"简政放权、放管结合、优化服务"的行政审批制度改革,以管住、管好政府这只"看得见的手"。通过严格规范政府的行权方式,做到廉洁、高效、透明、公正、公开,一方面优化合法经营、公平竞争、高度法治的市场环境,另一方面也要加强政府对市场的监管和规范,增加公共产品和公共服务的提供。目前,行政审批制度改革已进入深水区,诸多系统性、基础性问题正在浮出水面,进一步深化改革不仅需要决心与勇气,更需要改革的系统设计与专业化的技术解决方案。政府在这方面可以作为的空间还很大。

首先,当前最重要的是明确政府的权力边界,以自我革命的精神,在行政干预上多做"减法",把"放手"当作最大的"抓手",同时切实履行好宏观调控、市场监管、公共服务、社会管理、保护环境等基本职责。

其次,深入推进财税改革,形成政府与公民、中央与地方之间稳定的经济关系以及规范的政府财政管理制度。财政是国家治理的基础与重要支柱。两年来,财税改革的力度很大,也取得了一些进展。但在当前经济下行、财政收入增速放缓的情况下,推进财税改革的外部环境正在变得现实而严峻。今后一个时期,财政改革既要兼顾与其他改革之间的协调配合,更要向纵深推进,需要啃下多个"硬骨头",如房地产税、个人所得税改革,中央与地方事权改革,地方收入体系重构,预算管理基础制度建设,PPP 等。这些都是十分复杂而牵动全局的改革,但对提升国家治理体系与治理能力现代化都具有十分重要的意义,是制度创新的重要内容。

最后,在"管住权""管住钱"的同时,还要积极推进国有企业改革、收入分配制度改革、社会保障制度改革等,以营造良好的市场竞争环境,促进社会的公平正义。

(二)供给侧结构性改革的主战场是要素市场改革

结合中国的实际情况,当前供给侧结构性改革的重中之重是对要素市场进行全面改革,以真正发挥市场在配置资源方面的决定性作用,全面释放经济社会活力。这是因为长期而言,要素的数量和质量,从根本上决定着一国经济增长的效率。目前,我国五大关键要素都面临着制度陈旧、不适应市场经济发展需要的情况,需要进行深入改革。

1.调整人口政策,从控制人口数量转向实施人力资本战略

人是经济增长最根本的因素。随着我国人口红利的消失,老龄化社会的阴影正在逼近。应当尽快、果断调整我国的人口政策。一是在党的十八届五中全会宣布全面"放开二孩"后,还应动态推进,后续优化,严密监控政策效果,做好应对不同情况的政策储备。二是要将以计划生育为核心的人口控制,调整过渡到以优生和提高人口质量为核心的人口战略,并进一步转变为教育和提升创新能力为核心的人力资本战略。三是尽快完善与人口流动密切相关的户籍制度改革、社会保障

制度改革等,真正形成全国统一的劳动力市场。

2. 审慎推动土地制度改革,建立城乡统一的土地流通制度

土地是"财富之母",土地制度是国家的基础性制度,也是供给管理的重要内容。土地制度改革关系到重大利益格局的调整,最需要长远谋划、审慎落子。当前,土地制度改革的焦点主要集中在农村集体经营性用地、农民承包土地和宅基地等方面。对此,我们建议尽快落实十八届三中全会《中共中央关于全面深化改革若干重大问题的决定》中的有关精神,赋予农村集体经营性建设用地出让、租赁、入股的权能,明确农村集体经营性建设用地入市范围和途径;建立健全市场交易规则和服务监管制度。全面推动农民承包土地使用权的确权、流通、转让、租赁制度,保护农民的合法权益。探索农民住房保障在不同区域户有所居的多种实现形式。建立兼顾国家、集体、个人的土地增值收益分配机制,合理提高个人收益。缩小土地征收范围,严格界定公共利益用地范围;规范程序,公开信息;建立对被征地农民的合理、规范、多元的补偿和保障机制。

3. 深化金融改革,全面解除"金融抑制"

金融是现代经济的核心。目前,我国金融市场结构失衡、功能不全,"金融抑制"比较明显,应全面推进金融改革。一是进一步深化金融机构特别是国有控股商业银行改革,适当降低国家持股比例,提升社会资本持股比例。二是加快民营银行的发展,积极发展一大批社区银行、村镇银行,以形成结构合理、功能互补的银行业生态体系。三是大力发展多层次资本市场,在继续完善主板、中小企业板和创业板市场的基础上,积极探索覆盖全国的各类产权交易市场、"大资产管理公司"等。四是全面放开存贷款利率管制,实现资本市场化定价。五是改革金融业监管体系,加强不同监管部门的统一领导与相互协调,合理界定

中央和地方金融监管职责,实施分地域、分层次监管。六是积极推动人民币国际化。

4.全面实施创新驱动战略,建设创新型国家

创新是经济发展的根本动力,对于今日之中国,其重要性无论怎么强调都不过分。结合我国实际情况,当务之急是科技创新和产业创新,努力实现科技与经济的融合,在高端"买不来的技术"领域靠原始、自主创新艰难前行,在中高端依靠全面开放和"拿来主义""引进、消化吸收再创新"与"集成创新"结合,最终建成"创新型国家"。与此同时,还必须改革科技管理体制、科研成果转化办法、加快高等教育改革,为创新培养更多人才。切实加强知识产权保护,提供强大的创新激励。

5.以简政放权改革为企业经营"松绑""减负",激发微观经济活力

企业是市场经济的第一主体。当前,我国企业效益不佳,投资动能缺失,是影响经济下行的主要因素之一。结合当前企业的实际情况,应从以下几个方面着手,切实为企业"松绑""减负"。一是进一步简政放权,降低门槛、减少企业的准入控制。二是改革监管方式,优化服务,推动全国统一的行政审批标准化改革,建立覆盖所有法人、自然人的全国性信息信用系统,执行统一的市场监管规则,以最大限度地减少社会交易成本,为企业创造良好的经营环境。三是适度降低我国社保缴费率,同时加快推进、实施社会保障全国统筹,释放制度红利。四是进一步推进清理收费改革。要通过继续推行行政审批制度改革,消除各类收费滋生的制度性根源,通过深化财税改革,彻底切断行政审批与收费之间的利益机制。要分类重建收费管理的体制机制,"准税收"性质的收费、基金尽快调入一般公共预算,"使用者付费"性质的收费、基金应加强成本核算与信息公开,行业协会、中介组织所提供的服务收费应打破垄断、增强竞争等。

（三）近期供给侧结构性改革要打好"五大歼灭战"

推进供给侧结构性改革,需要长短并重,一方面在战略上要始终坚持深化要素市场改革,从根本上释放经济社会活力;另一方面在战术上要抓住当前我国经济发展中存在的关键问题与突出矛盾,集中精力打好"五大歼灭战"。根据中央经济工作会议的有关精神,近期供给侧结构性改革应重点打好以下"五大歼灭战":去产能、降成本、去库存、补短板、去杠杆。

1.积极稳妥"去产能",优化供给结构

由于种种原因,当前我国钢铁、煤炭、水泥、电解铝等制造业领域存在着严重的产能过剩,一方面造成这些行业利润率下降,经营风险增大,另一方面也占用了大量的土地、金融、人才资源,不利于整个经济体的调整与转型升级。今后一个时期,要以创新来优化供给侧的动力结构,倒逼市场出清,为此要出台全面配套的政策体系,因地制宜、分类有序进行处置,并注意处理好保持社会稳定和推进结构性改革的关系。要重拳治理僵尸企业,淘汰落后产能。要加快行业的跨界兼并重组,消化过剩产能。要实施"走出去"战略,加快过剩产能的国际转移。要严格控制增量,防止新的产能过剩。

2.多举并重"降成本",提升供给能力

降低企业成本是帮助企业摆脱当前困境、保持竞争优势的需要。当前,我国各类制度性交易成本过高,企业负担很重,需要从制度、财税、金融、社保、流通、能源等多个领域发力,打好降低企业成本的"组合拳"。一是深入推进行政审批制度改革,进一步降低制度性交易成本。二是深化金融体制改革,降低企业融资成本。三是深化财税改革,清费立税,以清理、规范各类收费和政府性基金为重点,降低企业实际负担。四是深入推进价格改革,尽量发挥市场定价功能。五是适度降低各类社保缴费率,缓解劳动力成本的上升趋势。六是推进电价市场化改革,降低企业用电成本。七是推进流通体制改革,降低物流成本。

3. 重拳出击"去库存",清除供给冗余

目前,我国房地产库存严重过剩,已成为拖累经济、延滞改革的重要因素。今后一个时期,要以化解房地产库存为重点,促进房地产业健康发展。一是要推进农民工市民化,深化户籍制度改革,稳步提升常住人口的城镇化率,从而扩大房地产的消费基础。二是建立租购并举的住房制度,大力发展以住房租赁为主营业务的专业化企业,鼓励社会资本和投资机构介入公租房、廉租房市场,逐步把公租房制度扩大到所有的非户籍人口。三是完善住房政策性金融制度,建立健全我国住房政策性金融体系。四是要采取措施,一方面促使房地产企业兼并重组,提高行业集中度;另一方面适应市场要求,适当降低商品住房价格。

4. 雪中送炭"补短板",扩大有效供给

所谓"补短板",就是培育和升级经济转型过程中维持经济中高速增长的主要动力,可以理解为供给侧结构性改革的"加法"。当前,"补短板"的重点是以下几个方面:一是补民生短板,到 2020 年彻底解决7017 万农村贫困人口的脱贫问题。二是补教育短板,建设现代职业教育体系。三是补医疗短板,深化医疗卫生体制改革。四是补养老短板,全面放开养老服务市场。五是补城乡基础设施短板,加快城际铁路、地铁、地下管线、互联网、教育、医疗、文化设施等新一代公共基础设施建设,同时改善贫困地区交通等基础设施,大力推进公共服务均等化。六是补"三农"短板,发展现代农业。

5. 防范风险"去杠杆",确保供给安全

2008 年以来,中国非金融企业和政府部门的债务占 GDP 比率(即

"杠杆率")整体呈上升趋势,如果管控不当,就可能引发系统性金融风险,因此必须高度重视,努力防范。一是要有效化解地方政府债务风险,进一步做好地方政府存量债务置换工作,同时完善全口径政府债务管理,改进地方政府债券发行办法。二是要加强全方位金融监管,规范各类融资行为,开展金融风险专项整治,遏制非法集资蔓延势头,妥善处理风险案件,坚决守住不发生系统性和区域性风险的底线。三是加快金融体系再造,建立多层次金融服务体系。

总之,当前我国引入供给侧结构性改革,既是应国际经济形势的剧烈变化所需,也是基于我国经济发展中存在的突出矛盾与主要问题,改革的方法是长短结合,长期而言要以深化要素改革为核心,短期而言则要打好"五大歼灭战"。改革的核心是以政府为核心的各类制度创新与制度供给,改革的目标是通过更好地发挥政府作用进而发挥市场配置资源的决定性作用,提高我国供给体系的质量与效益,为全面建成小康社会和实现中华民族伟大复兴的中国梦夯实制度基础。

我国供给侧结构性改革的背景、理论模型与实施路径

"万物流变",近年来国际形势正在发生剧烈的变化。本文认为,当前人类正处于工业革命以来第五波长周期的下行期,而这正是我国供给侧结构性改革所处的世界政治、经济的大纵深背景。从供给侧出发,作者认为经济增长的主要动力机制是劳动力、土地与自然资源、资本、科技创新、制度(含管理)这五大要素的不同组合形式以及由此产生的综合效率。基于这五大要素及其运动规律考察视角,本文构建出我国供给侧结构性改革的理论模型,并以此为基础廓清政府、企业在供给侧结构性改革中的各自定位。进一步地,基于长周期视野与理论模型,本文认为供给侧要素潜力释放和新技术革命为核心的"新经济"的发育及我国经济结构的通盘优化,是我国供给侧结构性改革促进经济社会升级发展的主要动力机制,指出我国供给侧结构性改革要立足当下,放眼长远,实施"三步走"战略。

以往的研究(贾康、冯俏彬,2015;贾康、苏京春,2015,2016)已经强调:供给侧结构性改革是以"攻坚克难"为核心内涵,即通过深化改革来解决有效制度供给问题,以进一步解放生产力、支持中国的现代化

进程的时代选择。我们始终力求从理论密切联系实际的视角,形成条理化、系统化的新供给经济学认识框架。本文的意图,是进一步阐释我国供给侧结构性改革所处的大纵深历史背景,并基于要素及其运动规律,构建出我国供给侧要素组合及其结构性改革的理论模型,进而廓清政府、企业在供给体系与供给侧结构性改革中的各自定位,并描绘出我国供给侧结构性改革的实施路径与目标方向。

一、长周期:我国推进供给侧结构性
改革的大纵深时代背景

诸多迹象表明,长周期正在按其大致的节奏来临与演化。在经济学说史上,俄国经济学家、统计学家尼古拉·康德拉季耶夫曾在 1925 年所著的《经济生活中的长期波动》一文中,运用英国、法国、美国和德国等主要工业化国家的价格、利率、进口额、出口额、煤炭和生铁产量等时间序列统计资料,总结出经济发展存在着长度为 50—60 年的长期波动,其中前 20 年左右是繁荣期,经济发展一派兴旺;其后将经历一个 10 年左右的衰退期;接着步入 10 年左右的萧条期;最后迎来 10 年左右的回升期。在其所研究的 1780—1920 年这 140 年中,资本主义经济已经历了两个半长周期的波动。这就是著名的"康波周期",亦即生产力发展周期理论。

约瑟夫·熊彼特和其他经济学家也认为,资本主义经济运行中的确存在着"繁荣""衰退""萧条""复苏"四个阶段及其相互循环,但熊彼特重点指出技术创新是推动经济呈现周期性变化的主要影响因素,在他看来,在相当大的程度上,经济增长的周期也就等于技术革命的周期。据此,他把资本主义经济发展分为三个长周期:一是从 18 世纪 80 年代到

1840年,纺织工业的创新在其中起了重要作用;二是从1840年到1897年,创新进入蒸汽和钢铁时代;三是从1897年到20世纪50年代,是电气、化学和汽车工业创新引领的时代。[①] 以此扩展开来,可以进一步看到,从20世纪50年代到90年代,也经历了一个由半导体技术创新肇始的电子信息时代,时间长度为50年左右。在此之后直至当下,技术革命的浪潮正一路推进到移动互联和人工智能时代,大数据、云计算等重大技术进步伴随信息化、全球化进程,正引领世界在"和平与发展"主题下展开新一轮的创新大潮,"数字经济"迅速兴起,"共享经济"方兴未艾。

正如生物进化中存在"蹦移"[②],技术进步特别是新旧交替之际也往往伴随着某种间断与回退。2008年发生的世界金融危机打断了此前高歌猛进的全球化进程。从那时到现在,时间已过去整整八年,整个世界仍然处于危机后的阵痛时期与高不确定性时期。其主要表现是:美国经济温和复苏但不稳固;欧洲经济持续低迷,欧盟在英国"脱欧"公投之后前景未卜,多国右翼势力抬头;日本长期处于几乎零增长的停滞中;新兴经济体和发展中国家同样面临较大困难。为了刺激经济,欧盟、日本等多个国家央行开启了"负利率"时代,而在国际关系层面,则是民族主义、贸易保护主义和逆全球化思潮明显抬头……在相当大程度上说,当今世界正在发生令人瞠目结舌的变化,正是这一轮长周期变化的具体表现——我们可在熊彼特周期理论的基础之上,继续刻画出第四波长周期的图形和第五波的前半部分,如表2-1所示。当今世界经济正处于第五波长周期中的衰退期。

---

① [美]约瑟夫·熊彼特:《经济发展理论》,何畏、易家详译,商务印书馆1990年版。
② 又称间断平衡论,1972年由美国古生物学家N.埃尔德雷奇和S.J.古尔德提出。基本意思是指物种进化是跳跃与停滞相间的过程,不存在匀速、平滑、渐变的变化,但新物种一旦形成就会有一个很长的时期处于相对稳定和平衡的状态。转引自[美]凯文·凯利:《失控——全人类的最终命运与结局》,新星出版社2010年版,第129页。

表 2-1　工业革命之后的长周期

	繁荣	衰退	萧条	回升	标志技术及产品
第一波	1782—1802	1815—1825	1825—1836	1838—1845	纺织机、蒸汽机
第二波	1845—1866	1866—1873	1873—1883	1883—1892	钢铁、铁路
第三波	1892—1913	1920—1929	1929—1937	1937—1948	电气、化学、汽车
第四波	1948—1966	1966—1973	1973—1982	1982—1991	汽车、计算机
第五波	1991—2007	2007—（2017）	（2017—2025）	（2025—2035）	信息技术

资料来源:周金涛、郑联盛(2010)关于"康波周期"的相关研究以及作者个人观点;表中数据为周期起始和结束年份,括号内年份为本文作者估计式填入。

　　长周期理论的重大启示在于:既往两百多年中,经济增长与繁荣主要源自那些改变世界历史的重大技术突破所引爆的产业革命以及随之而来的经济结构"跃升"。反过来说,经济衰退与萧条也主要是因为技术红利的消退,即新技术这棵大树上"低垂的果实"被享用殆尽所致的产业和经济结构老化。但纵观整个历史,人类的发明与创新精神永不止步。假以时日,新的技术革命必将来临,而经济也将重归增长与繁荣,人类也因此进入下一个高速发展期。

　　长周期理论明确了我国供给侧结构性改革的历史定位。它清楚地表明,2008 年金融危机之后的世界经济恢复尚需时日,全世界可能还需要十年以上的时间耐心等待。与之相适应,已进入新常态的中国经济,要迎来下一次繁荣与快速增长,同样也需要一个较长的时间。它也清楚地表明,唯有技术层面发生重大突破,方能引领世界经济彻底走出衰退与下行的泥淖,发展新经济势所必然。长周期理论还提示我们,在各个阶段转化之际,往往新旧交织、结构性矛盾频现,这与近年来我国在"黄金发展期"特征仍存之时却进入了"矛盾累积""隐患叠加"的风险期的现实情况也基本一致。结合中国实际,长周期理论所揭示的"第五波",在时间段上基本与邓小平同志提出的我国实现现代化"三步走"战略中的"第三步"(2000—2050)重叠(贾康、苏京春,2016),也与本届政府最为关注的"跨越中等收入陷阱"、实现中华民族伟大复兴的"中国梦"的时间段完全一致。因此充分认识这一背景,不仅有利于加深对推进供给侧结构性改革的历史纵深与时代背景的相关认识,而且能从理论上进一步明晰新技术、新经济的发展对中国经济转型升级的极端重要性,更加深刻地认识并合乎逻辑地推演出我国供给侧结构性改革的方向与实施路径,意义十分重大。

二、供给侧结构性改革的理论模型
——诸要素及其运动规律

(一)影响经济长期增长的决定性因素是供给侧的五大要素

基于经济增长理论和新供给经济学等方面的已有成果,我们在肯定需求的原生动力意义又明确供给对需求的响应机制是生产力水平阶跃式发展的关键性动力贡献基础之上,从供给侧把经济增长的要素抽象为劳动力、土地与自然资源、资本、科技创新、制度(含管理)这五大方面。笼统而言,这五大要素都不可缺少,对经济增长都有其贡献,但在经济发展的不同阶段,它们的相对贡献有所不同,且不同要素相互之间的组合情况在极大程度上影响乃至决定经济增长态势及其综合效益。所以,适应经济增长的阶段转换,在五大要素的结合方面"推陈出新",顺应规律创新发展就十分必要。

五大要素形成经济增长的一组函数,其理论模型可用公式表示为:

$$G = f(L, R, C, T, I) \qquad \text{(公式2-3)}$$

其中，*G*代表经济增长，*L*代表劳动力，*R*代表土地与自然资源，*C*代表资本，*T*代表科技创新，*I*代表制度与管理（冯俏彬、贾康，2016）。经济学意义上的要素，是指所有经济主体在从事生产经营活动时，都会涉及主要投入。但在不同发展阶段和不同时期，各要素的作用力度和影响效应，则各有不同。一般而言，在经济增长的早期，劳动力、土地、资本是最明显、最主要的要素。在经济体进入中等收入阶段后，科技创新、制度这两大要素一般会表现出巨大的潜力以及对冲前三项因素支撑力滑坡的重要价值，甚至成为全要素生产率（TFP）的主要贡献因素（贾康，2015；彭鹏、贾康，2016）。放眼未来，从技术变革的角度看，五大要素中还可考虑加入"数据"或"信息"这个新兴要素。

以上五大要素还可以做两个层次的划分：一是流动性、竞争性较强的要素，主要包括劳动力、土地与自然资源（使用权、开发权层面）、资本、科技创新；二是非流动性、非竞争性要素，主要指制度。制度安排以及由此生成的制度环境虽然也始终处于变迁之中，但总体而言属于慢变量，属于由生产力发展所决定的生产关系范畴，要经由诱致、压力等综合作用而不断发生演变、进化，最后才形成特定历史条件下正式或非正式的制度供给体系。简言之，制度供给是对经济社会生活中已经存在的制度需求所作出的相对滞后、相对稳定但又具有显著能动性作用的响应（贾康、冯俏彬，2004），其所提供的有利于或不利于竞争性要素充分流动、顺畅重组的环境与条件，也就总和而成为有利于或不利于"解放生产力"的生产关系、社会形态。

（二）要素始终处于循环往复、相互继起的运动过程之中

从"经济人假设"出发，人类的经济活动过程就是为满足人的利益

而发生的供给与需求互动的无限循环过程,亦即社会再生产过程。在供给侧,劳动力、土地与自然资源、资本、科技创新等诸种竞争性的要素始终处于不停息的运动过程之中,其运动的方向是以效率最大化为目标,在一系列的竞争中最终落实于"用户体验"最大化所形成的市场占有率与回报水平。简言之,效率与收益是引导要素流动的直接驱动力,而用户体验的提升是收益驱动带来的社会检验机制与运行客观结果,也是最根本的支持力量。进一步说,促成要素流动的基本机制是竞争中社会平均利润率的形成过程,即凡是回报低于社会平均利润率的行业或部门,要素将会流出,且回报率越低,要素流出的驱动力越大;凡是回报等于社会平均利润率的行业或部门,要素会处于相对稳定状态;而凡是回报大于社会平均利润率的行业或部门,要素将会流入,且流入的数量与速度,与该行业的实际利润率高出平均利润率的程度成正比。就一个行业而言,随着要素的流出或流入,其收益将逐渐向社会平均利润率收敛,直到等于社会平均利润率,此时要素运动便在此行业归于相对稳定。可用公式表示为:①

$$K_i = \Delta R V_i^{\Delta R} t^{\frac{1}{\Delta R}}$$ (公式 2-4)

其中,K_i 为第 i 行业要素流入总量;R_i 为第 i 行业的利润率;R_a 为社会平均利润率;$\Delta R = R_i - R_a$;V_i 为第 i 行业单位时间要素流入量;t_i 为第 i 行业资源流入时间。主要意思是,某行业在某一确定时期内所吸附进来的要素总量主要取决于三个因素:利润率水平、竞争性要素的数量、时间,具体而言,某行业的要素总量与该行业的利润率成正比,与劳动力、资本、土地与自然资源、科技创新(通常表现为科技成果)等某种单一要素数量成正比,与要素进入或退出的时间快慢成反比。从动

---

① 感谢西南财经大学陈建东教授所提供的帮助与支持。

态的角度看,当 $\Delta R_1 > \Delta R_2 > 0$ 时,$V_i^{\Delta R_1} t^{\frac{1}{\Delta R_i}} > V_i^{\Delta R_2} t^{\frac{1}{\Delta R_i}}$,要素加快流入;当 $\Delta R_1 < \Delta R_2 < 0$ 时,$V_i^{\Delta R_1} t^{\frac{1}{\Delta R_i}} > V_i^{\Delta R_2} t^{\frac{1}{\Delta R_i}}$,要素流出;当令 $R_i = R_a$ 时,$K_i = 0$,要素处于均衡状态,既不流出,也不流入。

从全社会视角观察,在任何时点上,要素都处于三种不同而又紧密相连的运动状态之中:

(1)向外释放。基于资本逐利的驱动,与其伴随的竞争性要素永远在寻找既定条件下的收益最大化,那些不能达到社会平均利润率的领域,将失去要素的青睐,要素从这些领域流出。这种要素释放过程越是便捷顺畅,便越是有利于社会生产力中潜力的发掘和经济运行总绩效的提升。

(2)向内吸引。从低效领域释放出的要素所进入的流动过程,是以寻找收益更高的领域为方向。越是收益高的部门或领域,越能吸附要素前来集聚。在这种吸附机制发挥作用时,要素能否流动以及在何种便捷程度上自由流动,是关键性的影响条件。

(3)重组。各种要素的流动形成重组过程。一旦要素找到更高的收益机会,将如铁屑被磁石吸附一样集聚,进而还会产生一系列"化学反应",在互动中有机结合,逐渐形成特定的结构特征,并最终体现为某种产业部门结构和经济结构。整体而言,要素始终在或紧或松、或快或慢地实行重组,由此生成的经济结构也在不停息的过程中动态演化。越是便捷灵活的释放、吸引运行机制,要素的重组越有效率和质量,相关的结构状态也越具有效率上的合意性。

这种关系与过程,可用图 2-1 表示。

当然也要指出,以上三个前后相继的要素运动过程主要是一种理论抽象,就某一具体的时间地点而言,要素永远同时处于三个状态之中。由于经济发展中整个体系自身的异质性,以及"破坏性创新"在不

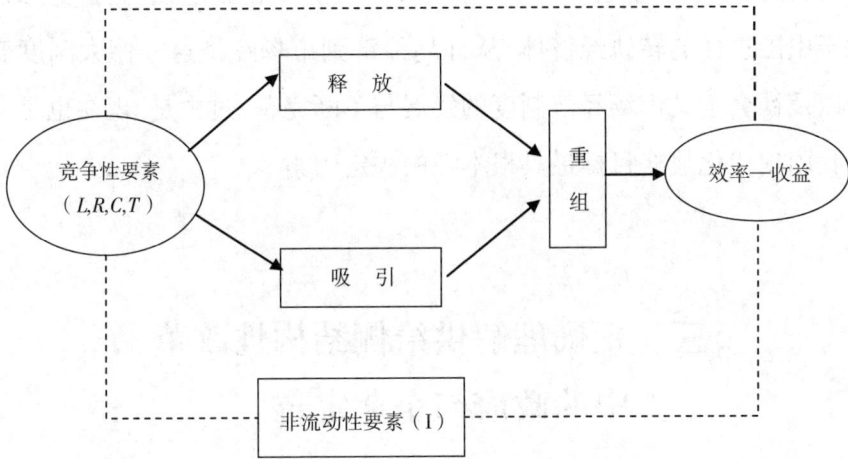

图 2-1　经济社会中的要素运动图示

同领域中发生的非均衡性、突发性、间断性,因而总有一些领域利润率高而另一些领域利润率低,总有一些人能发现与把握更多更好的盈利机会而另一些人则不能,所以各竞争性要素始终会处于不停息的运动过程之中。正是这种寻求更高回报与利润的内在驱动机制,经由供给回应需求,形成经济增长澎湃不息的动力。所以经济增长的过程,也就是要素不断寻求得到更高回报的过程,反过来,要使经济不断增长,就必须为要素在流动中去寻求最大回报创造更加自由、灵活的条件,提供更为丰富的机会。

那么,要素的释放与吸引机制是否灵活、便捷,要素重组与结构动态优化过程是否顺畅,主要由什么决定呢? 这是由供给侧五大要素中的非流动性、非竞争性要素——制度供给起决定性作用的。如前,制度安排与"制度环境"当然也是处于变迁之中的,但总体上属于慢变量,是由生产力发展所决定的生产关系范畴,它由经济社会发展的种种因素所诱致、所推动,经由渐进的自然演变和主动设计,最终形成正式和非正式的制度供给。但制度一旦形成,就在一个较长时期内处于相对稳定状态,影响并塑造着一个社会中所有主体的激励机制与行为方式。对于中国这样的转轨经济体,从计划经济到市场经济这一伟大制度变迁以及社会主义市场经济制度的发展与不断完善,过去是、现在也是实现我国现代化战略目标最具根本性的决定因素。

三、正确理解供给侧结构性改革
中的政府与企业定位

供给侧结构性改革的主战场是要素市场建设。基于上述理论模型表达的要素运动理论,可以比较清楚地回答一个各方高度关注的问题:在供给侧结构性改革中,政府与市场主体(企业)各自应如何定位? 在要素流动、互动所实现的资源配置中,应怎样分工合作?

落实到与经济增长相关的各个不同主体上,五大要素可以进一步细分成以下三个层面。

(一)微观层面

一般厂商或企业在从事生产经营活动时,涉及的要素主要有三个:劳动力、土地与自然资源、资本,可简称为"人""地""钱"。不同的企业家,运用自己独特的眼光与才能,把这三个要素组合而成特定的生产或者服务供给能力。在一个经济体中,大部分的企业在这个层面发挥其市场主体作用。

(二)微观与中观、宏观结合层面

大企业集团、跨国公司、行业龙头企业等在从事生产经营活动时,除了以上三个要素之外，还会特别注重"科技创新"这一要素。这是因为，一方面对于大企业而言，科技创新能力决定着其核心竞争力的高低和"百年老店"式长寿生存发展的能力，事关大企业是否能保持行业中的龙头地位以及能否获得超额利润；另一方面，由于科技创新所具有的巨大的不确定性，往往耗费巨大，一般只有大企业才有实力进行长期、巨额的投入。另外，在工业化中后期的发展中，一大批在战略性新兴产业领域寻求创新发展的中小企业，在与"新经济"同向而行的风投、创投、天使投资基金支持下，也把科技创新作为关键性的发展支撑条件和成长突破口，力求形成自己的核心竞争力，并成功地以"硅谷经验"引领新潮流。无论是大企业集团还是科技型中小企业，都可将自己的科技创新活动与政府在中观、宏观层面提供的产业政策、技术政策和财税金融政策等相结合，追求科技这一"第一生产力"与经济社会结合所产生的巨大乘数效应。另外，地方、中央政府从中观、宏观层面所必须牵头编制与实施的国土开发顶层规划（贾康、苏京春，2016）亦成为与企业在微观层面自主选择的要素组合紧密相关、甚至成为其前置式条件的重要方面。这正是因为人们从世界产业发展史中深刻地认识到，科技创新和实现重大技术突破毫无疑问是"阶跃式"经济发展的直接动能源泉和主要支撑力量，政府必须注重从支持基础教育、基础科研入手，培育创新与创新能力，同时以产业政策、技术经济政策和财税政策等助力科技创新的达成。

（三）宏观层面

这一层面属于政府的主要作为空间，对应的是作为慢变量的制度要素供给。制度经济学已经充分证明，制度对于推动一国经济实现增长和繁荣具有极端重要性，而政府是社会中唯一的、垄断性的正式制度供给者(同时也是非正式制度强有力的影响者、引领者),所有其他的主体——企业、家庭、个人等——都是在政府以公权力维系的制度规则的"天花板"下面行动。比如,以政府为主体的国土开发顶层规划,是所有市场主体进行各色各样要素组合的综合性前提(贾康、苏京春2016),与"自然垄断"有关的通盘不动产和网状系统的空间配置,也必须纳入以政府为主体规划的这一制度供给之中。进一步地,政府还要从宏观上统筹设计运行与收入再分配相关的制度体系,如税收、福利、抚恤救济等,以求正确地权衡、处理经济生活中一向存在的"公平"(均平)与"效率"的矛盾关系(贾康,2012)。总之,由政府主导所形成的有效制度供给这一要素,对于经济增长的重要性无与伦比。已有研究表明,无论是工业革命发祥地英国、市场经济高度发达的世界头号强国美国,还是20世纪后半期崛起的"亚洲四小龙"、改革开放中迅速发展的中国,都提供出了"制度变革促进经济增长"的绝佳案例,而在撒哈拉以南、中东一些国家所见到的普遍贫穷与战乱,与它们缺乏一个强有力的政府以及有效的制度供给密不可分。当然也要看到,政府发挥作用的"有力""有为"内在地需要与其职能、作用范围的"有限"之间形成合理匹配,政府主导下的有效制度供给应当形成"包容性"的机制特征,才能契合人类文明发展的主导潮流和适应微观主体在要素流动中发挥潜力、活力的客观需要。

因此,依以上认识来把握供给侧结构性改革的内在逻辑,认识政府与企业关系在这一框架中的各自功能与作用定位,可简要归结为四点。

第一,在推进供给侧结构性改革中,企业(由企业家主导)的作为空间,是积极改进以劳动力、土地与自然资源、资本、科技创新、制度(含管理)为主要内容的要素组合状况,提高所供给的商品或服务的质量和效益,在优胜劣汰中形成和提升核心竞争力。

第二,在推进供给侧结构性改革中,政府的作为空间主要是改革,是改进制度供给与推进制度创新,特别是在"生产关系的自我革命"中攻坚克难、改变那些不适应生产力发展要求的经济社会管理规则、方式与机制,为企业从事生产经营活动创造更好的"高标准法治化"包容性环境和条件,释放出经济社会的一切发展潜力与活力。

第三,在推进供给侧结构性改革中,政府不能也不应当下到企业层面,下到要素具体组织层面,过多介入产业调整与企业重组等具体事项。应当特别注意尽量不用、慎用行政性手段去组织实施所谓的"达标",而应当力求供给与施行那些能有效引导出市场主体合意行为的相关制度。

第四,在推进供给侧结构性改革中,政府与企业要找准合作领域,优化合作机制。政府与企业合作的领域主要在科技创新,无论是大企业还是科技型中小企业,都可与地方政府乃至中央政府所提供的产业政策、技术经济政策和财税、资金政策等相结合,以形成和发挥科技作为"第一生产力"的引领作用和乘数效应。另外还要创新政府与企业的合作机制,近几十年愈益得到重视和长足发展的PPP(公私合作伙伴机制,我国官方文件用语为"政府与社会资本合作")不仅提供了在公共工程、基础设施、产业园区与新城连片开发等方面的政企合作新机制,而且也为各类要素的组合创新提供了广阔舞台。

此处关于政府与企业定位的考察,实际上已从"完全竞争"假设出发考察"必然",又扩展到加入"非完全竞争"考量的"应然"认知框架,见图2-2。

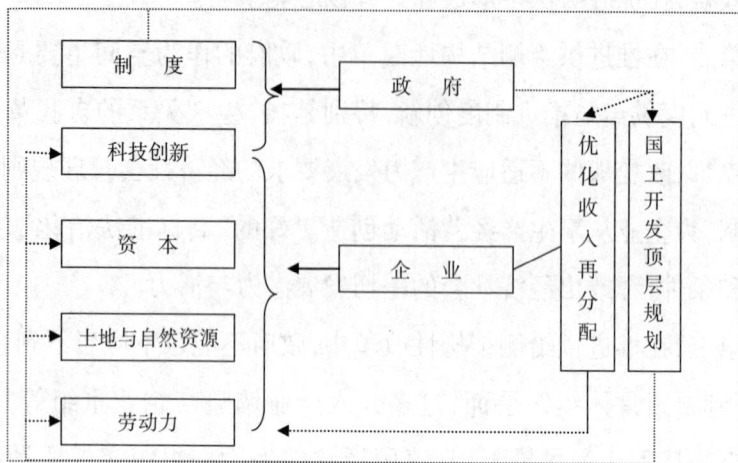

图 2-2   要素视角下的供给侧结构性改革中政府与企业的定位

注：图中虚线表示"国土开发顶层规划""优化收入再分配"是最为看重的两项政府制度供给。

四、供给侧结构性改革的实施路径

当前,我国以"三去一降一补"为切入点的供给侧结构性改革,已经在各地展开,不少人形成了一个偏于简单、狭隘的认识,即供给侧结构性改革就是完成这五大任务。对此,有必要从理论与实践相结合的角度作出进一步的分析以扩展相关认识。

基于要素"释放——吸引——重组"的运动规律和长周期理论所指示出的技术方向,可以看出,我国供给侧结构性改革要考虑一个既有先后顺序又紧密相连的"三步走"战略:第一,从低效、过剩领域中释放要素,体现为完成"三去一降一补"这五大任务;第二,深化结构性改革,系统性地优化制度要素的有效供给,促进竞争性要素的自由流动;第三,积极抓抢新技术革命的机遇,大力发展新经济并基于"互联网+"

战略推动传统产业升级换代,以形成要素优化配置的"升级版",为迎来新一轮经济增长与繁荣夯实基础。

(一)从低效、过剩领域中释放要素:以五大重点任务为切入点

2015 年中央经济工作会议指出的"去产能、去库存、去杠杆、降成本、补短板"这五大任务,主要针对的是过去刺激政策留下的"后遗症",目的是推动市场出清,提高供给体系的质量和效率。一是积极稳妥"去产能",优化供给结构。目前重点针对的是钢铁、煤炭、水泥、造船、电解铝这五大产能严重过剩行业,通过提高产品、质量、环保等标准,治理"僵尸企业",淘汰落后产能、释放宝贵的要素资源。当前,需要特别注意防止在去产能过程中过于夸大行政力量的作用。对于为数不多的成规模的大型企业,如能认定是不可救药的"落后产能"的组成部分,固然可以便捷地使用"关停并转"行政性手段来加以迅速处理,然而面对我国总量已达七八千万的全部市场主体,政府没有能力去一一甄别占绝大多数的中小微企业中谁是落后产能的代表,真正有效的机制是促进公平竞争,让市场充分起"优胜劣汰"的作用。甚至所谓"过剩产能",其划分界限实际上也是飘移不定的,"有效投资"的创新机制如 PPP,可以在一夜之间把一部分过剩的产能转变为非过剩的有效产能,所以"去产能"的真谛是形成正确的激励约束机制,以市场竞争"优胜劣汰"地淘汰落后产能,而不是依靠政府去严格划定过剩产能而后关停之。二是"去库存",消化房地产供给侧的冗余存量。目前,我国三、四线城市房地产库存严重,已成为拖累经济的重要因素。今后一个时期,要以多种政策手段与经济杠杆的合理组合,来积极化解这部分房地产库存,促进房地产业健康发展。三是防范风险"去杠杆",确

保经济安全。近年来,我国杠杆率上升较快,其中既包括宏观上的广义货币供应量指标偏高,又包括非金融企业的负债率指标偏高,需要具体设计合理可行的风险控制方案,防范化解风险因素。四是多举并重"降成本"。目前我国各类制度性交易成本过高,特别是税外的"五险一金"、行政性收费与其他各类隐性成本等,造成企业综合负担很重,需要从财税、金融、社保、流通、能源、廉政建设等多个领域发力,以配套改革打好降低企业成本的"组合拳"。五是雪中送炭"补短板",扩大有效供给,即补足经济社会发展中明显形成短板、瓶颈的方面,如精准扶贫、优质教育、普惠医疗、多种形式养老、城乡基础设施升级、科技创新重大事项、"三农"发展等,为经济社会发展营造更好的条件。

(二)破解阻碍要素自由流动的壁垒和障碍:深化重大关键领域的改革

供给侧结构性改革的本质属性是改革的"攻坚克难"。从供给侧角度看,目前在我国要素流动方面,存在着明显的不当约束与抑制,种种制度壁垒和过度垄断的存在对此难脱干系,亟须通过深化改革、降低准入、消除壁垒,为要素自由流动创造良好的条件和环境。

国有企业改革。由于历史原因,当前正在进行中的去产能、去杠杆、去库存等工作,在相当大程度上都指向国有企业,因此国有企业改革在供给侧结构性改革中首当其冲。改革的方向应坚持政企分开、明晰产权、顺应市场规律,建立现代企业制度与治理机制,实施混合所有制战略重组,将国有企业的改革与民营企业的发展纳入共赢的轨道。

行政审批制度改革。这一改革的目的是规范政府的行权方式,管住管好政府这只"看得见的手",把简政放权做到位。一方面政府应从对大量经济社会事务的具体管理中脱身出来;另一方面积极加强宏观调控、市场监管、公共服务和社会管理等方面的职能，按"大部制"和"扁平化"原则对整个政府机构进行系统化改造，以优化市场环境、释放经济社会活力。

金融与投融资制度改革。金融是现代经济的核心，资金是市场经济运行的血液。投资这一重大经济支持因素，需匹配融资的杠杆力量并有效地防范风险。针对我国金融体系长期存在的结构性失衡、金融产品的多样化严重不足和金融风险因素频发等问题，今后应积极引入多元金融和投融资主体，发展多层次资本市场，加强金融宏观审慎监管和促进互联网、PPP 等"新金融"和新型投融资机制建设，配套深化改革。

财税改革。财政是国家治理的基础与重要支柱，是政府与企业、中央与地方、公权体系与公民间财力分配体系及基本经济关系的枢纽性机制。需要坚持分税制改革大方向，按照扁平化取向构建中央、省、市县三级架构，以"一级政权，配有一级事权、一级财权、一级税基、一级预算、一级产权、一级举债权"为体制原则，再配之以中央、省两级自上而下转移支付的现代分税分级财政制度，形成优化处理中央与地方财政体制设计方案，推动税收制度由间接税为主转向直接税为主，并合理形成地方收入体系，深化预算制度改革等，形成良好的经济社会利益分配与调节机制。

科技制度改革。创新对于今日之中国，其重要性无论怎么强调都不过分。当务之急是基于教育改革破解人才培养的"钱学森之问"，以科技改革打造符合科研规律的创新体系，长效支持基础科研，大力推进科技创新与产业经济的融合，在高端"买不来的技术"特定领域要靠原始、自主创新艰难前行，在中高端则依靠全面开放和"拿来主义"，将"引进、消化吸收再创新"与"集成创新"相结合，最终建成"创新型国家"。

土地与不动产制度改革。土地制度和不动产制度是国家的基础性制度,关系到国计民生方面重大利益格局的优化,需要政府在配套改革中长远谋划、审慎把握、积极推进。土地制度改革的难点主要集中在农村集体经营性用地、农民承包地和宅基地等的流转机制、城乡结合部征地、拆迁、补偿等方面。应积极总结重庆"地票"、土地收储制度和深圳化解原住民土地与不动产历史遗留问题的实践经验,结合国家已推出并有明确时间表要求的不动产登记,以及《物权法》规定的用益物权自动续期、十八届三中全会要求的加快立法、适时推进的房地产税改革等事项,攻坚克难,化解多种矛盾,打开通向长治久安的新路。

优化人口政策与劳动力市场改革。人力资本是经济增长最根本的支持因素。随着我国人口红利的逐渐消失和老龄化社会压力的逼近,必须在"放开二孩"后继续优化调整我国人口政策,将以计划生育为核心的人口控制模式,果断过渡到以优生和提高人口质量为核心、更加鼓励生育的人口战略。同时,要大力完善与人口流动密切相关的户籍制度改革、社会保障制度改革等,以真正形成城乡一体化、全国统一的劳动力市场。

(三)优化要素配置:大力促进实体经济升级和积极发展新经济

从低效过剩领域释放要素和通过结构性改革促进要素自由流动,要引出要素按市场规律形成资源优化配置这一各方期待的结果,提升供给侧经济体系的质量和效益,解放生产力。结合前文关于长周期的有关理论认识、当前世界产业结构在新技术革命大潮中的变化以及我国经济增长中认识、适应和引领新常态的新要求等,我们可以作出一个重要判断,即以优化资源配置为目标的要素运动,必将流向实体经济转型升级和大力发展新经济这两个方面。换言之,在经济增长新阶段上,为"跨越中等收入陷阱"所必需的实现实体经济转型升级和新经济的发展,将是衡量我国供给侧结构性改革是否取得成功的主要标志。

供给侧结构性改革的根本目标之一是振兴实体经济。要以制度、科技为抓手,聚焦全要素生产率,支持我国实体经济向上冲破"天花板",实现产业的转型升级。历史地看,我国珠三角、长三角等原增长极区域实行的"腾笼换鸟"式的经济结构调整,正反映了原来支撑我国一路走到"世界工厂""总量全球第二"的低廉劳动成本、土地开发潜力等比较优势在进入中等收入阶段后正在逐渐消退而必须进行新一轮的产业转型升级。"腾笼"就是要把相当大一部分传统制造业产能转移到国内欠发达地区或周边经济体,这和改革开放初期这类产能由外部向我国转移是一个道理。"换鸟"就是要实现产业、产品的升级换代。但如腾了笼而换不来鸟,冲不破向上跃升的"天花板",那就将被憋住而痛失好局。温州所代表的挫折局面,已对我们敲响了警钟。促进实体经济转型升级势在必行。

供给侧结构性改革的根本目标之二是大力发展新经济。新经济主要是指基于互联网为基础的经济创新发展成分,主要包括两个方面:一是以互联网为基础设施所产生出的新产业、新业态和新商业模式;二是传统产业在"触网"("互联网+")后所打开的新空间、新领域,涉及全部一、二、三次产业,既有"三产"中的电子商务等新兴产业和业态,也包括"二产"中的智能制造、基于社会化大生产的新型定制化生产等,还涉及"一产"中有利于推进适度规模经营的"订单农业"、家庭农场、"产超直通"以及农业与二、三产业的融合发展,等等。新经济展示出的不可思议的潜力与空间,为陷于经济下行泥淖的我国经济乃至世界经济带来了希望的曙光,也代表着我国供给侧结构性改革和经济加快转型升级的前沿与大方向。放眼全球,当前世界正处于第三次产业革命的"入口"上,我国有望与美国等发达国家站在争抢新经济制高点的同一起跑线上,能否抓住这一历史机遇,是中华民族能否实现伟大复兴、重回世界之巅的关键,迫切需要在继续争取运用好发展中经济体的"后发优势"的同时,有效形成供给侧发力"守正出奇"的结构性改革"先发优势"。

总之,我国推进供给侧结构性改革具有鲜明的时代背景、纵深视野与十分突出的现实意义,并可通过理论模型给予通盘考察,进而准确把握优化、提升供给侧诸要素质量与效益的基本要领。一言以蔽之,供给侧所涉及的竞争性要素能否顺利释放、流动、重组,并形成从低效率部门向高效率部门的顺畅转移,是决定我国经济能否长期可持续增长的本源性动力机制和关键性制度安排。综观全局,我国供给侧结构性改革正是意在"问题导向"之下,准确抓住阻碍增长的关键因素,以有效制度供给为龙头,解决在新的历史起点上继续大踏步前进的迫切问题,向着"全面建成小康社会""跨越中等收入陷阱"和实现中华民族伟大复兴的"中国梦"挺进。只要方向正确、着力点清晰,我国完全有可能在当今世界的结构性改革中,在即将到来的波澜壮阔的新经济时代,走在前列、先人一步,使我国这一曾经在前几次工业革命后落伍的文明古国在追赶——赶超的现代化过程中后来居上,并为构建人类命运共同体作出自己应有的贡献。

新经济与旧制度:我国政府监管
与财税治理机制创新研究

——以跨境电商新政为分析对象

2016 年跨境电商税收"新政"的一波三折引发了各方热议。本文认为,这一事件折射的是新经济与旧监管之间的深层次矛盾。当前,中国经济正处于下行通道,要重振中国经济,大力发展新经济势在必行。但是,由于新经济本质上是一种"破坏性创新",不仅涉及既有利益格局的重大调整,同样也涉及包括财税政策在内的政府监管理念、体制机制、方式方法的重大改革。本文全面解析了新经济之"新"与旧监管之"旧",并提出了创新政府监管与财税治理的主要政策建议,重中之重在于从"管理"到"治理",积极引入平台治理、协会治理和大数据治理,以适应和推动新经济的发展,顺利实现中国经济的转型升级。

2016 年 3 月 24 日,财政部、海关总署、国家税务总局共同发布了《关于跨境电子商务零售进口税收政策的通知》,这被业内称为"跨境电商新政"。"新政"的主要内容有三点:一是从 4 月 8 日起,对跨境电子商务零售进口商品,按照货物征收关税和进口环节增值税、消费税,同时对行邮税进行上调。二是规定了跨境电子商务零售进口商品的单次交易限值和个人年度交易限值。三是作为配套文件,发布了 1142 个

8 位税号商品的跨境电商零售进口商品清单,并规定网购保税商品需按货物验核通关单(业内称为"两单")。令人意想不到的是,"新政"一出台就对跨境电商业务产生了毁灭性的打击,几乎一夜之间"熔断"。据不完全统计,从"4·8"新政至 5 月 4 日之间,河南郑州的保税仓业务下降达 70% 左右,深圳下降 61%、宁波下降 62%,部分企业提出退租申请。各大保税区对此反应十分强烈。一个多月以后,即 5 月 24 日,海关总署办公厅下发《关于执行跨境电子商务零售进口新的监管要求有关事宜的通知》,给出了为期一年过渡期。新政到此暂告一个阶段。

跨境电商新政的"短命"令人深思。何以一个在相关部门看来天经地义,以维护税制公平、加强监管之举,却对该行业产生了毁灭性影响并引来如此反弹呢?该政策出台的过程和方式在哪些地方需要改进?新经济与传统经济是应一例监管还是有所区分?谁向谁靠拢?一年之后,新政是照样托出,还是进行必要的修改?……本文拟从解析新经济入手,分析传统政府监管等"旧制度"与新经济之间的不相契合之处,并指出面对新经济的政府监管与财税治理应当及时创新和转型升级。

一、新经济新在何处?

(一)新经济的概念与特征

毫无疑问,跨境电商属于新经济之一。据考证,"新经济"一词最早出现于美国 1996 年《商业周刊》的一组文章中,用于描述信息技术革命所引发的新产业和新发展模式。但具体到不同时期、不同国家,新经济的内涵有所不同。当下我国所称的新经济,主要是指在经济全球化背景下，信息技术（IT）革命以及由信息技术革命带动的、以高新科技产业为龙头的经济，如电子商务、互联网金融、云计算、大数据应用、分享经济等，与互联网经济的含义基本相同①。根据行文需要，本文有时会在同一语义上与"互联网经济"一词交替使用。

根据王俊秀的总结，当下在中国以互联网经济为代表的新经济具有以下几个特征：一是新要素，即信息（数据）成为新的生产要素。谁拥有更多的信息，谁就拥有更多的机会与财富。二是新基础设施，即互联网成为新的基础设施。经过二十多年的发展，互联网已经从最初的"工具"提升为"渠道"，现在正演化为社会性的基础设施，将形成"云、网、端"的立体形态。一个遍及所有人、物、场景、设施，从人与人的互联到物与物相联，再到"一切联接一切"的万联状态，理论逻辑上已没有任何问题。三是新主导权，即商业活动的主导权从生产商、流通商向消费者转化。随着各类终端的普及，消费者开始变得见多识广，其信息能力的提升速度，甚至远远超过了企业。传统的信息不对称正在发生逆转，这无论是对于企业还是对于政府，都有着非比寻常的意义。这"三新"塑造了新经济并形成新规则②。总之，当下中国互联网经济的

---

① 广义的新经济，则是相对于改革开放三十多年来我国以要素、资金投入为主的传统经济增长方式而言，即未来有着光明、广阔发展前景的各类经济。按北京大学国家发展研究院与财新智库、数联铭品合作制定的财智 BBD 新经济指数关于新经济的定义，这一意义上的新经济具有三个特征：高人力资本投入、高科技投入、轻资产，共有九大行业：节能与环保、新一代信息技术与信息服务、新材料、新能源汽车、新能源、高科技服务与研发、生物医药、金融服务与法律服务、高端装备制造业等。以此而言，当下我国新经济占整个经济的比重已达到 30% 以上。

② 凯文·凯利总结的十大新经济运行规则是：拥抱集群；回报递增；普及，而非稀有；追随免费之道；优先发展网络；不要在巅峰逗留；从地点到空间；和谐不再，乱流涌现；关系技术；机遇优于效率。也有人将其更通俗地解释为：蜂群比狮子重要；级数比加法重要；普及比稀有重要；免费比利润重要；网络比公司重要；造山比登山重要；空间比场所重要；流动比平衡重要；关系比产能重要；机会比效率重要。

蓬勃发展,确实将一种以前我们全然陌生的世界带到了今日,所以 IT 界有言:"未来已来""未来已经存在,只是尚未流行"。

(二)近年来我国新经济的发展情况

互联网技术产生于美国,却在中国获得了更大更好的应用。当前,中国已经成为当之无愧的互联网第一大国。根据《中国互联网络发展状况统计报告(2015)》,截至 2015 年 12 月,中国网民规模达 6.88 亿人,比整个欧盟的人口数量还要多,互联网普及率为 50.3%;手机网民规模达 6.2 亿人,无线网络覆盖明显提升,网民 Wi-Fi 使用率达到 91.8%。

与之相适应,我国的互联网经济举世瞩目。目前,世界上十大互联网企业中,我国占了四家。以阿里巴巴集团为例,其 2015—2016 财年的总交易额达到 3 万亿元人民币,已超越沃尔玛成为全世界最大零售平台,这被业界视为零售业务由线下全面转向线上的标志性事件。从全国层面看,据国家统计局的数据,2015 年全国网上零售额 38773 亿元,比上年增长 33.3%。其中,实物商品网上零售额 32424 亿元,增长 31.6%;非实物商品网上零售额 6349 亿元,增长 42.4%。有国际组织预测,到 2020 年中国零售市场的线上渗透率将攀升至 22%,市场规模总计达 10 万亿元。再以当下正处于"成长的烦恼"中的分享经济为例,其发展势头更是令人啧啧称奇。展望未来,预计未来五年分享经济年均增长速度在 40%左右,到 2020 年分享经济规模占 GDP 比重将达到 10%以上。从跨境电商方面看,国家统计局的数据显示,近年来我国跨境电商发展十分迅猛,目前我国各类跨境平台企业已超过 5000 家,通过平台开展跨境电子商务的外贸企业超过 20 万家。2015 年,中国跨境电商交易规模为 5.4 万亿元,同比增长 28.6%。根据商务部的预测，未来几年跨境电商占中国进出口贸易比例将会提高到 20%，年增长率将超过 30%。跨境电商是我国当之无愧的新兴经济领域，具有广阔的发展前景。

二、新经济对现行政府监管
与财税治理的挑战

新经济展示出的不可思议的潜力与空间为正深陷经济下行泥淖的中国经济带来了曙光，也指明了中国供给侧结构性改革和经济转型升级的大方向，当然也是未来财政收入的主要来源。放眼全球，当前世界正处于第三次工业革命的"入口"上，我国与美国等发达国家基本处于同一起跑线上，能否抓住新经济这一历史机遇，是中华民族能否实现伟大复兴、重回世界之巅的关键一招。

理论研究表明，国家的繁荣，除了要有强大的市场之外，也要有强大的政府，且彼此之间相互依存、相互支撑。新经济的来临，一方面对既有经济格局带来冲击，"破坏性创新"效应明显，另一方面也对现行政府监管带来挑战。比如，在跨境电商领域，多年来一直存在明显的税收流失问题，跨境电商的税负水平显著低于传统进出口贸易企业的税负水平。另外，当前许多新业态（如股权众筹等）尚游走在监管的灰色地带，既不能说其非法，也不能说合法；正在兴起的房屋分享、Wi-Fi 分享、送餐、互联网教育、互联网医疗等，很多方面明显不符合现行管理制度的要求，某种意义上讲也确实存在风险。简言之，如果按现有法律和制度要求，多数新经济模式都有"违法"嫌疑，无法纳入现在的管理体系。

这典型地体现了新经济与旧制度之间的不相容之处。当前,我国的经济社会管理制度都是建立在工业经济和工业化大生产基础上的,其特点是强调集权、层级、区域与条块分割等管理方式,尤其是相关政策的制定流程,主要是自上而下的、封闭的,较少开放讨论,较少引入政府之外的群体和公众参与,较少对已经出台的政策进行定期的回顾与修订。在我国,还有一个特殊原因,那就是尽管确立社会主义市场经济体制已经二十多年,但"政府与市场关系"这一最核心的命题仍然没能完全厘清,既存在政府对市场的过多干预和不当介入,也存在市场不健全不完善的问题,对新问题、新需求难以及时回应。对于新经济,政府部门的人员对于其业务流程、业务形态十分陌生,很难准确识别其中的风险点和需要管控的关键环节,这导致在新经济初起之时政府往往疏于引导,某些行业借势"野蛮生长"。即使在那些对各方面都认为需要进行监管的领域,政府出于惯性,也往往沿用旧的管理思维和做法,试图使新经济适应旧制度。以上种种,使得政府对于新经济的管理既可能缺位也可能越位,既可能过度过宽也可能过严过紧,出错的可能性大大增加。近年来类似的旧监管制度与新经济发展之间的冲突层出不穷,如网约车合法化前后经历的一波三折、广受关注的快播案、P2P 平台等。跨境电商新政,也是其中一例。

三、从管理到治理,推动政府监管
与财税治理转型升级

党的十八届三中全会指出,到 2030 年要实现国家治理体系和治理能力的现代化。财政作为国家治理的基础与支柱,经济社会各方面出现的新问题、新矛盾往往率先呈现在财政领域,更需要适应形势发展,不断创新。

(一)创新政府监管与财税治理的主要原则是大道至简、底线监管

对于新经济的监管,首要问题是态度与原则。当前新技术、新产业、新业态、新模式层出不穷,它们在发展模式、机制和特点等方面与传统经济有很大的不同,有的远远超出了已有的认知能力和水平。简单套用已有的监管思维与监管做法,很可能文不对题,即使出发点是好的,结果却事与愿违,既影响新经济发展,也伤害政府的公信力。跨境电商"新政"就是一个生动的例子。因此,对于新经济,我们首先应当承认其"新",承认其可能超出了政府已有的认知范围,承认现有的管理规则可能是不适用的,在此基础上再讨论如何监管。历史经验告诉我们,任何新生事物的成长,首先需要的是一个宽松的发展环境,因此,政府监管与财税治理应当贯彻"大道至简""底线监管"的原则,"法无禁止即可为",只要在法律认可的范围内,就宜将广阔的空间留给各类市场主体,政府不要轻易出手。特别是对有些一时看不准的东西,可以先观察一段时间。当然,那些已经经过实践证明可能造成严重不良后果的,则要严格加强监管,果断出手。总之,烦苛管制必然导致停滞与贫困,简约治理则带来繁荣与富裕。税收理论中著名的"拉弗尔曲线",其实说明的也是这样一个原理。对于财税治理,由此引出的值得深思的问题是,在类似跨境电商这样的新经济主体蓬勃生长起来之后,即税基范围明显扩大之后,是继续沿用以前主体少而税负较高的惯例,还是适度调低税率,在更加活跃的经济活动的基础之上获得税收?相关税收政策是传统进出口贸易向跨境电商靠拢,还是跨境电商向传统

进出口贸易靠拢？……这些都是今后值得进一步讨论的问题。

（二）从管理到治理，积极引入"平台治理""行业协会治理"

即使是那些看得准的新生事物，比如基于"互联网+"和分享经济的新业态，也要探索新的监管与财税治理之道。面对新经济，应当由"管理"到"治理"，将原来由政府主导的自上而下的垂直型管理，适时导入政府市场、政府与社会组织协同共治，特别是要高度重视和引入"平台治理""行业协会治理"等新模式。

在互联网经济中，平台作为一个节点，汇聚着产销双方，汇聚着机构、个人、第三方等形形色色的参与者，既是交易的平台、数据的平台，也是信用的平台和消费者保护的平台。当前的网络平台，已经呈现出多中心的生态景观，既有以商品交易为核心的阿里和京东平台，也有以社交为核心的微信和微博平台，还有以版权处理为核心的乐视和爱奇艺平台，有以撮合为核心的滴滴和优步平台。这些网络平台因其规范、公平、透明而得到各方的认可，也形成了一些参与者共同认可的重要规则，影响力和带动性很强。以淘宝为例，通过多年的运作，淘宝已形成了一整套规则体系，有效地管控着数以千万计的各类参与者。这些规则，是在各类参与者的高频互动、在管理人员的严密技术监控下形成的，具有很强的内生性和合理性，参与各方接受的程度很高。在此基础上，淘宝甚至建立了"判定中心"，请网上的志愿者组成陪审团，对网上的纠纷进行判定。这个判定中心每天处理的纠纷数量，是传统仲裁机构所无法胜任的。因此，政府在对新经济的监管中，要十分重视平台的作用，主动与平台协作，形成平台治理的新格局。要点是将平台作为政府和个体之间的媒介与缓冲，政府管平台，平台管个体，并在与平台的协作和互动中，将其中一些具有普适性的规则上升到国家法律法规的层面,对于一时看不准的东西,则可以由平台为主,继续在各方互动中逐渐探索清晰。以跨境电商为例,其实就在这一行业内部,从业者是希望通过纳税获得合法身份,消费者也是愿意用税收来保证产品质量的,各大海淘平台在记录交易信息、收发货品、质量评价等方面也有一套行之有效的办法,相关管理部门应善加利用。

从管理到治理还要发挥好相关的行业协会在新经济中的治理作用,建立企业自律机制,维护企业健康发展。如果说我国传统的行业协会在形成行业标准、促进自律、规范行业管理方面发挥的作用还有限的话,新经济下的行业协会却在这方面发挥了令人瞩目的重要作用。试举一例:2008 年成立的中国互联网协会调解中心负责调解会员单位之间,会员单位与法人、其他组织之间的相关民事纠纷。这个中心自成立以来,已调解了大量案件,仅在 2014 年,就受理了各地委托的涉及网络知识产权侵权案件 3087 件,调解成功率达到 54.95%。这说明,在新经济时代,政府监管要取得实效,除了要有传统的、自下而上的政府层级结构的权力线之外,还必须与各类合作伙伴建立起横向的行动线。对于政府部门而言,在出台与新经济有关的管理规定与政策时,应当切实体现"治理"精神,多与行业协会沟通,在此基础上形成的政策才具有较高的接受度与可行性。从跨境电商新政的情况看,相关政策出台前与各地的保税区、与行业协商不够,也是导致新政对一些情况掌握不明,进而遭到各方抵制的重要原因之一。当然,这也与目前跨境电商们各自为政,尚未形成统一的行业协会有关。由此可见,所谓治理,绝非只是政府一家的事,新经济从业者也要有自觉和主动参与的意识。

(三)大数据治理,创新政府监管与财税治理的技术手段

马云说过,当前的互联网经济已经由 IT 进入到了 DT 时代,数据正

在成为新的生产要素,大数据正在成为新的管理手段。在国务院发布的《促进大数据发展行动纲要》中指出,要把大数据作为"提升政府治理能力的新途径",建立"用数据说话、用数据决策、用数据管理、用数据创新"的新机制。

当前,各类新经济活动主要是在互联网上进行的。相比过往,每一笔交易发生的时间、地点、金额、主体信息、质量反馈等记录在案,实际上对政府监管和税收管理提供了更好的条件。因此,在对新经济的政府监管与财税治理中,必须运用好大数据这个新工具,利用好各类电子交易记录。比如,对于通关单,完全可以借用相关电子交易凭证和事前事后的交易记录、评价反馈等资料来代替。对于税收,更是可以在完整记录交易的基础上精准计算而摒弃过去在信息不足情况下的"包税""定额税"等陈旧做法。从这个意义上讲,电子交易和大数据所创造的监管、征管条件比过去更好,有关部门应当与时俱进,掌握新工具,进行新管理。

(四)柔性转型,平衡好传统经济与新经济之间的冲突

新经济的本质是破坏性创新,其生长发育的过程,的确也是传统经济形态产生尖锐痛感的过程。对于政府而言,一方面要看到新经济是未来的发展方向,需要善加呵护;另一方面也要平衡好与传统经济的关系。这项工作殊为不易。实践中更经常看到的是,一些部门将对传统经济的管理不加改变地扩展到新经济部门,而对于新经济的诉求考虑不足。以跨境电商新政为例,其实质是将以前按"个人自用物品"征收较低税率的行邮税,改按"货物"征收标准较高的增值税和消费税。从财政部门的出发点看,此举的主要目的是促进税制公平。但从现实情况看,跨境电商本身就是在包括税收制度在内的制度缝隙中曲折生长

出来的，一旦简单将旧制度覆盖其上，也就从根本上摧毁了其存在的基础。因此，如何在促进新经济发展的同时，为传统经济转型、调整留出必要的时间，也是今后应重点探讨的问题之一。进一步讲，在大数据条件下，税号清单这种方式很可能本身是陈旧落后的，因为无论有关管理如何勤勉，也不可能跟得上市场快速变化的节奏。如何将目录管理转向其他管理形式，也是今后要探讨的问题之一。

总之，我们正处在一个快速变化的世界、一个需要被重新定义的世界。随着互联网的高速发展，新产业、新商业、新模式不断涌现，新经济正在形成，正在为中国经济打开广阔的成长空间，这对相关的政府监管与财税治理都提出了新的挑战。只有顺应新经济这一历史潮流，通过不断创新、调整、改革，才能统筹全局，促进中国经济社会的全面可协调发展。

"政府价格信号"分析：我国体制性产能过剩的形成机理及其化解之道

产能过剩的实质是投资过度。我国的产能过剩在相当大程度上是政府以投资拉动经济增长、过度干预市场和经济运行的必然产物，属于体制性产能过剩。本文以"政府价格信号"为核心概念，分析了体制性产能过剩的产生主要是由于政府在 GDP、税收、就业的导向下，通过运用手中的经济权力和政治权力，强力干预市场、大幅度拉低各项要素价格，对企业投资、生产经营活动产生强烈的不当刺激所致。因此，化解产能过剩的关键在于发挥市场配置资源的决定性作用，着力恢复正确的价格信号，使企业面对真实成本与市场优胜劣汰的竞争压力，重中之重是要消除政府干预价格的诸多体制性土壤，减少行政干预、大力推动要素市场化改革、改革干部考核制度和财税制度、科学化国家产业政策等。只有这样，才能将产能过剩控制在市场和社会所能接受的范围之内。

产能过剩已成中国经济的痼疾。早在 1996 年，就有关于钢铁业出现产能过剩的议论。此后，几乎每隔几年，有关部门就会在全国范围内发起一场声势浩大的治理产能过剩的"运动"。2013 年 11 月，国务院出台了《国务院关于化解产能严重过剩矛盾的指导意见》,工信部连续发布了三批淘汰落后产能的名单。产能过剩已成为推动中国经济转型升级和结构优化的巨大障碍。产能过剩何以如此之顽固?本文经过分析认为,在相当大的程度上讲,产能过剩是中国政府以投资拉动经济增长和过度干预经济运行模式的必然产物。"解铃还须系铃人",要将产能过剩控制在市场和社会能接受的范围内,就必须遵照党的十八届三中全会《中共中央关于全面深化改革若干重大问题的决定》中"发挥市场配置资源的决定性作用和更好地发挥政府作用"的精神,减除政府不当干预、推动要素市场化改革,形成可以真实反映供求关系与资源稀缺性的合理价格信号,以此引导企业的投资和生产经营行为。

一、产能过剩的概念、特征与类别

在经济学意义上,产能过剩是产能利用程度的一种状态。所谓产能利用率(Capacity Utilization),是指实际产量与实际生产能力之间的比率,用公式表示为:

产能利用率= 实际产量/实际生产能力×100%

产能利用率有产能过剩与产能不足两种状态,一般情况下,若该比率低于80%,即可视为产能过剩。产能过剩一般有三个特征:一是低产能利用率;二是低利润率[①];三是高负债率,且三个指标之间存在着高度的相关性。

应该看到,在市场经济条件下,某种程度的"偏过剩产能"是正常

---

① 据媒体报道,2013年上半年,中国钢铁业一吨钢利润一度只有0.43元,两吨钢加起来赚的钱不够买一根冰糕。

现象。只有当供给显著大于需求、产能出现明显过剩并且已引发一系列的相关后果时,产能过剩才成为一个各方面关注的重大问题。这种情况的发生,既有可能是需求方面出现重大变化所致——如2008年国际金融危机以后,国际市场需求急剧下降,欧美市场在很长时间内恢复乏力——这种情况下发生的产能过剩可称为周期性产能过剩;也可能是因为长期技术创新乏力、经济增长动力不足,形成低端产品供给严重过剩而高端产品供不应求,这可称为结构性产能过剩。在我国,还存在着另一种原因引起的产能过剩,即主要是由于政府过多介入和干预企业投资决策,导致企业投资过度、供给能力严重大于需求而产生的产能过剩,这就是所谓的体制性产能过剩。本文主要讨论体制性产能过剩问题。

二、企业投资决策的一般理论

研究表明,体制性产能过剩的直观表现是企业投资过度。王立国、鞠蕾(2010)曾对2005—2008年间中国制造业的26个行业上市公司和行业数据进行过分析,证明在地方政府干预、介入和企业投资过度之间,确实存在显著的正相关关系。那么需发问的是:企业为什么会过度投资?

逻辑上讲,如果企业发生了过度投资,应当由两个因素引出:一是企业家对该项目的未来预期收益远高于社会平均利润率;二是投资成本远低于社会平均成本,这两者的共同结果都可以给企业带来超额回报,于是企业家投资热情高涨,形成过多的产能供给。

接下来需问:企业家如何进行投资决策?现代财务管理理论认为,

企业在进行投资决策时,主要应当参考两个指标:一是净现值;二是内部收益率。

所谓净现值(Net Present Value,NPV),是指一项投资所产生的未来现金流的折现值与项目投资成本之间的差值。若净现值为正值,该投资方案可以接受;若净现值为负值,该投资方案就不可以接受,且净现值越大,投资方案越好。用公式表示如下:

$$\text{NPV} = \sum \frac{I_t}{1+R} - \sum \frac{O_t}{1+R} \qquad \text{(公式 2-5)}$$

其中,NPV 为净现值;I_t 为第 t 年的现金流入量;O_t 为第 t 年的现金流出量;R 为折现率。

所谓内部收益率,是指资金流入现值总额与资金流出现值总额相等、净现值等于零时的折现率。只有内部收益率大于或至少等于企业家设定的基准收益率(通常用银行存款利率表示)时,该投资项目才是可行的,且该指标越大,说明未来收益率越好。

可以看出,无论是净现值法还是内部收益率法,决定一项投资是否可行的基本逻辑都是收益必须大于投入。虽然不同企业、不同投资项目的具体投入构成各不相同,但对于任何一个项目而言,其初始投入都包括土地、设备、人力等方面,同时也要将项目建成后的运行费用考虑在内,如银行贷款的利息、工资支出、设备折旧、税收以及电、水、气等支出。正常情况下,企业家面对着大致相同的费用体系,很少会较长时段持续"集体失智"、发生整体上的严重过度投资。

在我国,体制性产能过剩之所以发生,主要是由于政府通过各种方式,下拉了上述各项成本的价格,从而使企业家面对的不再是比较纯粹的市场价格,而是经过政府干预后形成的新的价格进行投资决策所致。

三、政府价格信号：体制性产能过剩的形成机理

（一）对政府价格信号的几点理论认识

简言之，政府价格信号即政府为了刺激投资而确定，或通过干预市场价格而向企业发出的新的价格信号。如果从体制性产能过剩这一现象出发，政府价格信号可描述为：

政府为了实现特定的政策目标，通过其所掌握的各项要素定价权或定价影响能力以及其他经济资源的支配权，显著降低特定行业、特定企业投资、运行的关键性要素价格，进而大幅度地拉低相关主体预期的投资成本和运行成本所形成的价格信号。政府价格信号有以下几个方面的特征。

第一，通常存在于政府重点发展、扶持的产业之中；

第二，主要涉及土地、银行信贷、自然资源、水、电等要素价格；

第三，量值上显著低于市场价格；

第四，常常引发政策套利和过度投资，故总体上可负面评价为对市场价格信号及其形成机制的不当扭曲。

与正常的市场价格相比，政府价格显著偏低，从而刺激出企业强烈的投资动机，并最终导致企业过度投资和产能严重过剩。政府价格催生过度投资的作用机理可用图2-3进行说明。

图2-3中的纵轴表示企业投资价格，横轴表示投资的数量，在没有政府干预的情况下，企业依据P_1进行投资，此时的投资量为L_1，均衡

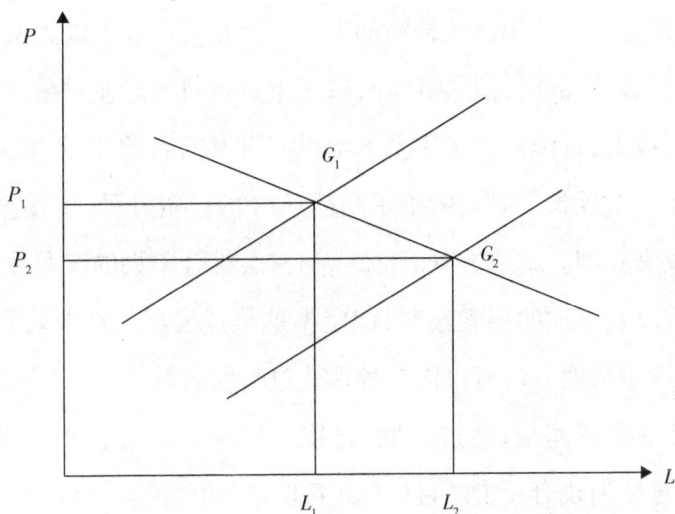

图 2-3 体制性产能过剩形成图示

点为 G_1。由于政府的介入,投资价格从 P_1 下降到 P_2,此时需求曲线不动,而供给曲线下移,在 G_2 点达到均衡。此时,企业投资的数量从 L_1 增加到 L_2,出现投资过度。在整体社会层面上,企业投资过度就表现为产能过剩。

应当看到,在特定条件下,政府通过"有形之手"干预价格、校正"负外部性"或市场失灵,本是有益之举,也是混合经济的题中应有之义。但是,当政府作用于价格的方向不对、程度过强过大以后,其负面作用就会非常显著。体制性产能过剩就是其中之一。

(二)政府价格的形成过程

陈剩勇、孙仕祺曾以钢铁工业为例,对政府引导企业投资的种种具体手段进行了生动的描述(2013)。参照他们的研究,再从"政府价格信号"这一概念"窗口"看过去,"政府价格信号"的形成过程昭然若揭。

1. 财政补贴

财政支出历来是政府支持产业发展的主要政策工具。在中央政府层面,常常会直接使用财政补贴的方式支持相关产业。以光伏为例,近年来被列入国家战略性新兴产业,属于重点扶持的产业对象,由于光伏初始投资极大,且国内市场中基本上没有自发的需求,因此中央政府对光伏曾在一个较长的时期内给予高达 70% 的投资补助,引发全国范围的光伏投资狂潮。就地方政府而言,通常会结合中央的产业政策、宏观调控形势以及本地的要素禀赋,确定本地重点发展的产业目录。对于这些重点产业,地方政府也以多种形式进行财政补贴:一是由财政出资设立的产业发展基金,通过入股、直接拨付等方式对企业投资给予补助;二是对达到政府设定的目标(如工业总产值、税收、就业人数等)的企业,政府按企业缴纳税收的某一个比例进行奖励式返还;三是通过技术改造、环保投入等多种方式,直接向企业拨付财政资金①;四是对某些企业给予银行贷款贴息;等等。无论哪种方式,都使企业面对着一套经过政府干预后形成的新的价格信号,企业有望据此降低成本,增加收益。

2. 银行信贷

在我国,国有控股商业银行占据着最大份额的信贷资源,这为政府以银行信贷为政策工具引导企业的投资创造出巨大的空间。在中央历次出台的产业支持政策中,一般都有关于银行信贷资金要向重点产业倾斜的规定②。在地方政府层面,尽管其直接掌控的信贷资源不多,但地方政府通过投融资平台及其他途径以所谓"过桥贷款"、贷款贴息、"理财产品"融资等方式,同样可以达到引导企业投资的目的。除了间

---

① 如在有"钢铁之乡"之称的河北省武安市,近几年当地财政平均每年都支出3亿—4亿元用于"落后产能淘汰补贴"和"环保投入补贴"。

② 反过来,当出现严重产能过剩的时候,政府也常常有命令银行对这些行业收缩或撤出贷款的要求。参见 2013 年 11 月国务院发布的《国务院关于化解产能严重过剩矛盾的指导意见》。

接融资的信贷资源,政府手中实际还掌握着准许发行企业债、促成企业上市权力的强大影响力,这些对于企业也是极具诱惑力与牵引力的直接金融资源。

3. 低廉的土地价格

为了吸引企业投资,地方政府通常以廉价甚至"零地价"向企业提供工业用地。我国实行的分类土地价格政策,不同用途的土地价格差异极大,而地方政府通常是当地土地价格的主要确定者。为了吸引投资,各地均以远远低于实际土地价值的价格向企业供地,甚至以零地价的方式向企业供地。若将土地整理成本考虑在内,向企业供地的实际价格为负值(即补贴值)。由土地产生的价格效应,往往是政府影响投资价格的政策工具中之最巨者,以 2004 年轰动一时的铁本事件为例,当地政府以土地出让的方式实际上为企业提供了 18 亿元左右的投资补贴。

4. 低廉的资源价格

在一些资源富集地区,地方政府为了吸引投资,通常会配给企业特定数额的资源开发权利。陈剩勇等曾提到过这样一个例子,内蒙古自治区曾出台规定,凡在当地投资超过 40 亿元的企业,每投资 20 亿元,内蒙古地方政府就可以为企业配备 1 亿吨煤炭储量开采权,在当年蒙煤 400 元/吨的情况下,1 亿吨煤的销售收入可以达到 400 亿元;投资超过 40 亿元,企业将获得至少 2 亿吨的煤炭储量开采权,企业将在未来获得 800 亿元的销售收入,扣除开采成本以后,企业仅从煤炭一项上就可以获得合计 600 亿元以上的回报。如此高利,难怪各地企业趋之若鹜。

5. 低电价、低水价补贴

对于钢铁、电解铝等制造业而言,生产过程中需要消耗大量的电、水等,相关费用十分可观。为了鼓励企业投资生产,地方政府会出台电价、水价的补贴政策,如贵州某市出台的《2013 年工业企业亏损补贴和用电补助办法》中,提出对全市规模以上的电解铝、工业硅、电解锰、铁合金、高碳铬铁、中低碳锰铁、电解二氧化锰等行业、企业按 0.03 元/千瓦时实施补贴,企业用电枯水期按 0.02 元/千瓦时补助,平水期按 0.04 元/千瓦时补助。

6. 税收优惠

为了吸引投资,地方政府还向企业提供各种各样的税收优惠。这又可细分为两种情况:一是地方政府在自己权限内向企业提供税收优惠,如减免所得税、增值税的地方分成部分、减免地方税费等;二是游说中央政府出台区域发展政策来向企业提供减免税。据统计,现已有各类国家级的开发区、经济区数十个,其中已出台实施的区域税收优惠政策就有三十多项,这实际上相当于动用中央政府的税收"奶酪"来吸引企业投资。

7. 默许甚至纵容企业将应承担的社会成本外部化

钢铁、水泥、电解铝、平板玻璃等传统的产能过剩行业甚至光伏这样的战略性新兴产业,通常也是高耗能、高排放、高污染的行业,如果管理不当,社会成本很高。理论上讲,应使企业在进行投资和生产经营时将这部分成本考虑在内。但是,为了鼓励企业投资生产,一些地方政府放松环保要求,对企业的不当排放行为睁一只眼、闭一只眼,对污染受害人的法律行为采取不支持、不立案方式,化解了相关企业应负担的巨大社会成本。与此相类似,一些地方政府还允许企业不严格执行劳动合同、缓交或少交职工社保、忽略必要的劳动保护等,间接降低了企业的成本。

（三）政府价格信号的形成条件

可以看出，政府运用多种方式、经过多种途径给出的价格信号经过高度扭曲，对企业的投资决策、生产经营活动发挥着错误的引导作用，是投资过度和体制性产能过剩产生的渊薮。由此引出的问题是，政府为什么要这么做？何以能这么做？

对于第一个问题，学界早有解答。简言之，主要有三个原因：一是在以 GDP 为主的政绩考核中交出一份好成绩；二是未来获得更多的税收；三是扩大本地就业。

对于第二个问题，则主要是因为在现阶段，企业生产经营活动所必需的各类资源，其中特别是要素性资源（如土地、信贷、税收、能源等）的支配权、定价权，都掌握在政府手中，可以说牢牢地控制着企业的"七寸"。另外，在现行财税体制下，各级政府都有弹性空间在规定的范围和幅度内，灵活掌握税收负担、自主确定财政支出结构，几乎任何一个环节、任何一个方面，都可以成为政府引导企业前进的强大指挥棒。

正因为政府既具有刺激投资的动机，也具备刺激投资的条件，才使政府干预市场、干预企业投资决策成为一种经久不衰的现实；才使企业在进行投资决策、生产经营决策时，不仅仅要研究市场，更重要的是要研究政府、研究政策；才使部分企业即使面临投资失败压力，也有望得到政府的选择性扶持与关照，避免淘汰出局之厄运；才使企业所面对的价格其实不是完全的市场价格，而是叠加上了政府影响后扭曲变形的新价格。这就是政府价格信号产生的机理。

（四）两个实例

在 2013 年国务院发布的《国务院关于化解产能严重过剩矛盾的指

导意见》中,钢铁、水泥、电解铝、平板玻璃、造船等被认为是产能严重过剩行业。事实上,除了这五大传统行业,近年来光伏、风电等一些战略性新兴产业也相继成为产能过剩的重灾区。细察这些行业中产能过剩的由来,我们发现,传统产业也好、战略性新兴产业也好,其产能过剩故事的发生、发展、高潮、转折,直至结果,其脉络基本一样,原因也基本一样,即都是政府给出了特殊的价格信号、实施了选择性处理方案所致。下面我们分别以钢铁(传统产业)和光伏(战略性新兴产业)为例进行说明。

1. 铁本事件

钢铁工业素有"民族工业的脊梁"之称。中国人追求钢铁工业的发展前后经历近百年,崎岖曲折、颇多坎坷,产能曾长期表现为短缺。但是,在进入20世纪90年代以后,钢铁工业很快就陷入了产能过剩泥淖,历次成为国家治理的重点对象。直到今天,仍然名列"产能严重过剩"的第一名。

我们分别对全国和典型省、市、县各个层面的钢铁产能过剩情况进行了分析,基本结论是政府的扶持过度使市场淘汰机制、出清机制受阻,促成钢铁业本身的"尾大难掉",背后起作用的正是"政府价格信号"引导下的过度投资所致。为了清楚地说明这一点,我们选择"铁本事件"这一广为人知的典型案例进行说明。

江苏铁本钢铁有限公司(以下简称"铁本公司"),是一家成立于1997年的民营企业。当时由于钢铁市场火爆,到2002年,这家公司已迅速扩大到下辖3个分厂、员工数千人、占地18公顷的大企业,当年实现工业总产值3.69亿元、销售收入3.5亿元,成为当地民营企业中的翘楚。

为了适应不断扩大的市场需求,铁本公司的实际控制人戴国芳于2002年筹划移址扩建工程。按他最初的计划,是要建一个200万吨宽厚板的项目,占地约2000亩,计划投资10亿—20亿元,主要以自有资金滚动发展。但是也在这一年,铁本公司所在的常州市准备在长江沿岸辟出3万亩左右的土地作为产业基地,拉动本地经济发展。由于铁本公司产值高、利税大,加之此时国内外钢铁市场十分劲爆,常州市政府决定全力支持铁本公司扩大项目规模。铁本公司项目从200万吨逐步扩大到400万吨、600万吨,最后成为目标年产840万吨的大型钢铁联合项目,规划占地也从2000亩一路攀升到9379亩,形成了天文数字的庞大投资计划。

为了通过国家有关部门的审批,当地政府协同铁本公司将项目化整为零,拆分成22个项目向有关部门报批并获得了通过。与此同时,地方政府在土地、贷款方面向铁本公司打开方便之门。以土地为例,当地政府向铁本公司出让的土地名义价格为每亩11万元,而当时常州、扬中两地的工业用地仅开发成本就达每亩15万—20万元,市场价格高达每亩40万元,按铁本公司实际占地6541亩计算,相当于地方政府为铁本公司项目提供了18.9亿—26.2亿元的投资补贴。再以银行贷款为例,到铁本公司项目下马时,银行对铁本公司及其关联公司的授信总额达43.4亿元,以铁本公司1亿—2亿元的自有资本金计算,杠杆率高达20—40倍,且将六家银行提供的流动资金贷款20多亿元用于固定资产投资。为运作以上项目,铁本公司先后成立了7家中外合资企业,累计应缴纳注册资本金1.7972亿美元,但其中仅一家到位了1200万美元,另一家到位了部分资金,其他五家没有任何资金到位,当地政府竟视若不见,批准了以上公司的设立。

2003年是中国钢铁业的"井喷"之年,同年钢铁行业固定资产投资额较上年增长了180.76%,整个行业高热不止,全国各地涌入钢铁业的企业越来越多。有关部门判断,钢铁业已进入了盲目投资和产能过剩时期,必须重拳治理。2003 年 12 月 23 日,国家发展改革委出台《关于制止钢铁行业盲目投资的若干意见》,铁本公司项目因为体量、规模超乎寻常,且政府与企业纠葛过深过复杂,被国务院列为重点治理的对象,铁本公司项目被紧急叫停。2004 年 5 月,有关部门宣布相关处理决定,地方官员、企业家丢官的丢官、入狱的入狱,铁本公司项目至此黄粱梦碎,"收拾残局"的社会成本极为可观。

2. 光伏变局

作为一种清洁能源,光伏产业在全世界都被视为朝阳产业,拥有广阔的市场空间和应用前景。2005 年以来,国家将光伏列入战略性新兴产业目录。为了支持光伏产业的发展,政府提供了大量政策支持。一是出台了支持光伏产业发展的各类法规、规划,特别是 2008 年金融危机之后,全国 31 个省都将光伏列入了重点发展的产业目录。二是实施了"太阳能屋顶计划"(2009),对屋顶装机容量 50 千瓦以上的光伏发电系统进行补贴。三是实施了"金太阳工程"(2009),对于并网发电和偏远无电地区的离网项目按总投资分别给予 50% 和 70% 的补贴,由于该项目补助力度极大,各地趋之若鹜,成为各方面政策套利的主要进攻对象,该项目共执行了三年多,共计投入财政资金 400 多亿元。四是通过了"973 计划"、"863 计划"、攻关计划、中小企业创新基金等对太阳能发电技术的研发给予支持。五是银行贷款重点向光伏产业倾斜。六是大量的税收优惠。据不完全统计,各地相继实施了消费型增值税、15% 的企业所得税、提高出口退税率、进口设备免征关税和进口环节增值税、再投资税收抵免等措施促进光伏产业的发展。此外,各地还通过产业发展基金、低价工业用地等政策手段,支持光伏发展。

在强烈的政策刺激下,光伏产业迅速在全国开花。据报道,全国有几百个城市大力发展光伏太阳能产业,其中有 100 多个建设了光伏产业的基地。在政策刺激下，各路资本大举进军光伏，"只要有钱就可以整"，一位企业家如是说，甚至像浪莎袜业、康师傅这样的企业等也纷纷向光伏制造转型。从东海之滨到西北戈壁，从海南到黑龙江，光伏行业很快热浪滚滚。

与此同时，国内无法解决光伏电池产品入网发电的问题，本已浮出水面，由于电力部门配套改革迟迟不到位，理应"攻关"解决的相关技术问题和运行机制问题等，迟迟未得突破。据统计，所有光伏电池产品中，98%以上只有出口一条道，但很长一段时间内，各方似乎对这些现象后面隐含的不合理和危机因素浑然不觉，视若无睹。"一哄而上""跨越式"的发展迅速引爆光伏产能过剩。2010 年，全国各地已有各类光伏企业 1000 多家，产值 5000 亿元以上，直接从业人数超过 40 万人，光伏组件产量连续五年高居世界第一，整个产能达 35 吉瓦，远超同期国内外市场需求的总和。

但就在此时，中国光伏企业赖以为生的欧美市场风云突变。受金融危机的影响，各国财政不同程度地吃紧，相继减少了对太阳能光伏项目的补贴①，市场空间骤然收窄，这给"两头在外"的中国光伏企业带来了致命的打击。为了争夺市场，各光伏企业之间打响了价格战。2011 年，各类光伏产品价格急剧下跌，如多晶硅价格下跌 60%、硅片价格下跌 40%—50%、电池片与组件的价格下跌 40%以上。中国光伏产品在

---

① 2010 年 7 月 1 日起，德国对屋顶光伏系统和移除耕地农场设施的补贴额将减少 13%，对转换地区补贴额将减少 8%，其他地区将减少 12%。8 月，西班牙计划削减太阳能上网电价幅度达 45%，对大型屋顶太阳能光伏装置的上网电价将下降 25%，小型的则下降 5%。9 月，捷克出台政策，规定下一年 3 月，建在农业用地上的太阳能发电厂将不再获得政府补贴，预计将减少 700 兆瓦太阳能电站的投资。同月，意大利决定在 12 月 31 日开始削减对太阳能光伏项目的补贴。

国际市场上的超低价格,很快引来美国、欧盟的"双反"强烈报复①。光伏行业内忧外困,进入全行业亏损期,2012年,国内80%以上的企业开工不足,产能全面过剩。2013年3月20日,国内光伏巨头无锡尚德宣布破产,其创始人施正荣曾高达186亿元的财富,一夜归零。

可以看出,在市场需求一度比较旺盛的情况下,企业家据此扩大投资、增加产能本无可厚非。问题在于,如果这些行业刚好契合地方政府对于GDP、税收、就业的渴求,而且地方政府将其列入重点扶持范围以后,相关改革又未得到实质性推进、应变能力不能实际形成,一旦外部变局发生,情况就迅速向相反的方向逆转。究其根本,就是因为地方政府一方面动用一切可用资源,强烈干扰、扭曲投资价格,形成错误的价格信号,另一方面本应由地方政府主导的有效制度供给却在改革面前搁浅、不能形成理应追求的综合效应和应变能力,导致在一串正确的概念联结之下,真正的主导链条却并未有效形成,导致战略性新兴产业这场重头戏中,光伏主角出师不利、折戟而归。

四、化解体制性产能过剩的关键在于恢复
正确的价格信号和提供合理制度供给

2013年11月,国务院发布了《国务院关于化解产能严重过剩矛盾

---

① 早在2010年10月,美国商务部就展开了针对中国光伏的"双反"调查,并于2012年10月作出最终裁定,对中国多种光伏产品征收14.78%—15.97%的反补贴税和18.32%—249.96%的反倾销税,预计至少征收5年。2012年9月,欧盟宣布启动对从中国进口的光伏板、光伏电池以及其他光伏组件发起反倾销调查、反补贴调查;2013年6月4日,欧盟宣布,对中国光伏产品实行"双限"且征收11.8%的反倾销税。

的指导意见》，再一次向产能过剩宣战。但仔细分析，我们认为，目前治理产能过剩仍然高度依赖以"关、停、并、转"、下指标、定时间为主的行政方式，主要使用的手法不过是当初鼓励产能扩张时的反向操作，仍然是以行政干预治理行政干预的路子，很难走出"打摆子""越治越多"的循环怪圈。

基于本文分析，我们认为，化解体制性产能过剩的关键在于真正让市场在资源配置中起决定性作用，政府以维护公平竞争和市场"优胜劣汰"机制为基本方针，恢复正确的价格信号；重中之重是要消除政府干预价格的诸多体制性土壤，着力消除比价扭曲，大幅度减少政府干预，使企业同时面对真实成本压力和优胜劣汰的市场竞争机制，在自主经营、自担风险的约束和压力之下，硬化预算，强化创新和升级换代动机，激活潜力释放聪明才智与竞争能力，以此促进技术创新、资源节约、节能降耗、升级换代和结构优化。为此，迫切需要在党的十八届三中全会之后的全面配套改革中掀起新的制度变革大潮，在行政审批制度、要素市场化改革、财税体制、干部考核体制等多方面着力实现实质性突破。

（一）重新学习市场经济理论、全面认识市场功能

必须认识到，在市场经济条件下，市场能够有效发挥调节作用的范围远远大于市场失灵的范围。比如，在促进生产要素的优化配置、提高经济效率方面，市场天然有优势；在发现机会、促进创新方面，市场主体天生有动力。另外，由于市场体系是建立在无数个体分散决策的基础之上，其间的风险分散机制一般情况下能成为消减系统性风险的重要减震器，随时随地处于变化之中，因此极其复杂，即使是现在全部的经济学理论相加，对此也不能完全描述和认识清楚。有必要重新学习市

场经济理论、全面认识市场功能,进一步尊重市场、敬畏市场,尊重企业家才能、鼓励企业家投入自担风险的公平竞争,真正发挥市场配置资源的决定性作用。

(二)加快推进行政审批制度改革

新一届党中央、国务院成立以来,已先后取消、下放了 334 项行政审批事项,但目前仍有 1400 多项,地方层面更多,因此推进行政审批制度改革仍然任重道远。今后,凡涉及企业投资、生产、经营方面的审批,应当严格贯彻党的十八届三中全会《中共中央关于全面深化改革若干重大问题的决定》精神,"除关系国家安全和生态安全、涉及全国重大生产力布局、战略性资源开发和重大公共利益等项目外,一律由企业依法依规自主决策,政府不再审批",同时"强化节能节地节水、环境、技术、安全等市场准入标准,建立健全防范和化解产能过剩长效机制"。

(三)大力推进要素市场化改革

市场经济条件下,真实、灵敏的价格信号是形成企业正确投资决策最有力的引导力量。化解体制性产能过剩的关键在于校正当前失真的各项投资要素价格,为此,必须大力推进要素市场化改革。具体而言,一是要调整现在分类、分城乡的土地政策,使工业用地的价格能反映土地的市场价值。二是要大力推动各类资源型产品的价、税、财联动改革,抓住资源税"从量"变"从价"改革的契机,适时调整电价、水价并积极推进其价格形成机制的合理化,正确反映资源的供求和稀缺程度,以经济手段"内生"地引导全国 5800 万个市场主体(含小微企业)一起注重节能降耗、加快转变生产方式、千方百计开发有利于节能降耗的工艺、技术和产品,并在竞争中淘汰落后产能①。真正在全局和可持续意义上建立淘汰落后产能、过剩产能的有效机制,才能在市场公平竞争前提下产生优胜劣汰机制。三是要加快推进利率、汇率的市场化改革,形成灵活反映市场资金供求关系的价格信号。四是要严格执行有关环保、劳保、社保标准,力求使之贯穿于企业生产经营的全过程,充分注重运用规范的经济手段,通过可预期的"外部成本内部化",使企业切实负担起应该承担的那部分社会成本。

(四)改革干部考核制度,深化财税体制改革

现行以单一龙头指标衡量的经济增长为导向的干部考核制度和财税制度机制是造成体制性产能过剩的重要制度成因。要切实改造和完善发展成果考核评价体系,纠正单纯以经济增长速度评定政绩、以GDP论英雄的偏向。要深化财税体制改革,弱化经济增长与地方财政收入之间的联动关系,逐渐将地方政府的主要收入来源转向为本地居民提供良好的公共服务的收益上来,加快推进资源税改革,及时开征房产税和强化优化环境税(含环境"费改税"),等等。

(五)增强产业政策的科学性,打造产业政策合理实现的体制机制

对于后发国家而言,通过产业政策实现某种有比较优势或潜在优势产业的异军突起,本无可厚非,其他国家也有类似成功的例子。但

---

① 政府除了对于为数不多的大型企业有能力以"关停并转"方式实施排除落后产能的操作之外,其实并没有能力去甄别和"关修并转"式淘汰全国以千万计的企业中的"落后产能""不当技术路线"的代表;以许多的技术标准作为"准入门槛"来实施区别对待,又会催生出防不胜防的设租寻租、非公平的"选择式执法"等弊端。

是,必须看到,产业政策具有高度的"建构"色彩,其实质是创造供给、创造需求、建设市场,对政策设计者知识、信息等方面的要求相当高。科学的产业政策重在战略、重在前瞻、重在实现机制合理有效。因此,要站在国际和国内、过去与未来的战略高度上,确定重点发展的产业目录;重点支持那些关系全行业健康发展的基础条件和制度环境建设,而非直接介入企业的生产经营活动;要准确识别产业发展的重大转换点,并提前进行政策调整。此外,政府要做好行业预警、行业准入、市场监管等方面的工作,维护好产业发展的大环境。以这些为前提,形成规范的、对事不对人、透明而可预期的经济杠杆手段为主的引导和调节机制,真正落实产业政策意图。

生态服务交易视角下的
我国生态补偿制度建设

近年来,我国环境污染不断加剧,生态系统遭到严重破坏,经济社会可持续发展与资源生态环境之间的矛盾十分突出。本文分析了当前我国的生态现状,回顾了生态补偿制度在实践层面的运作情况,认为应当在生态补偿制度建设中引入生态服务交易的理念,着力在生态补偿制度中引入市场机制,促进形成中央财政支出、区域间横向生态补偿和市场交易"三位一体"的生态补偿制度,以此提高生态补偿的制度效率,应对当前突出的环境与生态方面的区域间协作问题。文章进一步分析了国外若干生态补偿案例的典型做法,并提出了完善我国生态补偿制度的若干建议。

1978—2012 年,我国 GDP 年均增长率达 9.8%,2013 年人均 GDP 达到 6767 美元,已进入了中上等收入国家水平。在欣喜与兴奋之余,我国经济社会发展也面临着陷入"中等收入陷阱"之忧,经济增长速度已由高速下降到中高速增长期。更重要的是,支持我国经济长期可持续发展的传统关键要素,如劳动力、土地、资源、环境、生态等都处于明显的下降通道,特别是近年来动辄袭击大半个中国的严重雾霾,更是向国人提示着加强生态文明建设的紧迫性和现实性。

一、我国当前的生态环境状况

由于气候与自然地理条件原因,我国自然资源的分布极其不均,加上近几十年高强度的人类干扰,当前我国的生态环境已到达临界点,支持生命系统的水、土、气都不同程度地出现了问题,对生产生活形成严重威胁。

(一)水资源短缺,水质污染严重

我国是一个水资源匮乏的国家。统计资料显示,我国人均水资源仅为世界平均水平的 1/4,是联合国公布的全球 13 个人均水资源最贫乏的国家之一。全国 600 多个城市中有 400 个存在供水不足的问题,其中 110 个存在严重缺水问题。近年来,我国各类水污染事件触目惊心,"黄汤绿水"横流,年年都爆出重大水污染事件,如兰州发生的自来水苯污染事件等,表明我国的水污染情况十分严重。

(二)土壤污染贻害无穷,水土流失状况严重

2005 年 4 月至 2013 年 12 月,国土资源部、环保部开展了首次全国土壤污染状况调查。调查结果显示,全国土壤总超标率为 16.1%,其中轻微、轻度、中度和重度污染点位比例分别为 11.2%、2.3%、1.5% 和 1.1%。污染类型以无机型为主,超标点位数占全部超标点位的 82.8%,其中镉、汞、砷、铅 4 种无机污染物分布从西北到东南、从东北到西南,逐渐升高。除了污染,我国水土流失情况也一直比较严重,43% 的耕地存在不同程度的水土流失。

（三）大气污染严重，雾霾天气频发

近年来，全国各地频发雾霾天气。以 2013 年 1 月为例，从华北经中原和华东，直至云贵高原，雾霾"侵略"了大半个中国，全国 31 个省市中，有 29 个省市空气质量指数（AQI）超标，有 27 个省市的空气质量指数达到重度污染或严重污染，全国灰霾面积达到 143 万平方公里，其中京津地区最为严重，部分地方达到六级重度污染。中国真正陷入了十面"霾"伏。

（四）生物多样性下降，物种灭绝速度加快

中国是世界上生物多样性最丰富的国家之一，野生动植物分别占世界总数的 9.8% 和 9.9%，居世界第九位。但由于天然林生态系统的破坏和违法乱捕滥猎，近年来我国生物种类大大减少，部分物种濒临灭绝。资料显示，我国 15%—20% 的物种处于濒危状态，已灭绝的高等植物 200 多种，野生动物 10 余种。

为了恢复与保护生态环境，给中华民族的长远发展留下空间，我国早在 2008 年就出台了国土主体功能区规划，划定了 25 个限制开发地区、1443 个禁止开发区。与之相适应，建设一个科学、合理的生态补偿制度也已经提上了议事日程。

二、生态补偿与生态服务付费的理论与计量方法

（一）生态补偿与生态服务付费

广义的生态补偿既包括对生态系统本身的恢复与补偿，也包括对

利益主体之间的经济利益调节,狭义的生态补偿则仅指后者,即以保护、可持续利用生态系统服务为目的,利用经济手段调节相关者利益的系列制度安排。

在国外,生态补偿通常称作"生态服务付费"(Payment for Ecosystem Services,PES),换言之,是将生态作为一种可交易的特殊商品,在需求与提供方之间按一定方式进行买卖。之所以如此,是因为工业文明发展到一定阶段,那些原本属于天生、自然的生态功能因其稀缺就具有了某种价值,逐渐进入了可交易的范畴。

生态服务的价值主要体现在以下几个方面:涵养水源(包括调节水量、净化水质)、保育土壤(固土、保肥)、碳汇服务(森林碳汇、湿地碳汇)、改善空气质量(森林释放氧气、释放负氧离子、减少空气污染物)、维持生物多样性、提供景观游憩服务等。围绕生态服务进行的交易或者说生态服务付费具有以下五个方面的特征。

第一,一种自愿的交易;

第二,存在能够很好地被定义的环境服务,或确保此种服务的利用形式;

第三,被(至少一个)需要此种特定环境服务的购买者"购买";

第四,存在(至少一个)特定环境服务的提供者;

第五,特定环境服务的提供者能够确保该环境服务的提供。

简言之,一种能够成为并长期作为交易对象的生态服务,首先要确保这种生态服务能够被定义,用经济学的语言讲,就是要具有交易对象的明晰性,包括数量上的可测量、交易主体的可确认性。其次要有自愿交易的供求双方。最后还要有相应的交易机制。

(二)生态服务是一种特殊的公共品

如果从公共经济学的角度看,良好的生态服务是一种公共产品。

洁净的水、良好的空气、优美的环境,通常具有较强的非排他性;同时在一定的边界之内,也具有边际生产成本为零的"非竞争性"。同所有公共产品一样,良好的生态服务也具有正外部性,保护生态、治理环境的成本主体与收益主体通常是不完全对等的,生态服务功能存在"溢出",特别是对于空间流动性极强的水和大气;当然破坏生态、污染环境也具有显著的负外部性。另外,生态服务也具有受益范围的差异性,也可分为全球性生态服务、全国性生态服务、区域性生态服务三类,这意味着生态补偿不仅在理论上成立,而且在操作上也可以借鉴、引入许多公共产品生产与提供的具体方法。

(三)生态补偿的计量方法

作为一种可交易的服务,首先要解决的问题是交易价格如何确定。与普通的商品或服务相比,生态服务的价值、价格确定都面临更多、更复杂的难题,通常需要更间接一些的方法。根据现有的研究,有关生态服务的计价方法通常有以下几种。

1. 成本法

即以生态建设与保护的额外成本和发展机会成本为依据计量生态服务的价值。所谓"额外"成本,是指生态服务的提供方在完成国家法律所规定的基本责任以外,另行投入的、用于满足生态服务需求方更高要求的相关投入。举例而言,一条被污染的河流,上游的污染者首先应当将其治理到符合国家法定标准的范围之内,但如果下游使用者对水质提出了更高的要求,为满足这部分要求而增加的支出即为额外成本。所谓的机会成本,是指为了生态环境保护和污染治理,通常需要在上风、上水的地方限制发展污染较重或明显破坏生态的产业,由此给当地人民带来的经济损失,可以通过一些指标间接测算出来。

2. 市场价值法

即以生态服务的市场价值作为交易的基础。1997 年,国际著名生态经济学家康斯坦扎曾计算出全球生态系统每年所提供的服务最小价值为 33 万亿美元,相当于全球 GNP 的 1.8 倍。因此,理论上讲,可以对有关生态服务的市场价值按一定技术方法进行计量,不过总体而言,生态服务的市场价值计量目前还莫衷一是。

3. 财政能力保障法

由于生态服务的公共性,当地政府通常是生态建设的投入主体,因此用于生态建设的花费以及相应失去的发展机会价值,往往会间接地反映在当地财政收支的变化上。因此,通过保障当地政府的财政能力,也相当于为其所提供的生态服务间接付费。

4. 支付意愿法

指需求方在接受确定的生态服务时所愿意支付的金额,这是最接近竞争性市场的一种定价方法,通常用于个人性的生态服务交易。

三、我国的生态补偿实践

我国历来重视生态补偿问题。早在 2005 年,《国务院关于落实科学发展观加强环境保护的决定》中就提出,"完善生态补偿政策,尽快建立生态补偿机制";我国《水污染防治法》《森林法》《水土保持法》《防沙治沙法》等均对生态补偿提出过要求。目前"生态补偿条例"也正在紧锣密鼓的制定之中。实践层面上,新中国成立以来我国曾陆续实施了一些生态建设与环境治理工程,主要有以下几种。

（一）退耕还林（草）工程

该工程于 1999 年正式开始启动，具体内容是国家按照核定的退耕还林（草）面积，向土地承包经营权人提供粮食补助、种苗造林补助和生活补助。据统计，全国累计实施退耕还林（草）任务 0.28 亿公顷，总计财政投入达 2332 亿元。

（二）天然林资源保护工程

该工程于 1998 年启动。第一期（2000—2010 年）涉及全国 17 个省（区、市）的天然林 7300 立方米，中央财政投入 7840 亿元，地方投入 178 亿元。第二期"天保"已于 2011 年启动。

（三）森林生态效益补偿

该工程从 2001 年开始启动，主要用于公益林的营造、抚育、保护和管理，目前国家财政已累计投入 200 多亿元，全国有 0.7 亿公顷重点生态公益林纳入了补偿范围。

（四）生态财政转移支付

该制度于 2008 年开始实施，主要用于国家主体功能区规划中的限制开发区和禁止开发区。目前，中央财政转移支付金额已从 2008 年的 60 亿元扩大到 2013 年的 660 亿元；补助范围从 2008 年的 230 个县扩大到 2013 年的 466 个县。

除了以上全国性的、主要由中央财政出资的生态补偿工程外，我国还有一些区域性的生态补偿案例。较早的如北京的"稻改旱"工程①，

---

① 20 世纪 60 年代为了保护北京的重要水源地密云水库的水质，由北京市出钱，补贴上游河北相关市县的农民由种植水稻改为种植玉米等节水型作物，取得了很好的效果。

较近的如新安江流域生态补偿协议,涉及浙江、安徽两省,是全国第一起跨省流域生态补偿的破冰之作,另外由地方省财政牵头,在一省之内对上下游之间进行水质监测、生态补偿的做法已经十分普遍。

总体而言,我国生态补偿的实践还是集中在中央政府层面,换言之,主要是由中央政府代表全体人民购买生态服务。基于我国生态环境的实际情况,今后这方面仍然有继续加大投入的必要性和空间,但客观地说,仅仅有中央层面的行动是远远不够的。鉴于当前我国面临的突出的区域性水、气污染问题,因此在存在"环境关系"的区域之间开展生态补偿工作十分重要、更加迫切。这就需要我们放宽眼界,学习借鉴国外的成功做法,在生态补偿中适度引入市场交易机制。

四、生态补偿的国际经验

在国外,基于"生态服务付费"概念的生态补偿模式主要分为以下三种:一是政府购买模式,即政府代表全体人民作为购买方,向生态服务的提供者购买生态服务;二是市场模式,即在生态服务受益方与提供方之间直接进行生态服务的交易;三是生态产品认证计划,即有关组织为生态产品提供认证,消费者通过市场自主选择、自由购买,从而达到为生态服务间接付费的一种方式。从交易的主体来看,既可以在国家与国家之间进行,也可以在一国内部政府与生态服务提供者之间进行,还可以在地区与地区、上游与下游之间进行,其中诸多的机制与要点设计,十分值得我们学习借鉴。

（一）设立双边专业小组——德国易北河流域生态补偿

易北河是欧洲一条著名的河流，上游在捷克，中下游在德国。20世纪80年代，由于两国的发展阶段不一，易北河污染严重，对德国造成严重影响。从1990年起，德国和捷克达成协议，共同采取措施整治易北河。其运作机制中最有亮点的是成立由8个小组组成的双边合作组织，包括行动计划组、监测小组、研究小组、沿海保护小组、灾害小组、水文小组、公众小组和法律政策小组，分别负责相关工作。经费方面，德国拿出900万马克给捷克用于双方交界处的污水处理厂，同时对捷克进行适度补偿，加上研究经费与运作经费，整个项目的经费达到2000万马克（2000）。经过双方共同努力，现在易北河水质已大大改善。

（二）自愿协议——英国北约克摩尔斯农业计划

北约克摩尔斯是英国的一个国家公园，建立于20世纪50年代，以典型的英格兰农村风光而为英国人倍加珍惜。为了长久保护农村风光与生态，1985年英国通过了北约克摩尔斯农业计划（North York Moors Farm Scheme）并于1990年开始实施。该案例有以下几个特点值得重视：一是该区域内83%的土地属于私有，因此进行生态补偿时相当于英国政府向私有土地主购买生态服务；二是此处生态服务的定义比较独特，即增强自然景观和野生动植物价值，其中包括保留英国北部传统的农业耕作方式；三是具有自愿性，即农场主和国家公园主管机关按照自愿参与原则达成协议；四是协议条款具体明确，如农场主必须花至少50%的时间在农场工作、必须采用传统的农业耕作方式等。从实施的情况看，一共达成了108份协议，90%的私有农场主纳入其中；经费从最初的5万英镑增加到2001年的50万英镑；成功地保留了英国传统农业的独特景观。

（三）设立国家基金——哥斯达黎加的森林生态效益补偿

哥斯达黎加地处南美,是世界上生态多样性最复杂的地区之一。为了保护生态,哥斯达黎加从 1979 年起开始实施森林生态效益补偿制度,该制度中最有借鉴意义的是设立国家森林基金,该基金根据《森林法》(1996)成立,专门负责管理和实施森林生态效益补偿制度。基金主要来源于以下几个方面:国家投入,包括化石燃料税收入、森林产业税收入和信托基金项目收入;与私有企业签订协议收取的资金;来自世界银行等国际组织的贷款和赠款以及特定的债券和票据等。操作程序上,先由林地的所有者向基金提交申请,请求将自己的林地加入到该制度之中;基金受理;双方签订合同(共四类:造林合同、森林保护合同、森林管理合同、自筹资金植树合同);基金按约定支付环境服务费用,林地的所有者按约定履行造林、森林保护、森林管理等义务。这项生态补偿制度历时近二十年,取得了极大的成功,在短短的十几年时间里,哥斯达黎加的森林覆盖率提高了 26%。

（四）计量交易——澳大利亚

澳大利亚为了应对新北威尔士地区土地盐渍化的问题,引入了"下游灌溉者为流域上游造林付费"的生态补偿计划。这项计划的参与双方一为新北威尔士的林业部门,一为马奎瑞河食品和纤维协会,前者是生态服务的提供方,职责是植树造林,固定土壤中的盐分,后者是生态服务的需求方,由马奎瑞河下游水域的 600 名灌溉农民组成。双方签订协议,由马奎瑞河食品和纤维协会向新北威尔士林业部门支付费用以用于其上游植树造林。付费的标准是:协会根据在流域上游建设 100 公顷森林的蒸腾水量,向州林务局购买盐分信贷,价格为每公顷 42 美元(后有调整),期限为 10 年。这个案例说明,只要精心设计,某些看不见、摸不着的生态服务的数量和价值是可以按一定方法进行测量的,这就将生态服务交易大大地向前推进了一步。

(五)公司购买——法国毕雷威泰尔矿泉水公司为保持水质付费

法国毕雷威泰尔矿泉水公司是法国最大的天然矿物质水的制造商。20 世纪 80 年代,该公司的水源地受到当地养牛业的污染。为了减少硝酸盐、硝酸钾和杀虫剂的使用,恢复水的天然净化功能,该公司与当地农民签订协议,向流域腹地 40 平方公尺的奶牛场提供补偿,标准为每年每公顷 230 美元,条件是农民必须控制奶牛场的规模,减少杀虫剂的使用,放弃谷物的种植以及改进对牲畜粪便的处理方法等。为此,毕雷威泰尔矿泉水公司向农民支付特别高数额和特别长时间(18 年至 30 年)的补偿,同时提供技术支持和承担购进新的农业设备的相关费用,仅在最初的 7 年,该公司就为这项计划投入了 2450 万美元的费用。

(六)消费者付费——欧洲生态产品认证计划

欧盟于 1992 年实行了生态标签制度,获得生态标签的产品,需保证从设计、生产到销售、处理的每一个环节做到对生态环境的完全无公害,符合欧盟的环保标准。由于绿色产品比普通产品价格高出 20%—30%,也就达到了由消费者付费的目的,这是一种全市场化的生态服务付费机制。

可以看出,由于生态服务的特殊性,实践中需要针对不同情况进行有针对性的精细机制设计,以解决生态服务的计量、监测与交易等若干复杂问题。以此比较我国已有的生态补偿实践,显然还面临着利益者众多而主持者单一、缺乏核心理念、体系不完整、机制不健全,诸多方面大而化之等问题,很不适应我国大力加强生态文明建设的需要。

五、完善我国生态补偿制度

我们认为,结合我国生态补偿制度的实际情况,完善我国生态补偿制度主要应当有两个维度:一是继续加大公共财政投入,以体现生态保护之下的公平;二是调整与资源、生态有关的税收制度、定价制度,尽量反映资源的真实价值;三是在区域生态协作上大力引入生态交易制度,推动建立跨区域、跨流域生态补偿机制,形成综合补偿与分类补偿相结合,转移支付、横向补偿和市场交易互为补充的生态补偿制度。

(一)将财政生态转移支付纳入一般转移支付范畴

财政生态转移支付服务于国家主体区规划,旨在解决限制开发区和禁止开发区政府的基本财力和基本公共服务的提供问题,因此宜于从专项中抽取出来,纳入一般转移支付范畴。

(二)加大财政投入,继续实施重大生态保护项目

多年来,我国财政用于生态建设与保护的资金量占财政支出的比重极低,考虑到当前我国生态环境的严峻现实,公共财政应当加大这方面的投入,在保持流域生态平衡、水源涵养、防风固沙、保持物种多样性

等方面,实施重大生态保护项目,确保全国范围内的生态安全。

(三)开征环境税

环境税的实质是"污染者付费",相当于把环境污染和生态破坏的外部成本,重新"内化"于污染者。从国际经验看,环境税是治理污染、保护生态最常用的经济手段之一。目前,我国开征环境税的社会共识已经形成,有关方案已提交全国人大进入立法程序,有望近期出台。

(四)加快资源税从价的转型和扩围步伐

资源税"从量计征"改为"从价计征"有利于校正扭曲的价格关系,真实地反映资源价值,但目前仅有石油、天然气改革到位,占我国能源消耗总量70%以上的煤炭还没有纳入,宜尽速改革。另外,还要调整资源税的征收范围,适时将水资源等纳入。

(五)尽快理顺各类资源型产品的价格

市场经济条件下,价格是生产者、消费者选择最有力的杠杆。长期以来,我国水、电、气等资源型产品的终端价格明显偏低,财政部门给予了大量补贴,不仅加重了财政负担,更重要的是扭曲了价格信号,导致消费者作出错误行为选择,不利于节约使用资源,需要尽快改革。

(六)区域生态协作交易机制

针对当前我国环境问题多具有跨区域、流域的特点,应当引入生态服务交易的理念,着力加强区域生态协作。一是要严格执行各类环境法规;二是针对特定问题形成双边或多边的协作小组;三是精细化有关生态服务价值的计量、监测与评估机制;四是增强诚信与契约精神,保证协议的履行。

（七）大力推动排污权交易

排污权交易是国际上治理污染、保护环境应用最广、最为成功的措施之一，也是市场化生态补偿的办法之一，我国早已引入，但多停留在局部地区和个别案例上。应实行差别化的排污许可证管理，"优化开发区域要严格限制，重点开发区域要合理控制，限制开发区域要从严控制，禁止开发区域不得发放"。更重要的是科学确定排污总量、污染物性质及扩散模式，以此估算排污权的价值，同时完善排污权交易的市场运行机制。

（八）进行生态产品认证

我国已有对生态产品进行认证的相关制度规定，如 2014 年 4 月 1日起施行新的《有机产品认证管理办法》等。但总体而言，我国的生态产品认证处于初级阶段，民众对其的认知、信任程度有限。应加大宣传力度，树立对于生态产品的正确认知。对生态产品的认证实行严格的监督程序，从产品的生产、包装到销售全程监督。提高生态产品认证的透明度，增强公信力。

总之，要实现我国经济的长期可持续发展，破解"中等收入陷阱"的困扰，就必须找准制约我国经济长期稳定增长的关键因素，对症施药，以求化解。加强生态文明的制度建设，在生态补偿机制中适度引入市场化机制，发挥政府与市场的协作作用，即为其中关键一招。再加上开拓国内市场、促进创新驱动、推进产业转型升级，方有望进入上等收入国家行列，实现中华民族伟大复兴的中国梦。

第三部分

推进政府层级改革

从政府层级改革中探求政府治理模式的彻底转变

本文在对我国五级政府的由来进行回顾的基础上，认为我国政府迫切需要探求适应市场经济要求和生产力发展的新型政府治理模式。核心观点是，政府层级改革不能简单地视为行政区划的重新调整，而必须将其视为在市场经济条件下政府治理行为与模式的重塑。在此基础上，逐步推进我国政府层级改革。

2000 年前后，县乡财政困难的问题引起了各方面广泛的关注。围绕这个主题，产生了大量的分析文章。与此同时，县乡财政困难的问题也引起决策层的高度重视，有关的调整方案正在酝酿之中。与以往不同的是，这一次由县乡财政引出的改革已不完全是财政体制本身的调整和完善，而是涉及更具根本性的行政体制改革。

从改革的目标来看，各界的讨论可分为前后联系的两个阶段，第一阶段可概括为四个字：弱市、撤乡，目的是缩减政府层级，将现行的五级政府调整为"实三虚二"，取消市管县体制，撤销乡政府，使之成为县的派出机构；第二阶段则扩展为六个字：缩省、弱市、撤乡，在缩减政府层级的同时，将现行的 31 个省级行政区增加到 50 个左右，扩大各级政府的行政管理幅度。按民政部的说法,即"缩省并县、省县直辖、创新市制、乡镇自治"十六字诀。这样的改革思路,不仅有助于解决迫在眉睫的县乡财政问题,为完善规范的分税制创造稳定可靠的制度基础,而且适应于我国市场经济飞速发展、要素流动速度加快的趋势,有利于促进经济增长,更有利于转变政府职能,提高行政效率。但是,人们也发现,本轮政府层级改革的复杂性大大超过了以往,"牵一发而动全身",不仅涉及机构、人员、财力这样一些老问题,更牵扯出中央与地方关系、地方自治、基层民主、乡村治理,甚至涉及社会主义制度实行以来对乡村自治力量的颠覆进行反思这样一些更深层次的问题,矛盾之大,问题之突出,远远超出了预期。本文在对我国五级政府的由来进行回顾的基础上,认为当前政府层级改革面临着在农村地区治理缺失和城市地区治理过度的双重矛盾,迫切需要探求适应市场经济要求和生产力发展的新型政府治理模式。

一、五级政府的由来

历史地看,从秦朝到新中国成立以前的 2700 多年间,我国基本上实行的是中央、省、县三级政府体制。三级之中,县是最古老的级次,省次之,而乡作为一级政权,是在新中国成立以后的事。至于市一级,从法律意义上讲,现在也不是一级政权,从现实意义上也不过是 1983 年以后的事。

省作为一级行政建制,始于 13 世纪的元朝,迄今已有 600 年的历史。元朝以前的地方一级行政层次,大都不具有元朝的规模或没有相应的权力。元朝共设 11 个行省,明朝设 2 京 13 省,清朝省建制历有调整,到清灭亡时,全国共设 22 个省,民国政府时期,共设有 35 个省。新中国成立以后到 1954 年以前,我国实行的是大区制,全国共设有东北、华北、西北、华东、中南、西南共 6 大行政区,这时省只是大区下的一级行政建制,但到 1952 年,大区调整为中央的派出机关,省成为事实上的地方最高行政建制。到 1954 年,大区完全撤销了,这时全国共有 26 个省。现在,全国共有 31 个省级行政区(含自治区、直辖市)。

"市"是一个外来词,是指人口在一定规模以上,经济以非农为主的城镇。清政府在 1905 年派员考察西洋政治后,于 1909 年颁布了《城镇乡地方自治章程》,第一次用"市",在法律意义上将城镇区域和农村区域划分开来。清朝、民国及至新中国成立之初,"市"不仅要由中央政府正式认定,而且其辖区均只限于城镇本身的范围(综观各国行政史,城乡分治是国际惯例)。我国市管县体制的形成,最早可溯至 1958 年,当时天津、北京、上海、无锡、常州等一些大中城市为了保证城市的蔬菜副食品供应主动自发地领导起周围的一些县,到 1962 年全国已有 58 个市领导 171 个县,约占全国县建制总数的 1/8。但市管县体制真正成气候还是在 1982 年以后,当时党中央、国务院充分肯定了辽宁省实行市管县体制的经验,认为有利于发挥城市对农村经济的带动作用,值得在全国推广,同年发出《关于改革地区体制,实行市管县的通知》,并批准江苏全省实行市管县体制。在这一契机的推动下,全国各省、自治区都扩大了试点,从而出现了市管县的新高潮。1999 年,有关方面文件进一步明确"市管县(市)"体制并要求加大改革力度,市管县的行政体制得以全面确立。截至 2001 年年底,全国共有地级行政建制 332 个,其中地级市 265 个,占地级行政建制的 80%;地级市领导县的数量占全国总数的 70%,人口占总人口的 80%以上。

县是最古老的行政建制,萌芽于西周,产生于春秋,发展于战国,秦统一六国以后,在全国设了 300 多个建制县,到今天,县已有 2600 多年的历史了。县是由政治、行政、经济等种种因素结合而成的社区,因而在任何国家制度下,都以不可轻易分解的行政实体而发生作用。"不论朝代如何兴替,政府体系如何变化,县级政府始终是最稳定的一个层级"(贾康,2002)。

乡几乎与县一样古老。但在历史长河中,大多数时期乡并不以一级政权的形式存在。从隋朝到民国的漫长时期内,乡只是县管辖下的一个职能机构,由县政府派员管理乡村事务。新中国成立后,出于两个需要,正式设立了乡政府,一是基于对社会主义制度在农村"一大二公"的理解,二是为大规模推进工业化汲取财源,1954 年《宪法》明确规定了乡是国家政权体系的有机组成部分,乡在全国普遍建立起来。至此,中国将政权体系最大限度地延伸到了广大的农村区域,建立了行政力量一元化的乡村治理模式。1958—1979 年,随着农村大规模的集体化的完成,乡村治理行政化达到了极点,"政社合一"的人民公社体制替代了乡政府,乡政府在形式上消失了。1979 年后,随着农村家庭联产承包责任制的广泛推行,人民公社失去了存在的基础,1983 年重新恢复乡政府,并将其法律地位写入了《宪法》。

二、传统行政体制受到市场经济的严重挑战,急需寻求政府治理新模式

分析我国五级政府体制可以发现,它们与当时我国传统的计划经济体制是相适应的。从中央一直到乡,政权向整个社会自上而下地笼

罩下去,影响所及,甚至达到一家一户。这在当时的条件下,确能最大限度地动员全社会的资源支持工业化的起步,数目较少的省级行政区便于中央政府政令畅通,减小协调成本,增加控制力,而直接深入到社会细胞一级的乡政府和街道,进一步增强了中央政府对全社会的控制力。应当说,在新中国成立之初时的国际国内政治、经济背景下,这种高度集中的行政管理体制是适合当时需要的。

改革开放以来,传统行政体制不断受到市场经济大潮的冲击。20多年的市场化改革不仅造就了企业、个人这样的微观经济主体,同时也造就了各级地方政府相对于上级和下级政府的独立主体地位,使之有了自己的独立利益,随着市场化的深入,地方利益日益强化。市管县体制即为明显的例子。1983年后,市管县体制在全国范围内遍地开花,但除了在少数地区能起到"以城市带动农村"的政策初衷以外,大多数地方搞市管县主要是基于自身利益的一种跟风行为。而且市一级为了本级建设需要,利用行政权力截留上级政府下放给县乡一级的资金、指标,竭力向下抽取财源,以至于从"市管县"发展成为"市卡县""市吃县",甚至成为基层财政困难的体制性原因。

此外,市场化的改革还以交换为纽带,形成一个个开放的、动态的、发展的经济区域,如长三角、珠三角、京三角等,极大地冲击着相对静止,甚至僵化的行政区划,并带出了一系列在传统的行政体制中无法解决的问题。如邻近区域内环境治理、交通、水利供应等,一般而言,它们都具有区域规模经济的性质,需要在更大的范围、更高的层面上进行协调,而这不仅超出了某一个地方政府行政权力所及的范围,而且靠调整行政区划也无能为力。

再从乡政府来说,形势的变化甚至使其存在的必要性受到了根本性的动摇。改革开放以来,我国经济发展水平、经济构成都发生了翻天覆地的变化,1978 年,农业的产值为 1018.4 亿元,占当年 GDP 的比重是 28.1%,到 2001 年,这一比重下降为 15.2%,2001 年,农业税仅为当年财政收入的 3.15%,农业、农民在市场经济中处于弱势、需要保护已成广泛共识。党中央、国务院已决定 2003 年在全国范围内取消农林特产税,延续了几千年的农业税也由于存在着严重的身份歧视,不符合现代社会的公平原则而受到越来越多的诟病,其发展方向必将是向实行统一的城乡税制的方向发展。因此,以乡政府为载体征集农业税和其他来自于农业的收入以支持工业和城市居民的初始意图在新的经济条件和新的意识形态下已不复存在。与此同时,广泛存在于乡一级政府的"三乱"行为已使乡成为城乡矛盾、干群矛盾、工农矛盾汇集的焦点,近年来推出的各项改革,如农村税费改革,工商、税务等垂直管理,部分地区"乡财县管"改革措施等无一不是针对于此。因此,我们可以作出这样的判断,一级政府意义上的"乡"作为我国特殊时期的特殊产物,其历史使命已经完成,需要重新思考取消乡政府以后广大农村如何治理的问题。

因此,对当前万众瞩目的政府层级改革问题,不能简单地视为行政区划的重新调整,而必须将其视为在市场经济条件下政府治理行为与模式的重塑,或者说,必须认识到,当前由于各种问题和矛盾引发的重划行政区域的要求,实质上是已经趋于成熟的市场经济体制、已经得到极大解放与发展的生产力对与之相适应的政府治理新模式的一种制度需求与呼唤。各级政府尤其是地方政府必须尽快从对经济的过多干预中退出来,将发展经济的权利还回到企业与个人手中,自身侧重于宏观调控、法律与制度建设、提供市场所需要的公共产品与公共服务等,以降低交易费用、提高效率。

三、当前政府层级改革中农村地区的治理缺失 与城市地区的治理过度同时并存，改革更 显复杂和艰难

如果我们从政府治理的视角出发，就能更清醒地认识当前政府层级改革中所面临着的种种矛盾与问题。以撤销乡政府为例，之所以迟迟不能施行，机构、人员、财力当然是重大的困难之一，但更深层的问题则是担心地方行政力量撤出以后，出现乡村治理真空。在漫长的古代农村，居民以血缘、地缘、族缘为纽带，形成一个个自然聚居的村落和小共同体，不仅内在地稳定着农村秩序，而且往往是村民与政府谈判的代言人，起着连接政府与村民的重要作用。民间力量与政府行政力量一起，相互支持、相互约束、相互制衡，共同维持着乡村社会的稳定。新中国成立后，空前强化、庞大的政府力量甚至深入到了农民家庭，农民失去了土地和几乎所有的生产生活资料，乡村中各类自治力量已不复存在，广袤的农村中，只有以乡政府为代表的行政力量独力苦撑大局。20世纪80年代以后在农村渐次推行了村民自治、直选等，由于种种原因，目前尚处于不成熟的阶段，不能在乡村治理中发挥决定性的作用。因此总体上来讲，农村仍处于自治力量严重不足的境地。因此，当前撤销乡政府所面临的最大顾虑可能是怕出现"乡村治理缺失"。民间治理力量没有培育起来，行政力量遽尔撤出，政府没有足够的渠道获得最基层的信息，不能及时应对处理，有可能小乱酿成大祸。这一点在当前城乡差距进一步加大、干群冲突激烈，有些地方甚至出现了"农民有组织地抗争"的情况下，可能性很大。处理得不好，不仅会影响到农村的发

展和稳定,而且还会严重影响整个中国的现代化进程。

　　但是,同样从政府治理的角度出发,在城市范围进行政府层级改革时,面对的主要问题不再是政府治理的缺失,而可能是政府治理过度。以市管县体制而言,明显是市一级政府利用行政权力对下级政府的干预甚至是财政剥夺,对此,通过行政权力的再配置基本上能比较容易地解决问题。但是,基于经济内在成长所产生的一些协调问题,如某一特定经济区域内的环境问题、交通问题、教育与社会保障问题,等等,就不是通过行政权力的调整和重新配置能解决的。比如,在最早实行省管县体制的浙江省,已经出现了市政设施建设上的分散和重复;已形成明显区域经济带的长江三角洲地区,也出现了交通、环境、水利等方面的扯皮。从行政行为上看,这里既有地方政府基于自身利益、实施地方策略所导致的治理过度,也还有新情况新形势下政府应对迟缓、延误经济发展方面的治理不足问题。

四、科学设计,统筹规划,分步
推进政府层级改革

　　由此,基于中国特定的历史发展过程和极其鲜明的城乡二元经济结构的现实情况,城市地区中行政治理过度与农村地区的行政治理缺失的双重矛盾交织到一起,使当前的政府层级改革更显复杂和艰难。也正是由于这一点,特别是在中国改革已经从外围深入到内核的今天,在进行行政体制改革这样一些具有根本性意义的大手术时,特别需要科学的理论指导和全盘的统筹设计,既要设计出清晰的改革蓝图,更要有稳扎稳打的改革步骤。

　　落实到当前万众瞩目的政府层级改革,可能需要两步走。第一步是改造乡、市两级政府,将乡一级政府变为县的派出机构,人员由县政府聘用、经费由县政府管理,撤并七站八所,按需设置机构,以此维持农村社会的稳定,同时逐渐恢复农会,进一步做实村民自治和乡村民主选举,同时总结某些省乡村地区"十户联保"的有益经验,逐步培育民间自治力量,为乡村自治创造条件。取消市管县体制,恢复地区行政公署,作为省的派出机构,市政府管辖的重点主要放在城区,放在提供市场所需要的公共服务上,逐步实现城乡分治。这样做的好处是在政府职能转换尚未到位的现实情况下,在省与县、县与乡之间嫁接起一个桥梁,一方面保证政令、信息畅通,另一方面可以部分地解决机构和人员的问题,实现旧体制向新体制的平稳过渡。第二步,在取得新的管理经验的基础上,在行政职能转换基本到位的前提下,实施缩省计划,同时积极探讨地方政府间如何进行区域性协调的问题,比如,由中央设立专门的委员会,或者借鉴国际经验组成联合政府的方式等共商解决之道。

　　总之,我们的一个基本认识是,本轮政府层级改革表面上是由基层财政困难和区域经济协调困难所引发,实质上是传统体制下按行政权力配置资源、以行政力量主导经济发展的政府治理方式与市场经济本身所要求的经济自由化之间产生了严重的分歧,上层建筑已不适应经济基础的发展要求。对此,不能只从行政区划的分分合合、行政权力的收收放放中寻求解决之道,缩省、弱市、强县、撤乡的背后是承认经济基础和生产力的第一性地位,承认一切制度的变迁都是对经济、社会生活中业已存在的需求的响应,行政体制必须应经济发展的需要进行调整,政府职能必须应市场经济的要求彻底转换。

新型城镇化进程中的
"省直管县"政策研究

本文认为,推进省直管县改革应当与"撤县设市""县改区"等其他涉及县相关的政策同步进行设计规划,在此基础上,应将省直管县的政策目标重新锚定在"为农村的发展与稳定托底"上面,选择对象应为城市化进程中处于相对弱势、劣势的农业县、贫困县、边远县等,具体的政策手段有完善县级基本财力保障机制、发展现代农业、推进城乡之间要素交换等,以推动农村与城市同时发展,共享经济增长与繁荣。

党的十八届三中全会《中共中央关于全面深化改革若干重大问题的决定》指出,要"优化行政区划设置,有条件的地方探索推进省直接管理县(市)体制改革"。迄今为止,我国省直管县改革已大致经历了前后三轮:第一轮是2002年前后以财政省直管为主题的改革;第二轮是2005年前后以强县扩权为主的改革;第三轮是2010年后行政省直管为主的改革试点。到底如何认识省直管县?如何定位省直管县?如何推进省直管县?本文试对此进行回答。

一、当前省直管县改革面临的窘境

省直管县改革是一个早已启动、迄今为止却仍没有完成的课题。继 2002 年、2005 年两次高潮之后，2010 年再次迎来了新一轮的省直管县改革试点。这一年，中央编办确定了安徽、河北、河南、湖北、江苏、黑龙江、宁夏、云南等 8 个省区 30 个县（市）进行试点，计划用三年左右的时间完成，以为全面深化省直管县改革提供经验。从参与试点的省来看，既有东部发达省份，也有中西部欠发达省份；既有普通省份，也有民族地区省份。从各省选择的试点县来看，既有经济强县，也有经济弱县；既有工业大县，也有农业大县和产粮大县，样本种类比较齐全。从试点内容看，各地推进省直管县主要围绕以下几个方面展开：一是进一步扩大试点县的经济社会管理权限；二是将调整试点县的管理体制，由原来的市管调整为省管，较多省对试点县采取了省内经济社会发展单列的方式；三是适度调整干部管理体制、垂直部门管理体制、司法管理体制、人大政协体制等（张占斌，2013）。从效果上看，此次试点中无论是所取得的成绩还是所反映出来的问题，都没有走出此前两轮改革的窠臼，而是与此前有着极大的相似性。比如成绩方面，试点县主要提高了行政效率、释放了县域发展实力、增强了统筹能力、有效地扶持了区域节点城市、稳定了粮食生产和农业基础，等等。在问题方面，也仍然是此前试点中一再反映出来的市县关系问题、省管理能力不足的问题、通过放权仍然不能促进当地经济社会良好发展的问题、县级政府履职能力素质不足的问题、垂直部门与当地发展所需脱节的问题、干部制度问题，等等。以此而论，这轮试点仍然没有达到效果、没有形成改革共识。事实上,现在各方面对于省直管县的认识不是越来越清楚,而是越来越模糊;实践层面的省直管县改革的问题不是越来越少,而是越来越多;对于下一步省直管县如何进行,更是仁者见仁,智者见智。具体可概括为以下三个"不清楚"。

(一)省直管县的政策目标不清楚

从政策目标上看,2002年实施省直管县,主要目标是解决基层财政困难。2005年前后各地大力推行省直管县,主要目标是"强县扩权"(东部地区)或"扩权强县"(中西部地区)。2010年全国范围内的省直管县试点,主要想为全面实施行政省直管县积累经验。表面上看,每一次的政策目标都是清楚的,但连贯起来看,就会发现三轮省直管县的政策目标之间缺乏连续性,且每一轮的试点都未能"善终",而是不了了之。如财政部曾于2009发布《关于推进省直接管理县财政改革的意见》,要求在2012年年底,全面实施财政直管县(民族县除外),结果不了了之。2005年前后,各地争相对强县进行扩权或者用扩权来强县,但最终是强县扩权有限,扩权也很难说就强了县,结果不了了之。2010年中编办推动的全国试点,拟拿出一套全面实施行政省直管县的方案,现在看来要达到这个目标也很难。换个角度,从各地的层面上看,省直管县在很大程度上成了万能药方,今天要应对基层财政困难,过两天要加快县域发展,再过些时候要保证农业大县、产粮大县不掉队,现在则是要推进新型城镇化,建设中小城镇等。总之,只要涉及纵向行政体制调整的问题,都试图用省直管县达到"一招鲜"的奇效。

(二)省直管县的改革方式不清楚

通过各地、各阶段的试点,各方面逐渐认识到,由于我国地域广大、各地情况千差万别,省直管县不能采用"一刀切""齐步走"的方式,应当"分类推进省直管县改革"。这一说法获得了广泛的赞同。但是,一旦落实到具体的操作层面,这里的"类"到底是指什么?如何分"类"?不同的"类"如何进行?现在看来仍然是大而化之,很不清楚。如有人认为"类"是地域概念,即分东、中、西部,在经济发达的东部地区,省直管县可先行一步,在经济相对不太发达的中、西部地区,省直管县可缓行一步。但是,一旦回到"真实世界",就会发现这种建议在实践层面基本上没有价值,因为东部也有欠发达县,西部也有经济强县。还有一种"类"是按经济发展水平划分,其衡量指标主要是 GDP 总值与地方财政收入,以此划分,经济强县可率先进入省直管行列,或者通过赋予一些县相应的经济社会管理权限,将其培育成未来的强县。但实践中也可以看到,2009 年以后,一些经济相对落后的产粮大县、民族地区的落后县、贫困县也陆续进入了省直管县的名单。如果用"乱花渐欲迷人眼"来形容当前的省直管县改革,是一点也不为过的。

(三)省直管县的政策出口不清楚

省直管县这一命题提出之初,各方面广为认同其实质是要重视农村的发展,特别是考虑到我国有 70% 的人口生活在县所辖的范围内,重视县的稳定、重视农村地区的发展就显得尤为重要。这一认识在有限的时间界限内,无疑是正确的,也是对早期工业剥夺工业、农村支援城市战略在一定程度上走偏的一种校正。但是,在基层财政困难问题得到初步缓解后,很多地方在选择省直管县的试点对象时,大多考虑的不是如何稳定农村而是如何加快城市的发展,突出表现为强县扩权和扩权强县以及第三轮试点中一些省份集中力量培育未来的中等城镇。更重要的是,相当部分早已经事实上成为城市的经济强县、大县仍然滞留在省直管县的队列之中，与那些经济落后、财政匮乏的农业大县、民族县、边远县、贫困县争夺"省直管县"的帽子。这一现象所反映的实质是，对省直管县政策施行到一定阶段后，"已经发展起来的县应当往何处去"这一政策"出口"不清楚。

由于以上三个"不清楚"，尽管中央对于省直管县的方向一直十分首肯，多次在党和政府的文件中指出要深化省直管县改革，但在实践层面上始终困难重重、疑虑重重，难以推进。

二、城市化已成为当代行政区划与行政层级的最大影响因素

我认为，之所以出现以上三个不清楚，在相当大的程度上就"省直管县"论"省直管县"，没有将其与更加广阔、更加深远的两大背景因素相联系：一是我国行政层级与行政区划改革；二是我国工业化、城市化进程，进而导致"省直管县"政策本身负荷过重、独立难撑。

省直管县是行政层级改革的一个组成部分。表面上看，行政层级与行政区划是一个地域概念。但究其实质，行政区划与行政层级是国家权力结构的空间投射。行政层级多还是少、行政区划是大还是小，取决于国家治理是否有效，取决于当时的政治、经济、军事、民族、外交等多方面的需要并现实地受制于当时交通、通信等技术手段。在我国漫长的古代时期，影响行政层级与行政区划的主要原因有两个：一是自然地理因素，即根据大江大河、崇山峻岭等形成的自然边界，这就是区划问题上的所谓"山川形便"原则；二是政治需要，即越过自然地理边界的束缚，有意混杂民族、风俗甚至地理，形成你中有我、我中有你，相互

制约、相互牵制的格局。这就是区划问题上的所谓"犬牙相入"原则。此外,根据不同时期的不同需要,军事原因、民族自治、外交便捷等都可能对局部的行政区划产生影响。但总体而言,在传统中国,行政层级与行政区划问题更多是从中央政府有效统治的角度所作出的、自上而下的政治安排,起决定作用的是政治因素而非经济因素。计划经济时期,由于我国总体上实行赶超战略,需要最大限度地调动和集中全社会资源,为此建立了从中央到省、市、县、乡的五级政府,实施纵向上的层层控制(从下管两级到下管一级)。可以说直到这个时候,政治因素在我国行政层级和行政区划上始终发挥着最为重要的决定性作用。

改革开放以后,中国经济社会发生了巨大的变化。随着地方政府、企业、家庭、个人经济主体地位和积极性被激活,中国社会纵向控制、横向流动严格缓慢的特征逐渐被打破,社会扁平化特征加强,社会流动性极大增加。特别是随着工业化过程加速,大量人口从农村迁移到城市、从西部到中部,昔日以耕读传家的中国社会正缓慢地由"乡村中国"变成"城市中国"。1978 年,我国城镇人口为 17245 万人,农村人口总数为 79014 万人,城市化率仅为 10% 左右。到 2011 年,我国城镇人口总数为 69078.63 万人,农村人口总数为 65656.37 万人,城市化率提高到 51%,在城镇居住的人口总数首次超过在农村居住的人口总数。到 2013 年,我国居住在城市的人口总数已达 7 亿人左右,城市化率提高到 53.72%。也就是说,从 1997 年起到 2013 年,我国每年大约有 1000 万—2000 万人从农村迁移到城市。遍观历史,数亿人从农村到城市,称得上是"数千年来中国从未有过之大变局",这一巨大流动所带来的冲击,正深刻地改变着中国社会的面貌。当前在行政层级与行政区划方面呈现出来的种种问题,无不与此相关,省直管县作为我国行政层级改革的一个组成部分,自然也与此紧密相连。

三、行政区划改革滞后是造成省直管县
政策负荷过重的主要成因

随着工业化、城市化进程的展开,巨量非农人口和非农产业不断集聚,对城市、农村都产生了巨大的影响。一方面,大城市走向特大、中小城市走向了更大;另一方面,农村走向了城市,具体表现为原行政建制下属于农村政区的县甚至乡镇,因为非农人口和非农产业的集聚,成为事实上的城市,这样的事例不胜枚举。但与此同时,我国行政层级和行政区划却没能同步顺应这一历史潮流的变化,大量已经发展起来的、事实上成为城市的县没能进入城市政区的行列,仍然被束缚在以县为名的农村政区之中。

1978年改革开放之初,我国地区一级的行政区有310个,县级行政区2653个,乡镇级行政区6198个。两年后即1980年,乡镇行政区就达到54183个,增加了8.7倍,同期,县级行政区划仅增加122个,为2775个,而地区级行政区划仅增加了8个,为318个。到1984年,乡镇行政区划数达到历史顶点106439个,其中虽然有各地跟风而上的嫌疑,但也确能反映农村人口先行向城镇汇集的趋势。同期,县级行政区划数小幅增加,达到2814个,地区级行政区划增加到322个。此后,区划改革方面的热点开始转向"撤县改市",1986年,全国共有县级市150个,1991年增加到289个,1993年增加到371个,1996年增加到445个,达到历史高点。1997年,国家紧急叫停撤县改市政策,此后基本停止。①

---

① 1998—2012年,民政部只批复了云南省蒙自、文山两个县撤县改市和江西省德安县部分区域设立共青团市的申请。2013年1月,民政部批准吉林省扶余县、云南省弥勒县两县改为县级市。2014年12月,国家发展改革委、住建部等11个部委印发《国家新型城镇化综合试点方案》,批准62个县、2个镇进行改市、设市试点,停滞多年的县改市政策才有所松动。

有必要专门讨论和回顾一下撤县改市政策的前前后后。改革开放以后,东南沿海地方的一些县城率先发展起来,无论是非农人口的比重,还是经济总产值都很快达到了 1983 年国家出台的撤县改市标准,也正是在这些地方,首先掀起了县改市的浪潮。客观地说,在这些地方进行撤县改市在相当大的程度上是顺时应势之举,而且确实促进了当地经济的迅猛发展,也得到国家层面的首肯。1993 年,民政部修订颁布了新的撤县改市标准,这可以视为对基层首创行为的一种正面肯定。随后,广大内陆省份跟风而上,纷纷启动撤县改市的进程,有条件的要上,没有条件的创造条件也要上,以至于出现了一些农村人口仍然占绝大多数的县虚假申报和"假性城镇化"现象,加之已获得批准的县大规模地进行城市基础设施建设,占用了大量耕地良田,威胁到我国粮食安全。1997 年,民政部全面叫停了撤县改市。

但人口流动、城市扩张的趋势并没有因为一纸公文而停止。撤县改市政策停止以后,这种由人口增长、经济发展驱动的行政区划改革欲望转而冲向"县改区"。从数字上可以看出,1997 年,我国还仅有 727 个市辖区,但五年后即 2002 年就增加了 100 多个,达到 830 个,到 2005 年后,基本稳定在 850 个左右。2012 年后又呈快速增加态势,2013 年达到 872 个。

驱动县改区的成因当然是多方面的。但是,已有的研究清楚表明,在这场"县改区"的浩荡大潮中,市由于担心实施省直管县进而失去对县的控制,影响未来的发展空间,因而在省直管县之前抢先改区,是诸多县被改区的主要动因之一。但由于有省直管县这一政策通道,一些本应成为市辖区的县竭力回避,采取各种或明或暗的抑制措施,进一步延滞了合理的区划改变,加大了省直管县功能与定位的扭曲程度。

总之,在现行的行政体制下,农村政区与城市政区之间的转换极不顺畅,撤县设市基本停滞、县改区也绝非易事。由于只有省直管县是唯一被许可、鼓励和开放的政策通道,因此所有与基层政区有关的改革都被自觉或不自觉地置于省直管县之下,所有与县级发展稳定相关的问题都被置于省直管县之下……以至于直到今天这样省直管县"说不清、道不明"的境地,陷入极大的尴尬之中。

四、锚定省直管县的托底功能,配套推进行政层级与行政区划改革

笔者认为,省直管县改革的实质是城镇化进程中县(或者说农村型政区)的出路问题。依情况与条件不同,县至少有三种出路:一是撤县设市;二是变成市辖区;三是继续保持县本身。一旦看清这一事实,就可以清楚地找到省直管县政策的主要应用对象,找到"分类推进省直管县"中那个至关重要的"类"。由此,省直管县改革推进的方式、出路等困惑各方的问题都将迎刃而解。

(一)省直管县改革就是要为农村发展稳定托底

综合城市化进程以县为主的农村政区的改革,我认为,省直管县的政策目标应当锚定为农村的发展稳定托底。市场经济、城市化是把双刃剑,在获得经济效率的同时,势必同时会造就一些相对弱势的地区、产业和人群。相对于城市,农村无疑是弱势的,政府要为农村发展托底,要防止城市化这个火车在轰隆向前时仅瞩意城市而将农村落下。这当然是一篇大文章,但在行政改革层面,就表现为省直管县。具体而言,一是通过财政转移支付制度,保证农业县在运转、民生、基本公共服

务等方面的需要,而这正是财政部门早已施行的县级基本财力保障机制。未来,还应进一步在保障内容、标准上下功夫。二是发展现代农业、规模农业,要通过健全体制机制,将城市的工商业资本、人力资本等,通过市场机制合理、有序地引导到农村和农业之中,推动农业经营向现代化、规模化方向发展。三是深化农村土地制度改革,建立城乡之间要素平等交换、自由流动的机制,共享增长与繁荣。总之,保护农村、稳定农村并不意味要将其与城市隔绝开来,而是一方面拥抱市场和城市,另一方面由政府出面,为其中可能蕴藏的风险托住底,保证城市与农村共享增长与繁荣。

一旦政策目标确定,"省直管县的出路"这一命题本身已经不成立了。不过,按照新型城镇化的规划,在广大的中西部欠发达地区,确有一些县要通过主动作为,将其培育为未来城镇体系一个节点,因此需要通过省直管县这种方式导入资源、导入机会。对于这些县,即使实行省直管,也只是一个方式和阶段问题,当其城市规模、非农产业、非农人口达到一定的程度,已具备城市的内核时,就应当及时撤县改市或并入更大的区块发展。这一逻辑同样适用于在较长时期仍然以农业为主的县,长远而言,只有具备条件,就应当获得顺利转向城市政区的机会。

(二)修订设市标准,尽快重启撤县改市政策

城镇化的过程同时也是部分农村转化为城市的过程。基于我国城市化的现实情况,应当尽快重启县改市政策,一方面为省直管县政策减负,另一方面对接新的政策出口。我们注意到,民政部冰冻多年撤县改市政策的背后,是对各地竞相争取行政级别、权力、机构、编制等上位的热烈诉求的畏惧与无力阻挡。因此,一旦要重新启动县改市政策,首先要解决的就是设市标准问题。对此,我认为需要掌握以下几个要点,第

一,不宜再像1993年那样制订出基于 GDP、财政收入等量化指标,原因很简单,因为一旦定指标,就免不了下面"做指标",面对诸多完全符合定量指标、但实质上有水价的改市要求,民政部怎么选择都不会令各方满意。第二,要适度弱化行政级别与权力大小之间过于紧密的关联。从过往的经验上看,通过升格为市获得更高的行政级别、更大的权力、更多的资金支持是一些本来不具备设市条件的县采取种种措施创造条件升格的主要动因。这一条不改,重启县改市政策,仍然将面临极大的不确定性。第三,操作上可先对东部众多已经事实上城市化的县或镇,进行设市确认。对于广大的中西部而言,一方面要追认部分已经发展起来的县设市;另一方面则通过预先设市、提前设市来主动培育一批节点城市,以优化我国城市体系,推动新型城镇化的健康发展。

(三)测试市县联系度,合理推进县改区

基于区域经济健康发展的考量,对一些在地理位置上邻近中心城市,与其经济、社会等关联度极强的县,其发展方向就不是设市而应当是改区。市场经济是自动扩展的经济,能自动地将周围的要素、空间等内卷到某种自发的秩序之中,进而获得区域协同、规模发展的巨大效应,这在长三角、珠三角已经看得十分清楚。对此,只能顺应,不能违背,绝不能因一县之私、一人之私,将这些应当同周遭城市协同发展的县也变成市。原因很简单,在我国现行体制下,多一个市,就多一道行政藩篱,就多一道阻隔要素流动的无形之墙。这对于与临近中心城市已事实上融为一体的县而言,有百害而无一利。具体操作上,可通过一系列指标,测试县与邻近市的经济联系强弱程度判别:凡是那些与中心城市空间距离较近、产业联系度高、资金人员信息往来频密的县,其行

政建制上的取向都是改区,以维护市场经济内在联系,促进区域经济一体化的逐渐生成。

(四)市县关系:从"市辖县""市管县"到市县分治和跨区域协作

必须说明,省直管县改革触动的是市县关系,而不是市本身的存废。正如本文一再想阐明的那样,城市化进程意味着越来越多的城市政区的出现,意味着一些原来是农村的县将变成市。除了那些可改成区的县将融入市、成为市的一部分以外,那些撤县设市的县、那些未来仍然是县的县,与市之间应当是平行关系而非所辖关系。市县各自在特定的区域内实施行政管理,相互之间的往来与交换主要基于市场原则,将来也会根据具体需要发展出某种跨行政区的合作关系等。总之,市县之间的关系是分治、平等、共存而非替代与包含。进一步地,在更多的农村政区演变成为城市政区之后,逻辑上的确会引出省如何管理众多市县的难题。这是一篇大文章,既涉及省级行政区改革也涉及政府与市场的边界划分、政府职能转变、政府间事权清单以及政府管理创新等多方面的问题。可以想象这是一个复杂、漫长的过程。但正是这样一个问题引出另一个问题、解决一个旧问题又迎来一个新问题,才可能在不伤筋动骨的情况下促使结构性变革缓慢地发生。而这正是我国渐进式改革的内在逻辑。关键在于改革方向的稳定明确、改革节奏的把握以及永远向前的改革态度。

总之,我认为,省直管县问题的实质是城市化进程中县的出路问题,是城市化进程中我国城乡转化、城乡一体化中的一个问题。就"省直管县"论"省直管县"是没有出路的,必须将其与更深刻的背景相联系(城市化),必须将其与更大的系统对接(行政区划改革),必须与"撤县设市""县改区"等配套推进,才能看清楚当前关于省直管县问题的出处和解决问题的出路,才能在纷繁复杂的各方诉求中坚持省直管县的政策初衷与方向,稳步推动省直管县改革向纵深推进。

中国城市化进程中的
中小城市行政区划改革研究

纵观国内外,城市化的基本含义都是农村人口向城市的大量转移。我国要适应这一不可逆转的历史进程,除了着力破除城乡二元的制度体系之外,还需要加快行政建制意义上的中小城市建设。以吸纳更多的农村转移人口,分担现已十分突出的大城市人口压力,形成合理的城市体系。根据本文的计算,到 2050 年,我国城市化率将达到 80% 左右,为此共需要 50 万人以下的中小城市达 1050 座之多,而这样规模的城市在我国仅有 383 座。为此,需要认真理清城市化进程中我国县、镇两级的发展思路,通过撤县改市、县改区、设立镇级市以及调整省直管县政策等,促进符合条件的农村政区适时地、顺利地向城市政区转换,以提高我国城市化的质量。

诺贝尔经济学奖得主、著名经济学家斯蒂格利茨预言,美国的新技术革命和中国的城市化,是 21 世纪影响人类进程的两件大事。我国城镇化进程开始于 20 世纪 80 年代,迄今已有三十多年。在这三十多年的时间里,我国城市化率从 1978 年的 10% 上升到 2014 年的 54.77%,相应地,城市常住人口从 1.7 亿人增长到 7.5 亿人。对比发达国家城市化进程的基本经验,我们目前仅处于城市化的中期,未来还有20%左右的增加空间。城市化以及与之伴随的工业化,已极大地改变了中国面貌和广大中国人民的生产、生活方式。但是,在人口大量向城市转移的同时,由于种种原因,我国行政建制意义上的城市化并没有同步展开,相反还十分滞后。从某种意义上讲,这是造成人口大量向特大城市、大城市过度集中,形成农村转移人口市民化的巨额"欠账"、中小城镇社会管理与公共服务跟不上人口聚集需要的重要原因。

一、我国现行城镇体系不适应
新型城镇化的发展需要

改革开放三十多年以来,中国经历了工业化和城市化的历史洗礼,经济社会面貌发生了深刻且不可逆转的变化。其中之一就是"乡村中国"向"城市中国"的转化。1978年,我国城镇人口为17245万人,农村人口总数为79014万人,城市化率仅为10%左右。改革开放后,农村人口开始了大量向城市转移。到2011年,我国城镇人口总数为69078.63万人,农村人口总数为65656.37万人,城市化率达到51%。首次超出了农村人口总数。到2014年,我国居住在城市的人口总数已达7.5亿人左右,城市化率提高到54.77%。整体而言,我国现在正处于城市化的中期。

从改革开放以来,随着人口大量向城市转移,我国各个层次的城市都有不同程度的扩展,城市总数从1978年的193座增加到2010年的658座,增长了3.4倍。其中,1000万人以上的特大城市增加到

6 座,500 万—1000 万的城市从 2 座增加到 10 座,300 万—500 万人的城市从 2 座增加到 21 座,100 万—300 万人的城市从 25 座增加到 103 座,50 万—100 万人的城市从 35 座增加到 138 座,50 万人以下的城市从 129 座增加到 380 座,而建制镇则从 2173 个增加到 19410 个(见表 3-1)。

表 3-1　1978—2010 年我国城市数量和规模变化情况 (单位:座,个)

类别 \ 年份	1978	2010
1000 万以上人口城市	0	6
500 万—1000 万人口城市	2	10
300 万—500 万人口城市	2	21
100 万—300 万人口城市	25	103
50 万—100 万人口城市	35	138
50 万以下人口城市	129	380
城市总数	193	658
建制镇	2173	19410

注:2010 年数据根据第六次人口普查数据整理。
数据来源:中共中央、国务院印发的《国家新型城镇化规划(2014—2020)》。

但是,改革开放以来,我国以建制计算的城市数并没有同步增长。以地级市为例,1996 年城市化启动之时,有 218 个,到 2010 年增加到 282 个,此后基本上就很少增加,多年稳定在 283 个。在县级市层面,县改市在经历了 20 世纪八九十年代初的野蛮生长后,于 1996 年被紧急叫停,此后一直严格控制,到 2010 年,我国县级市共 376 个,此后一直没有增加(见表 3-1)。在镇这一级,一些东南沿海的镇早已聚集在数十万的非农人口和非农产业,但在行政建制上仍然是“镇”,严重影响了本地的公共服务与社会管理,造成了许多问题。

总之,在我国城市化进程中,人口快速向东部、向各大城市流动,这本是工业化、城市化的题中应有之义。但由于城镇建制改革滞后,城镇体系失衡,带来了严重的社会问题。一方面,人口过多过快向大城市聚集,很多大城市现在已得了严重的城市病,空气污染严重、交通极其拥堵、各类公共服务设施不堪重负,城市生活质量下降;另一方面,在人口大量流出的农村,基础设施破败、人口空心化、乡村一片凋敝。这些问题的发生,固然有城乡规划、产业布局、公共服务不均等多方面的问题,但相关行政体制改革滞后、农村政区向城市政区转化不畅、可容纳大量农村转移人口的广大中小城市数量不足是其中不容忽视的制度性成因。

二、对 2015—2050 年我国城市化率
和中小城市数量的预测

学界公认,2015—2050 年是中国城市化继续发展的时期。根据我们的研究,在城市化率与中小城市之间,存在着正向相关、相互适应的关系。那么,从 2015 年到 2050 年,我国城市化率将达到什么水平?为此需要建成多少中小城市来容纳从农村转移到城市的人口?本部分试对此进行数量预测。

(一)2015—2050 年我国城市化率预测

联合国人口司每两年发布一次世界各国人口发展趋势与城乡构成的分析报告。根据这项研究,到 2020 年前后,按中位数计算,中国的城市化率在 60% 左右,到 2049 年,接近 80%。可以看出,从现在起到

2049 年,我国总体上是一个城市人口增长而农村人口相应减少的过程。到 2050 年,超过 10 亿人将居住在城市。

(二)2015—2050 年我国中小城市的数量预测

2014 年 11 月 20 日,国务院印发了《关于调整城市规模划分标准的通知》,调整了原有城市规模划分标准,明确了新的标准。新的城市规模划分标准以城区常住人口为统计口径,将城市划分为五类七档:城区常住人口 50 万以下的城市为小城市,其中 20 万以上 50 万以下的城市为 I 型小城市,20 万以下的城市为 II 型小城市;城区常住人口 50 万以上 100 万以下的城市为中等城市;城区常住人口 100 万以上 500 万以下的城市为大城市,其中 300 万以上 500 万以下的城市为 I 型大城市,100 万以上 300 万以下的城市为 II 型大城市;城区常住人口 500 万以上 1000 万以下的城市为特大城市;城区常住人口 1000 万以上的城市为超大城市。以此为标准,根据联合国人口司发布的《世界人口变化趋势》中对中国总人口的预测(中位数),以及该机构对中国城市化速率的预测,我们对 2015—2050 年我国需要多少能容纳 50 万以下人口的小城市进行测算。

假设 1:当前我国新型城镇化持续推进,国内外总体环境保持不变。

假设 2:至少有 50% 的中国人口生活在 50 万以下的小城镇。

计算公式:50 万以下小城市数=城市人口数×50%/50

计算结果见表 3-2。

表 3-2 2015—2050 年我国城市化率、城市人口、50 万以下小城市数量预测

（单位：千人）

年份	人口总数（1）	城市人口（2）	居住在小城镇的人口（按 50% 计划）（3）	需要的小城市数（按 50 万人的国家标准计算）（4）	阶段性目标（5）
2015	1401587	779479	389739.5	779	380
2020	1432868	874427	437213.5	874	480
2025	1448984	947540	473370	947	—
2030	1453297	998925	499462.5	999	680
2035	1448589	1030048	515024	1030	—
2040	1435499	1044395	522197.5	1044	—
2045	1414089	1050838	525419	1051	—
2050	1384977	1049948	524974	1050	980

资料来源：(3)、(4)人口总数预测（基于中位预测）、城市人口数据均来源于联合国网站，http://esa.un.org/unpd/wup/CD-ROM/。(1)、(5)两项根据有关数据计算得到。2049 年数用 2050 年预测数代替。

简言之，按联合国对中国的人口趋势与城市化率的相关测算数据，按 50% 的城市人口居住在 50 万人以下的小城市的标准进行测算，到 2015 年，我国需要 779 座这样的小城市，到 2020 年，我国需要 874 座这样的小城市，以此类推，2030 年需要 999 座，2050 年需要 1050 座。

比照现实，在 2010 年我国 50 万以下人口的小城市仅有 380 座，这几年也仅有微量增加，因此其中的差距可谓巨大。研究表明，我国 20 万人口以下的小城市和小城镇，集聚了全部城镇人口的 51%，其中县级单元聚集了 54.3%。换言之，要实现巨量农村转移人口市民化、就近城镇化的艰巨任务，就必须首先解决中小城市的建设与行政建制问题。

三、适应新型城镇化发展需要，加快中小城镇行政区划改革

根据我们的研究在我国城市化进程中，目前最突出的问题之一就是数量众多的县，如何在农村人口向城市转移的背景下，提供适当的公共服务与就业机会，吸纳农村转移人口，分担大城市人口压力、形成合理的城镇体系的问题。换言之，原来农村政区、改造农村管理职能的县如何转化为城市政区、提供适当的城市管理与公共服务。历史地看，县从农村到城市的转化如此之难，主要源于对城乡关系存在某种固化、教条的理解。各方均认识到，新中国成立以来就执行的先城后乡、先工后农的战略已经给中国社会，尤其是中国农村带来了严重的破坏性影响，以城带乡、工业反哺农业成为共识。这也体现在近年来党中央多次以一号文件的方式表达对于农村问题的高度重视。但是，落实到具体层面，如何发展农村、如何发展农业却众说纷纭。概括而言，可能主要有两种认识：一种是将在土地、就业、社会保障等相关问题得不到解决的情况下，为防止中国社会出现大的动荡，先将农村保护起来。说直接点，就是将其与城市化隔绝开来，具体体现在现行农村土地制度以及关于城市资本、人口"下乡"的一系列限制性规定上，可以说这是目前在政策层面占主流的认识。另一种是在城市化进程中实现农村的同步发展，即主张城市与农村的双向流动，城乡之间的土地、人员、资本应按市场规律流动，政府主要承担教育、就业支持、住房、社会保障等方面的"托底"责任。这两种认识中，后者在理论上占上风，前者在政策实践上占上风。具体到城市化进程中以县为代表的农村政区的问题上，就

表现为就县论县、就农村论农村，而没有将其放到城市化这一大的历史进程中，正视城市化的进程在某种意义上就是以县为代表的农村政区向城市政区有序转化的过程。

我们认为，适应城镇化、吸纳巨量农村转移人口逐渐市民化的关键，在于在特大城市、大城市与数量众多的县、镇之间，要有一大批将二者连接起来的中小城市，以真正形成大、中、小相结合，功能互补的城镇体系。结合当前中国的具体情况，应在"十三五"期间，顺应城市化发展的需要，将改革重点集中到县、镇为主的政区改革上，推动一大批符合条件的县由农村政区向城市政区转化。另外，将东南沿海地区已经发展起来的少数经济大镇、强镇通过设立镇级市的方式，赋予其与城市经济社会管理权限，以发挥县、镇有吸纳人口、就地城镇化方面的巨大作用。

（一）立即重启"撤县设市"改革

近二十年来，一大批县、镇早已发展起来，早已成为事实上的城市，但政策层面的严防死守导致了这些地区仍然处于农村的建制之中，带来了一系列问题。应当适应农村人口大量进城、二三产业快速发展的现实，尽快重启"撤县设市"工作。

现行设市标准是 1993 年制定的，早已过时，而且事实上也已多年搁置不用。当前，要重新启动撤县设市工作，就必须重新修订设市标准。综合国外城市设置标准与我国的实际情况，可从经济、人口、社会发展、市政设施、区位等几个方面确定量化标准，作为设市的基础条件。同时针对我国中西部城市化水平较低的现实情况，为主动推动这些地方城市化的发展，可在综合区域经济、社会发展、人口聚集等多方面因素的基础上，适当放宽条件，以主动"设市"、预先"设市"来培育一批节点城市,以优化我国城市体系,推动新型城镇化的健康发展。

必须指出,定量标准只是设市的一个基础性条件或者说门槛条件。对于已具备这些条件的县,能否真正撤县设市,还要结合中小城镇体系与空间布局的整体情况来考虑。对此,需要由国家发展改革委、民政部等单位牵头成立"国家城镇化与行政区划改革委员会",综合各方面的情况统筹考虑。另外,我们还注意到,民政部冰冻多年撤县设市政策的背后,是对各地竞相争取行政级别、权力、机构、编制等上位的热烈诉求的畏惧与无力阻挡。因此,一旦要重新启动撤县设市政策,就必须要做到两个弱化:一是弱化量化指标在能否设市上的决定性作用,一方面,要有一些指标条件作为必要条件,但另一方面又不能将这些指标作为唯一条件,而应综合区域经济社会,要通过简政放权、取消或下放行政审批权限等,二是弱化城市的行政等级与权力大小、机构设置、人员编制、干部职别等方面过于强烈的关联,推动撤县设市工作更多按经济规律运行。

(二)扩大"镇级市"试点

改革开放以来形成了一大批巨型镇、特强镇、特大镇。当前,我国共有各类建制镇17000多个,其中人口超过10万人的多达56个,个别镇的人口甚至超过了60万人。一般而言,学术界把人口规模、经济实力已经达到或超过既设标准(有的规模甚至达到中等城市),却依然执行乡镇管理体制的小城镇称为特大镇。其主要特征为:一是人口规模大。按全国第六次人口普查的数据,全国镇区总人口达到20万—50万的有9个,镇区总人口在10万—20万的有142个,其中人口最多的是河北三河市燕郊镇,镇域总人口达80万人。二是经济实力强。2014年,中国社科院课题组曾以地区生产总值、人均地区生产总值、地方财政收入三个指标进行综合比较,计算出建制镇的综合得分,给出全国百强镇的排名。结果表明,这些百强镇的经济实力远超全国县的平均水平,甚至其中一些还超过了地级市的经济实力。三是主要分布在东南沿海地区。调查表明,在前十大人口乡镇里,仅广东的东莞就占了6个,虎门镇更是被誉为"中国第一镇"。简言之,经过多年发展,这些镇均已进入了工业化后期,无论是非农人口还是产业规模,以至于财政收入早已达到甚至超过了一些地级市的水平,是名副其实的经济"巨型镇"。

但是,对于这些特大镇而言,尽管人口众多,非农产业占据绝对优势,但在其行政体制上,仍然属于农村,镇政府无论是从人员编制、机构设置,都是按农村政区的规制进行设置,与其实际的城市化水平严重不相符合。以广东狮山镇为例,2013年其GDP约为803亿元,比广东的潮州(798亿元)、河源(720亿元)、汕尾(710亿元)和云浮(623亿元)四个地级市各自的生产总值都要高,可谓"富可敌市"。但受现行行政体制的束缚,这些巨型镇、特大镇、特强镇仍然必须保持农村镇的机构设置、人员编制和管理权限,"小马拉大车","责大权小","看得见却管不着",管理责任与行政权力之间严重脱节,严重阻碍了城乡一体化的发展。对此必须予以改革。

根据我国现阶段发展现状,应积极考虑将人口、经济、财政、税收以及城市建设达到一定规模和标准的"镇"改设为市,这是新时期实现农村转移人口就地城镇化的重要途径,有助于实现城乡均衡发展,推动城乡一体化进程。同样地,设立镇级市也应有相应的定量指标,可综合考虑经济、人口、社会发展、市场设施、区位等因素。同时要注意,设立"镇级市"的本质在于以现代化小城市标准进行规划、建设和管理,核心在于"放权"。因此,同撤县设市一样,镇改市的试点与推进,同样需要弱化其与行政级别之间的关联度。当前及今后一个时期,应当按城市建设和管理要求,重点将东部地区已经发展起来的镇改为市,以为其脱下行政体制束缚的外衣,率先促进这些地区的城乡一体化发展。在广大的中西部,则要根据区位与人口集聚情况,视需要适度培育一批镇级市,以共同推动城乡一体化和区域经济的协调发展①。

(三)科学有序推进"县改区",重新定位省直管县

在积极推进撤县设市、扩大镇级市的同时,必须看到,在我国新型城镇化的发展过程中,并不是所有的县都要成为独立的市,也不是所有的农村县都要变成城市县。基于我国的特定国情,农村、农业县(镇)仍然将长期存在,而且是美丽中国的一个重要组成部分。对此,需要分门别类,对接相应的政策通道。主要有以下两个方面。

1. 县改区

基于区域经济健康发展的考量,对一些在地理位置上邻近中心城市,与其经济、社会等关联度极强的县,其发展方向应当是改区。市场经济是自动扩展的经济,能自动地将周围的要素、空间等内卷到某种自发的秩序之中,进而获得区域协同、规模发展的巨大效应,这在长三角、珠三角已经看得十分清楚。具体操作上,可通过一系列指标,测试县与邻近市的经济联系强弱程度判别:凡是那些与中心城市空间距离较近、产业联系度高、资金人员信息往来频密的县,其行政建制上的取向都是改区,以维护市场经济内在联系,促进区域经济一体化的逐渐生成。

2. 省直管县

在县改市、县改区之外,我国仍然将有大量的农村地区。对此,可

---

① 2015年2月通过的《国家新型城镇化综合试点方案》中,已将浙江苍南县龙港镇、吉林安图县二道白河镇纳入新型城镇化试点。这说明,镇的改革已经被提上国家战略日程。

通过省直管县的方式,保持这些地区在基本公共服务、农村建设与管理上与城市化进程同步。具体而言,一是通过财政转移支付制度,保证农业县在运转、民生、基本公共服务等方面的需要。二是发展现代农业、规模农业,要通过健全体制机制,将城市的工商业资本、人力资本等,通过市场机制合理、有序地引导到农村和农业之中,推动农业经营向现代化、规模化方向发展。三是深化农村土地制度改革,建立城乡之间要素平等交换、自由流动的机制,共享增长与繁荣。在广大的中西部欠发达地区,要通过主动作为,将一些县培育为未来城镇体系一个节点,短期内可通过省直管县这种方式导入资源、导入机会。当其城市规模、非农产业、非农人口达到一定的程度,已具备城市的内核时,就应当及时撤县设市,或并入更大的区块发展。

总之,城市化是我们这个时代最深刻的历史背景,农村人口向城市转移是城市化的核心。如何适应这一宏大、历史变化,不仅是一个经济问题,也同样考验着行政体制、社会治理等诸多方方面面。以行政区划而言,如何从体制上做好承接庞大农村转移人口的准备,还是一个远未破题的宏大课题。

优化我国行政层级与
行政区划的相关政策主张

与近年来我国经济社会的快速发展相比,行政层级与行政区划方面的改革比较迟缓。本文是在相关课题研究的基础上,提出优化我国行政层级与行政区划改革的主要政策主张与建议。第一,渐进推进中国省级行政区划改革。第二,推动计划单列市升级为中央直辖或归位为省辖。第三,构建动态调整的县级行政区等次体系。第四,创新跨区域行政体制,促进区域协同发展。

党的十八大报告提出"优化行政层级和行政区划设置,有条件的地方可探索省直接管理县(市)改革,深化乡镇行政体制改革。"党的十八届三中全会审议通过的《中共中央关于全面深化改革若干重大问题的决定》指出:"优化行政区划设置,有条件的地方探索推进省直接管理县(市)体制改革。""健全城乡发展一体化体制机制。"随着改革领域的不断拓展和改革内容的全面深化,如何在新形势下优化中国行政层级与行政区划设置,是迫切需要研究的重大课题。

一、渐进推进中国省级行政区划改革

以优化地区布局和强化经济全方位辐射为基本出发点。目前,我国存在严重的省内地区间发展不平衡的状况。从大范围看是东部与中西部的差别,而更普遍的是多个小空间内的差别,即各省内部的差别,主要是城市与乡村的差别,中心地区与其他地区的差别。而且,这样的差别不仅在经济欠发达的省份广泛存在,即使在经济发达省份也不是个别的。如山东的胶东、鲁西,江苏的苏南、苏北,广东的珠江三角洲与外围地区,类似的情形在江西、湖南、湖北、陕西、甘肃、辽宁、四川都大量存在着。因此,省级行政区划改革是较为可行的思路。

其有利的因素至少有两个:其一,省级行政区划改革最根本的目的是缩小省的规模。建立新的省,随之而来的是新的省级行政中心的出现,这就有了一批中心城市的出现。其二,省级行政区划改革将带来大批中小城市的崛起,这些城市应当是与人口的分布相匹配、呈较为均匀的态势广泛建立的。可见,省级行政区划改革,必然要出现以新的省级行政中心为龙头的大量城市,这些城市中的大部分将分布在经济欠发达地区或经济落后地区。实践证明,合理地调节区划能促进地区协调发展。

当新的行政中心和城市建立后,必然会带动周边广大地区经济的发展,这样的例子国外是很多的。巴西迁都巴西利亚后带动了内地经济的发展,哈萨克斯坦迁都阿斯塔纳后带来了偏远地区的经济发展。国内的例子如重庆(直辖)市、山东东营市、湖南张家界市、内蒙古鄂尔多斯市的崛起,明显地拉动了周边地区经济的增长并造就了新的产业结构群。

以增加省级行政区划数量、缩小省级行政区划规模为中心。目前，我国一些省级行政单位在面积和人口上都过大，所辖区域自然条件、经济发展水平差别明显，造成省级行政单位管理和协调的困难，降低了行政效率，由此不得不设置一个中间层——市。与世界其他国家对比，中国的一级行政单位数量过少，管辖范围过大，因此增设省级行政单位是发展的必然需要。而随着交通通信的发展，计算机和网络技术的大规模运用，信息的传递也越来越方便快捷，这也给增设省级行政区划提供了技术上的支持。省级行政区划的合理设置应当是以中心城市为依托，以中心城市至乡镇的辐射网络为范围，形成具有现代社会特征的行政区划结构体系。现代化进程的突出标志，就是城市化程度的不断提高，通过中心城市的发展，带动中小城市、小城镇的发展，并以这些区域的经济发展为支点，形成现代经济发展的完整网络。中心城市综合实力的大小，以及与中心城市连为一体的中小城市群、小城镇的数量及综合实力的大小，决定了省级行政区划的范围和规模。因此，在积极发展小城镇和中等城市的同时，努力规范和扶持发展一批中心城市，对整个区域发展真正起到应有的带动作用，对城市化起到引导和标志作用。直辖市在这方面的作用是非常突出的，重庆市已提供了成功的范例。

省级行政区划的调整，首先要着眼于经济发展，其次也应考虑到地形、国家安全、管理便利以及文化传统、民族分布等因素。如新疆，世界上仅有 17 个国家的面积大于现在的新疆，且由于天山的阻隔，南北交通极为不便，从民族构成上来说，南疆与北疆也有较大差异，南疆以维吾尔族为主，仍以设立自治区为佳，北疆则为汉、回、哈萨克、维吾尔等民族杂居共处，因此在北疆设省已具备基本条件。再如现行行政区划中的内蒙古自治区，区域版图过于狭长，东西地理环境、经济、文化等方面均存在较大差异,也应当适时进行调整。在新省会选址问题上,重点考虑新省会城市的人口和经济规模以及水源、交通等方面因素,以能够在较大区域内发挥中心城市辐射作用的大中型城市作为首选,以适应区域政治、经济、文化可持续发展的需要。

以增设直辖市、发挥中心城市的辐射带动功能为重点。由于我国幅员辽阔,各省(区)地理条件、经济与社会发展水平差别较大,需要有一批超级中心联合邻近省(区),组成若干个大经济区,通过加强横向联系,互补互济,促进区内各省(区)协调发展;通过统筹规划和分期分批开发建设,扬长避短,逐步建成若干个相对独立、各具特点的强大区域经济体系。

我国现有北京、上海、天津、重庆4个直辖市,行政区划上与省、自治区等同,属于国家一级行政区划。在我国目前和今后的经济与社会发展中,这些城市以其雄厚的经济基础和巨大的发展潜力,起着国家经济的支柱作用,以其强大的辐射力与内聚力,影响和带动邻近省(区)的经济与社会发展,起着超越省(区)界线的超级中心的作用。这类城市除4个直辖市外,还有武汉、沈阳、广州、深圳、大连、青岛等特大城市,后者因受到行政区划的影响,超级中心作用目前远远没有得到发挥。从这个意义上考虑,把大经济区中心增设为直辖市,行政上与省(区)同级,经济上赋予大经济区组织协调和发展中心职权,有助于加速大经济区形成发展和充分发挥超级中心的城市作用。

当然,鉴于增设直辖市的巨大成本,应首先考虑在一些双中心的省(区)设直辖市,例如青岛和济南、大连和沈阳、广州和深圳等。在这些地方,如果把一些城市划成直辖市,至少不用搬省会,省机关、工作人员也就无需大规模迁移,可以节约很大一笔行政成本。此外,新设直辖市的规模应该缩小,应该选择区域首位的中心城市,应与原有直辖市有一定距离,否则会浪费资源、增加内耗、抵消和减弱中心城市的辐射功能。

二、推动计划单列市升级为
中央直辖或归位为省辖

计划单列是我国计划经济时期的一种特殊管理方式。所谓计划单列,是指在现行行政隶属关系基本不变的前提下,城市经济、科技和社会发展的各项计划在国家计划中单独列出户头,直接纳入国家计划,进行综合平衡。改革开放以来,绝大部分的"计划"已不复存在,但计划单列市作为一种体制产物,至今仍然存在。目前,我国共有深圳、青岛、大连、宁波、厦门5个计划单列城市(以下简称"单列市")。随着我国工业化、城镇化进程的发展,昔日的单列市何去何从,是一个亟待重视、研究和解决的问题。

我们认为,应当推动计划单列市升级为中央直辖或归位为省辖以更好地融入周边城市群,发挥其在全国和区域经济发展中的引领作用,主要理由如下:(1)计划单列的政策红利已逐步消减。自1993年国家取消8省会城市计划单列以来,计划单列政策近二十年没有重大的修改或强化,其政策效用必然逐步消减。当前,计划单列政策仍在起作用的主要有经济社会指标单列、赋予省级经济管理权限两项。目前,经济社会指标单列的项目范围有限,主要是在财政、土地、发改等方面指标的单列,但金融、节能减排、能源总量等方面没有实行单列,或者单列不单算。至于单列市享有的省级经济管理权限相对萎缩。由于经济管理权限缺乏明确的定义和法律保障,许多权限都被认定为行政管理权限而不被赋予各单列市。至于新设立的权限或由国家部委向地方下放的

权限,则更普遍不被单列市所拥有。(2)单列市在城镇化进程中的巨大资源、环境和空间约束。2012 年 5 个单列市在全国城市 GDP 排名 20 强中占据了 4 个席位,在 0.4% 的国土面积上实现了 7.06% 的 GDP,其开发强度远高于东部地区平均水平,水土资源更加紧缺,生态环境形势更加严峻。除开发强度过高外,单列市和周边城市产业趋同、流动人口占比过高等问题,都弱化了经济持续发展的动力,增加了流动人口市民化的难度,使单列市在城镇化中面临严峻挑战。

所以,根据各单列市的不同实际情况,综合考虑管理幅度、竞争制衡状况、资源环境空间制约和发展改革活力方式等多种因素,推动单列市改革,通过合并周边城市转为中央直辖市或转为普通副省级城市以更好融入周边城市群。

三、构建动态调整的县级行政区等次体系

在城镇化进入快速发展阶段和中央提出三个"一亿人"奋斗目标激励下,预计在未来几年将有数以亿计的农村人口涌入各类城镇,在这一时代背景下,现有城镇体系如何适应城镇化的发展需要,就成为一个重大的历史和现实问题。通过对我国新中国成立以前政区等次制度及日本、美国城镇化发展历程的参考,我们建议行政区划层级制度改革应该以打破市、县、镇之间严格的行政隶属关系,在省级行政区以下构建分等排序、动态调整的县级行政区等次体系。

所谓动态调整的县级行政区等次体系,就是逐步取消市县间、县镇间原有的严格行政隶属关系,特别是增强县和县级市在财政、行政、组织人事等方面的相对独立性,在省域范围内建立一个包含一系列相关

指标的评价体系来定期或不定期评定城镇等次并根据城镇的不同等次赋予该行政单位不同的经济社会管理自主权,给予该行政机构不同的行政级别、人员编制额度和相应的薪酬待遇。该政策构想主要包括以下几个方面。

一是建立科学的评价体系确立县级行政区的不同等次。县级行政区等次标准应该包含人口规模和密度、经济实力、地理和交通因素、政治、军事、民族因素等多层次指标体系。县级行政区等次可继续沿用地级市、省直管县、财政省直管县、县级市、县、镇级市等既有名称(下文沿用这些既有名称),也可另用他名以示区别,这并不影响县级行政区等次的本质。

二是县级行政区间没有上下之分,但有等次之别。县级行政区按照等次享有不同的社会管理和公共服务权限,一般情况下,跨越某级城镇区划范围的事务、需要全国或全省统一协调处理的事务交由上级政府处理,而其他事务则尽量放权给各等次城镇自行处理。另外根据城镇等次高低和经济社会管理权限的大小确定行政机构的部门设置和人员编制。

三是县级行政区直属省级政府,省域内分设多处综合性行政服务中心。县级政区间取消隶属关系后,省级政府管理幅度急剧扩大,需要在全省范围内设置多处综合性行政服务中心,作为省级政府的派出机构,服务于当地企业和居民。作为过渡措施,可考虑地级市和所在区政府合并,而将地级市原有社会管理和公共服务按情况上收、下放或者取消。

四是县级行政区等次动态调整。强县、强镇在城镇化进程中经济实力不断增强、人口不断流入,可以申请升格,即行政辖区保持基本不变,但行政级别和相关管理权限、人员编制规模等获得相应提升,即县升市、镇升县,在特殊情况下甚至可以镇升市,相应的弱市、弱县、弱镇则会有降格的风险,特别是一些镇则有可能被撤销或合并。通过城镇等次体系的建立,市、县、镇之间形成一个能上能下的动态调整过程,从而适应我国城镇化发展的现实需要。

五是丰富乡镇政区体制,试点和推进强镇改市进程。改革开放以来,我国乡镇一级分化明显。在东部地区,有的中心镇人口规模已经超过 10 万,经济规模达到许多县级市甚至中西部地级市的水平,有巨大的发展潜力。但现有的乡镇政区与管理体制已经不适应这些乡镇经济社会发展、城镇规划建设管理的需要,权力小、责任大、能力弱是这些乡镇普遍存在的矛盾。

我们认为,应当丰富乡镇城区体制,在强镇进行改市试点,即根据各县域的经济水平、空间格局、城镇体系布局、交通网络系统和未来发展前景等条件,按照一定标准,选择县以下个别规模较大、条件优越的乡镇改设为市。能进行强镇改市的"市"应体现以下基本特征:一是强镇改市后,空间范围适度,不搞"切块设市",实行"城乡合一",其范围大体为经过调整后的乡镇(主要是中心镇)范围,适度微调。二是强镇改市后的建成区人口集聚规模近期在 8 万人以上,镇域人口 10 万人以上,人口密度每平方公里 1000 人以上。随着经济的发展、产业集聚力增强,非农人口增加,这一标准可逐步提高。三是强镇改市后的"市",其行政等级一般等同于乡镇,某些管理权限可根据县域经济全局发展规划的需要适当放宽,也可由一名副县长兼任县辖市市长,对个别超强"市",其行政等级可直接提升为县级,并实现省直管。

四、创新跨区域行政体制,促进区域协同发展

改革开放以来,我国已形成了长三角、珠三角、京津冀三大城市群。

2014 年 4 月国务院发布的《国家新型城镇化规划》中提出，要"优化提升东部地区城市群""培育发展中西部地区城市群"，在全国建成若干个大小不等的城市群。城市群作为城市化进程的必然产物，正在成为我国新型城镇化建设的重点与发展方向。

随着城市群的形成与扩大，同处一个"群"的各个城市之间经济联系、人员往来、要素流动比以往任何时候更加频繁和强烈。与此同时，一系列影响和涉及城市群中各个城市间的若干共同问题开始凸现，如环境、生态、流域问题，区域基础设施建设问题，省区交界地带的贫困县问题，基本公共服务不平等问题，行政区经济问题，等等。这些问题跨越了传统的自然地理界线和原有的行政区划范围，涉及多地、多个行政主体，因此需要超越以某一个地方政府为应对主体的传统思维与体制，努力构建以推进区域协作为目标，多层级、多主体共同参与的跨区域行政体制，大力促进区域协作。

我国新型城镇化进程中的区域协作机制新探

随着我国新型城镇化建设的提速与城市群的发展,规划、交通、环境、生态等区域公共问题正陆续出现,区域内各城市间关系面临重塑。我国现有针对这些问题的区域协调机制存在着权威性不高、制度化程度低、政策工具不足以及利益协调不力等问题,需要适时进行改进。本文在考察国内外成功的区域协调机制的基础上,提出要积极探索建立我国区域协调新机制,重点建设多层次且功能紧密黏接的区域协作组织体系、有约束力的区域合作行政规则,以及实施区域协作的有效政策工具体系、妥善平衡各方利益冲突的相关财政体制,以更好地推动我国新型城镇化建设。

城市群作为城市化进程的必然产物,正在成为我国新型城镇化建设的重点与发展方向。改革开放以来,我国已形成了长三角、珠三角、京津冀三大城市群,2014 年 4 月国务院发布的《国家新型城镇化规划》中提出,要"优化提升东部地区城市群""培育发展中西部地区城市群",在全国建成若干个大小不等的城市群。随着城市群的形成与扩大,同处一个"群"的各个城市之间经济联系、人员往来、要素流动比以往任何时候更加频繁、强烈。与此同时,一系列影响和涉及城市群中各个城市间的若干共同问题开始凸现。为了应对这些区域公共问题,需要重构相关城市的权责、行为方式甚至行政区划,由此引出了新型城镇化进程中"城市间关系"这一崭新的命题,区域协作机制即为其中之一。

一、问题的提出:从区域公共 问题到区域协作机制

所谓区域公共问题,可从两个方面理解:第一,它们是"公共"问题,具有公共问题通常所具有的外部性和整体性特征,这使得市场或个体既无意愿也无能力应对解决;第二,它们具有区域性,单靠一个行政单元的力量不能解决,涉及流域、大气这样具有区域流动性的问题时尤其如此。简言之,区域公共问题就是那些跨越了传统的自然地理界线和原有的行政区划、对特定区域内多个主体共同发生作用和影响的问题。概括起来,主要有以下几个方面。

第一,环境、生态、流域问题。典型的如各地常常遭遇的流域水污染问题,近年来动辄打击大半个中国的雾霾问题等。

第二,区域基础设施建设问题。一是某些具有较大规模效应的基础设施如机场、港口等在区域内统筹布局、协调使用管理的问题;二是区域内基础设施在各行政区交界处的协调联通问题;等等。

第三,省区交界地带的贫困县问题。各行政区交界处的治理历来是政府治理中的老大难问题,当前环北京贫困带即为其中一例。

第四,基本公共服务不平等问题。随着城市群的形成,区域内人员往来频繁,进而产生了对区域内基本公共服务均等化的迫切需要。

第五,行政区经济问题。随着城市群的形成,各地之间经济联系增强,但各地基于自身利益考虑,常有阻碍市场主体经济自由联合、统一市场形成之举,对区域一体化形成阻碍。

由于区域公共问题涉及多地、多个行政主体,因此属于典型的"复杂社会中的复杂问题"。随着我国城镇化进程的加快,这些问题正在成为普遍和共性的问题,且在各地呈现出不同的发展状态,有的地区已经发生,有的地区正在发生,还有一些地区未来也会发生。对这些复杂问题的治理,需要超越以单个地方政府为主体的既有思维与体制,着力构建多主体共同参与,集法律、行政、财政于一体的区域协作新机制。

二、改革开放以来我国已有的区域协作机制

我国历来有区域协作的惯例。新中国成立以来,中央政府就一直牵头组织各省对西藏、新疆的对口援助,持续至今。2008 年,四川汶川发生"5·12"特大地震,中央政府再次组织了各地对震区灾后重建的对口援助,取得了非凡的成功。改革开放以后,随着我国城市化进程的加快,各地方政府之间的自主协作开始出现,比较典型的例子是 20 世纪 80 年代长三角地区的经协会。进入 90 年代以后,以城市间合作框架协议为主的协作机制在一些地方相继出现。近年来,多地启动了同城化行动,如广州—佛山同城化、上海—苏州同城化等,十分引人注目。

(一)长三角以地方政府自主协商为主的区域协调机制

长三角一体化进程可追溯到 1982 年。为了推动长三角经济发展,当年国务院决定成立上海经济区,下设上海经济区规划办公室,负责制

定上海经济区内的经济、社会发展规划以及协调各方面关系。但由于种种原因,其实际运作流于形式。进入20世纪90年代以后,长三角地区各地之间自发性的经济联系不断加强,为了适应这个趋势,地方政府开始了自主协商之路,先后建立了三个层面的协作机制:一是沪苏浙省(市)长座谈会,每两年由三省(市)轮流举办一次,三省(市)长出席;二是经济协调会,由长三角各个城市的常务副市长参加,每两年召开一次(后改为一年);三是协作办主任会议,负责落实前两个会议上形成的决议和方针。后来,随着长三角经济效应的不断外溢,进入协作范围的地方政府不断增加,先后设立了包括16个城市的市长论坛、市长联席会议等,近年来更是发展到整个长江经济带相关城市之间的协作。

在此基础上,长三角地区相继在工商、人事、旅游、农产品标准、科技创新、固体污染物管理、太湖流域治理、近海环境综合治理与生态修复等领域签署了一系列合作协议,组建统一的海洋执法机构,有效应对了一体化进程中突出的重大区域公共问题。正是因为如此,此后在我国其他地区出现的区域协作机制也大多是"拷贝"长三角模式的做法。

不过总体而言,这一以地方政府自主协商为主的机制,面临的最大问题就是权威性不足、执行力不够的问题,加之各方权责义务边界模糊,尤其是缺乏利益平衡机制,因而稳定性很差,不仅领导人变更可能导致协作中止,而且其中一方利益诉求不能满足常常导致协作破裂。长三角一体化进程对此多有体现。

(二)珠三角以省政府牵头为主的区域协调机制

相对于长三角涉及多个省级行政区、行政协调备加艰难而言,珠三角地区由于同属广东省,协调难度稍小。但尽管如此,珠三角的一体化之路也一波三折。经过20世纪80年代、90年代的高速发展和激烈竞争,珠三角各市之间产业同构度高、环境污染严重、相互分割的情况已经极为突出。而早在1994年,广东省就拟制定并出台《珠江三角洲城市群发展规划——协调与可持续发展(1995—2010)》,但因为缺乏刚性保障,很长时间无所进展。进入21世纪后,广东省下决心重启珠三角一体化进程,为此启动了地方立法程序,出台《广东省珠江三角洲地区改革发展规划纲要(2008—2020年)》,成立了落实该规划纲要办公室,为珠三角一体化提供法律保障。与此同时,建立了市际合作领导小组、市长联席会议、联席会议办公室、专责小组四位一体的组织协调机制,并由省有关部门牵头、相关市参加成立了城市规划、交通、能源、信息化、水资源、环保、产业、基本公共服务等专项工作小组,负责相关的具体工作。更重要的是,为了切实推进区域一体化,广东省大力创新政策工具,实施了珠三角地区政策分区和空间管治,在区域内按生态环境、城镇、产业与重大基础设施等划分出9类政策区,不同分区实施不同的空间管治,取得了突出的成绩。在此基础上,各城市之间陆续签署了合作框架协议,并率先在广州与佛山之间启动了同城化步伐,目前进展比较顺利。

除了长三角和珠三角,在我国其他一些地区也出现过这样那样的区域协作,如湖南省长—株—潭三市之间城市全面合作框架协议、成渝地区的专项经济协作等,其中值得一提的是新疆乌—昌地区的经济协作,由于采用了联合党委制,取得了很好的协作效果,可以视为我国体制条件下有实际效果的特色之举。

三、我国目前区域协作机制存在的不足之处

必须看到,由于种种原因,我国现有的区域协作无论从机制,还是从效果的层面看,总体上存在很多困难与问题,这导致各类区域协作要么无疾而终,要么阻碍重重,既不适应我国区域联系日渐频繁的现实需要,也不利于城市群的形成与发展。具体体现在以下几个方面。

(一)现有区域协作组织的权威性不高

目前,我国已有区域协作中承担协调责任的组织多为两种情形:一是中央层面成立相应的办公室或领导小组;二是有关地方政府形成的某种联合。无论是哪一种,在现有体制内都无明确的权力、责任甚至身份认定,一旦面临涉及各方利益的重大复杂问题,就难以协调,无能为力。

(二)现有区域协调机制的制度化程度很低

通过定期或不定期会议、协议等方式形成的协作机制,缺乏有约束力的、刚性的制度保障,一旦其中有一方看法不同,或某一任领导对于合作的认识有所变化,合作即趋于停顿。

(三)现有区域协调机制缺乏有效的利益协调机制

合作的基础是共同利益,目标是多方共赢。对于前者,一般协作各方并无异议。但是,一旦涉及最关键的利益问题,各方分歧立现。现有区域协作机制由于缺乏制度化的讨价还价和平等协商机制,通常止步

于此。

（四）现有区域协调机制通常缺乏有力的政策工具

治理区域公共问题需要相应的政策工具，而这通常意味着参与合作方在权力、责任、利益方面的重新洗牌。由于多种原因，已有的区域协作在此问题上通常十分乏力。

（五）现有区域协作机制仅限于政府间合作，民间参与几乎没有

区域公共问题并不只对政府，更对所在区域的市场主体、民众有着重大影响。但现有协作机制中，只见政府忙碌，不见民间参与，缺乏增进协作的外部推动力。

简言之，我国现有的区域协作机制还停留在意愿和初步行动的层面，与一个结构完备、实施有力、效果能预期的"体系"还相距甚远。考虑到我国新型城镇化的加快与多个城市群的逐渐形成，应当在未来一个时期内，积极探索有力、有效、可持续的区域协作新机制。

四、区域协作机制的国际经验

国际上有很多关于区域协作的成功范例，其中既有广义的、超越各主权国家的区域协作，如欧盟、东盟等，也有众多一国范围内各地方政府之间的区域协作，可为我国区域协作新机制所学习与借鉴。根据资料的可得性，在此主要简述欧盟的区域协作（国家之间）和美国大都市区规划（国家内部）协作机制情况，从中观察一个成功的区域协作机制

的运行要点,为我国所学习借鉴。

(一)欧盟的区域协调经验

国家与国家之间的协作是一个久远的历史。长期以来,各种类型的大区域协作十分频繁,各种目的、功能的区域组织层出不穷,欧盟是其中一个极其成功的范例。

就区域协调的组织体系而言,欧盟已经形成了多层次、网络状的区域协调机构。所谓多层次,是指在纵向上形成了超国家、国家、跨境区域、地方等多个等级层次的区域协调机构。在超国家层面有三个主要机构:欧盟委员会、欧洲理事会和欧洲议会,其中均设置了专司区域事务的机构,即欧盟委员会内设的"区域政策事务部"、欧盟理事会内设的"区域政策委员会"和欧洲议会内设的欧盟区域委员会。在成员国政府层面,一般设有自己的区域机构,既负责本国内部区域协调事务,也必须接受欧盟统一的区域协调与整合。在跨境区域层面,针对不同问题,有关国家建立有各种类型的跨境合作组织,负责区域协作事务。所谓网络状,是指欧盟培育和发展出名目繁多的各类区域协调组织,如银行、行业协会、利益团体、政策联盟、政党、公共舆论等利益相关者机构,在整个区域政策的制定、执行和反馈过程中担当着重要的角色,与公共部门形成合力。

欧盟各国的协作建立在法律基础之上。无论是早期的《欧共体共同条约》还是后期的《欧盟条约》,其中均对成员国的权利、义务有明确规定,履行这些承诺,是成员国之所以为成员国的基础和前提之一。在这一母法之下,还有涉及专门领域的法律对成员国的协作进行具体规定。这些法律的制定都建立在一致同意的基础之上,通过后即对成员国形成刚性约束。

为了切实推动一体化进程,欧盟设计了多种精细的扶持基金,如结构基金、聚合基金、团结基金和预备接纳基金。借助于这些扶持基金,欧盟较为有效地落实了区域政策,缩小了成员国之间的差距。此外,欧盟还制定了区域发展基金制度,对资金筹集、项目申请、决策批准、使用管理等都有明文规定,为执行区域发展政策提供了资金保证。

为了解决各类具体的区域发展问题,欧盟形成了多样化的区域协作模式以及相应的政策工具,如问题区域模式、创新区域模式、流域治理模式和跨境合作模式等。以莱茵河流域治理模式为例,其主要做法是:成立"莱茵河保护国际委员会";签署具有法律效力和制度约束力的《伯尔尼公约》;设立由政府组织(如河流委员会、航运委员会等)和非政府组织(如自然保护和环境保护组织、饮用水公司、化工企业、食品企业等)组成的观察员小组,监督各国工作计划的实施;签署一系列流域水环境管理协议;规划实施"莱茵河流域可持续发展计划"等。

(二)美国的大都市区规划组织(MPO)

美国 MPO 的全称是"大都市区规划组织",职责是负责特定城市区域内的整体交通规划与协调(后期整合进新的职能,如节能减排、交通拥堵管理、用地规划、街道规划、TOD 规划以及城市边界和精明增长等管理的职能等)。1973 年以来,联邦公路和公共交通项目都遵循 MPO 的交通规划和实施计划。MPO 依美国联邦法律规定设立,凡人口大于 5 万人的城市,必须是某一 MPO 的成员单位。MPO 有五大功能:整合多方利益的决策平台、制定区域长期(20 年)交通发展规划、制定近期(1—2 年)交通优化方案、管理分配区域交通发展资金、实施区域交通近期与远期规划。MPO 的内部组织架构分为三个层次:政策或执行董事会(Policy or Executive Board)、技术与公民咨询委员会

（Technical and Citizen Advisory Committees）、常设办事机构（Directors or Staff）。MPO、州交通厅、市县镇乡之间有明确的职责分工，MPO 负责形成整个区域的交通规划，组织进行相应的研究与方案评估，分配资金，评估成员单位的交通改进绩效；涉及的各州、各地方政府则负责本区域内的具体交通改进，相互之间密切关联、协同有序。MPO 的资金主要来自三个方面：一是联邦政府的"道路信托基金"；二是联邦政府的公共交通项目资金；三是地方相关资金以及一些临时资金。2010年，上述 3 项资金共计有 32 亿美元左右。

可以看出，无论是欧盟还是美国的 MPO，在区域协作机制方面，都有若干的共同特征，有法律保障、有组织机构、有政策工具、有技术支持、有资金来源等，凸显出一个成功的区域协作机制良好运作的诸多关键要点，非常值得重视与学习。

五、改进和完善我国区域
协作机制的政策建议

与国际经验相比，我国现有区域协作机制的主要缺陷在于组织架构破碎、制度保障不力、政府工具与利益平衡机制缺乏等方面。为了适应并推动我国新型城镇化建设，需要结合国内外成功经验与做法，改进和完善我国现有的区域协作机制。具体来说，有以下几个方面。

（一）完善推动区域协作的组织机构体系

应对区域公共问题、推动区域协调需要相应的组织机构。结合长期以来我国各类区域协作机制中，相关组织之间上下、左右协调联动不

够、分散分离的情况,今后在推动区域一体化的进程中,应当首先完善区域协作组织体系。具体而言,一是要设立推动区域协作的专门机构,根据所要应对的不同区域公共问题,这类专门机构既可以由中央牵头设立,也可以由地区合作产生,还可以在现有相关部委中设立专司区域协调的机构。这是区域协作组织体系的第一个层次。二是区域内的各地方政府组织结构中,要有与上述区域协作组织相对接的、具体负责本地区相关事务的机构。从我国的现实情况看,这种类型的机构是现存的,所要做的主要是理顺区域协作组织与本层级机构的"黏接"与功能对接。这是区域协作组织体系的第二个层次。三是培育一些跨区域协作的民间组织。国内外区域治理经验告诉我们,一些通过区域内各方正式谈判难以解决的问题,通过灵活的、柔性的民间机制反而有望达成共识。这是区域协作组织体系的第三个层次。

(二)制定推动区域合作的行政规则

总体而言,参与区域协作的各方是平等合作的关系,既可基于共同利益而来,也可因得不到自认的应有利益而去。为此,必须要有一个维持合作可持续的刚性约束力量。从国外的经验看,无论是国家合作,还是一国内地方政府之间的合作,通常都有相应的法律约束,当然,这类法律的设立是在各方一致同意的基础之上。但在我国,在相当长一个时期内,可能并不具备出台《区域协作法》的条件。但可在国务院层面、在各部委的具体管理层面,形成要求各地参与区域协作的相关行政规则。比如,京津冀地区大气污染联防联控办法、流域管理条例等。如区域内地方政府公然违反这一规制,就应当启动行政问责程序。只有如此,才能抑制区域协作中因一方的不合作导致的整体协作破裂的"坏孩子"行径。

（三）设计推动区域协作的政策工具

区域协作从概念到实践再到取得实实在在的成效,必须要有相应的政策执行工具。主要有两方面:一是工作小组,即按所需解决的区域公共问题的特点,分别设立相应的工作团队,如专家小组、公众小组、政府工作团队等,并按解决区域公共问题所需要的流程设立专门的工作团队,分别负责各阶段的执行、检查、评估、改善等工作,以保证问题的切实解决与长期稳定。二是技术工具。一般地,区域公共问题通常具有高度的专业性,如流域水质问题、大气污染问题、基础设施统筹问题,需要专家提供具体的可选方案、成本测算与工作推进程序等,为此需要有专门的技术模型、成本分析、信息分享等工具。总之,政策工具是复杂的区域问题得到切实解决的根本,也是区域协作机制具体化的表现,需要在这方面大力创新和加强。

（四）设计推动区域协作的利益平衡体制

任何区域公共问题的解决都需要资金保证。由于区域问题属于"区域"而非全国性问题,因此其资金不可能全部寄希望于中央政府的公共资金,更现实的是各方面资金的集合。在此基础上,要有解决区域公共问题所需资金的成本分摊机制,且机制的设计应当力求精细化、合理化。如治理区域内的大气污染问题,就可先设定通过治理要达到的空气质量标准、评估导致污染的各地排放物数量、测算达到拟定质量标准所需要的资金总量,然后根据各地主要污染物排放情况进行成本分担。再如治理流域水污染,就可根据流量、断面水质检测结果等进行成本分担。另外,对于区域协作所产生的利益,也要在各方之间公平共享。如打破行政区经济后,要素按市场规则流动,一般会向交通便利、人才集中、金融条件好、基础设施完善的地方流动,进而导致各地经济发展水平、财政收入水平的差异。对此,合适的应对之策是要在区域内建立相应的公共财力均衡化机制,并进一步体现到基本公平服务的逐渐拉平补齐之上。也就是说,由区域协作引发的问题既需要公共财政的支持,也可能进一步导出一个新型的区域财政体制。

总之,区域公共问题并不全是新问题,但解决这些问题却需要新机制。这一新型的区域协作机制既要超出现有行政分割的痼疾,还要对若干区域公共问题进行深入理解,以及对解决这些问题所需要的组织方式、技术方法等的精准掌握,难度很大。随着我国城镇化进程的加快和城市群的形成,这些问题还将超越长三角、珠三角和京津冀地区,成为未来我国政府管理的普遍与共性问题,迫切需要在这个问题上预为筹谋,提前设计。

第四部分

完善社会治理

我国应急财政资金管理的制度框架设计

——基于重大自然灾害的视角

近年来频发的自然灾害已深刻反映出我国在应急财政资金管理上存在的突出问题:应急资金准备不足、中央与地方之间的财政救灾关系混淆不清、政府财政救灾项目过少且缺乏稳定的标准。本文围绕这三个问题进行相关的制度设计,即:各级政府都应建立自己的、多层次的灾害准备金;中央与地方在救灾方面的事权主体要明确,财权可交叉,但必须明确、可计算;重新设计财政救灾的项目与标准,增加项目,稳定标准。我们认为,本文的研究结论有利于提高我国应急财政资金管理的效率,可用于各级政府的实际操作。

近年来,随着各类突发公共事件的频繁发生[①],我国应急财政支出大为增加。2003 年"非典"期间,各级财政共花费 150 亿元,其中中央财政支出 42 亿元;2008 年南方雪灾期间,仅中央财政就支出了 27 亿

[①] 2004 年,全国发生各类突发事件 561 万起,共造成 21 万人死亡,175 万人受伤,全年因自然灾害、事故灾害和社会安全事件所造成的直接经济损失超过 4550 亿元。2005 年,全国共发生各类突发性公共事件 540 万起,造成约 20 万人死亡,直接经济损失达 3252 亿元。

元;汶川地震以后各级财政支出 809.36 亿元,其中应急抢险救灾资金就高达 331.32 亿元;2009 年年初为应对蔓延于北方十多个省区的旱灾,中央财政已经支出 4 亿元。鉴于在可展望的时期内,我国各类自然灾害和涉及卫生、环境、资源、土地等方面的突发公共事件还将继续出现,财政用于这方面的支出将有增无减。因此,开展和加强对应急财政资金的研究,已迫在眉睫。

一、关于应急管理体系的简要理论回顾

在国外,应急管理属于危机管理的一个组成部分。从学术的角度上讲,一般认为危机管理的研究主要起源于 20 世纪 60 年代,即 1962 年的古巴导弹危机之后。到 70 年代,危机管理成为一门独立的学科。

大凡称得上危机的事件,往往具有几个共同特点,如发生时的突然性、扩散性以及对全社会巨大的威胁性和破坏性。危机的特点决定了应对危机的特殊组织体系是整个危机管理研究的中心之一。对此,国外危机管理学家先后提出过 ICS 模式(Incident Commend System)和 SEMS 模式(Standardized Emergency Management System),前者适用于局部的、持续时间较短的危机事件,如常见的社会突发事件和一般性自然灾害等,但由于所涉范围小,该模式不能调动和整合系统外资源,因而仅可被视为更广义的危机管理组织体系中的一个单元而非全部;后者源于 1991 年美国加州大火灾中各部门分散应灾的惨痛教训,它将危机发生时管理团队、危机发生地政府、上一级政府以及负责危机管理的联邦机构和驻各地机构联结起来共同应灾,因而更具综合性、更具强大的资源调集能力,特别适合于应对重大社会危机与自然灾害。至于如何构造一个具有弹性的危机管理组织体系以有分别地适用于或大或小的危机事件,则由罗伯特·希斯提出。他在总结危机管理的理论与实践的基础上,提出了"危机管理框架结构",即 CMSS 模式(Crisis Management Shell Structure)。单一地看,任何一个 CMSS 均由以下几个部分组成(见图 4-1)。

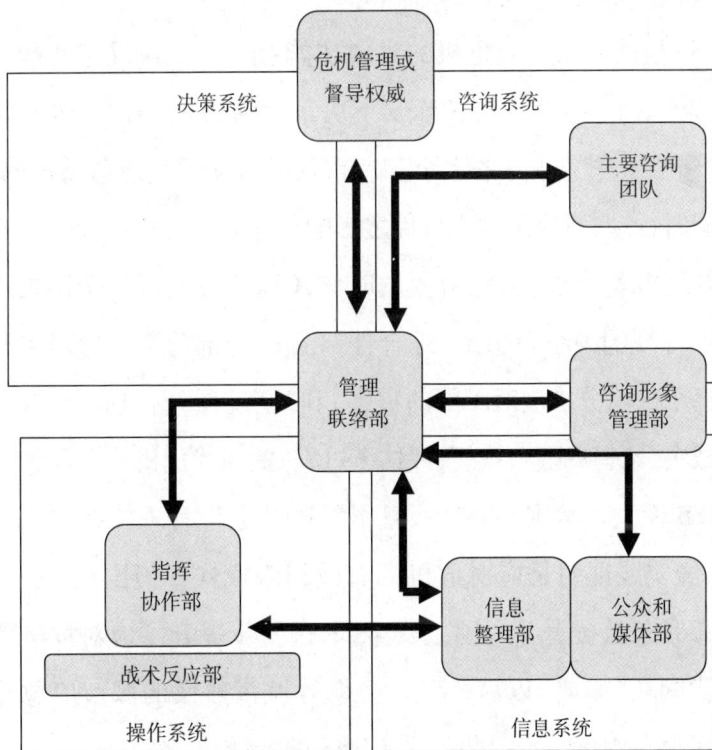

图 4-1　危机管理框架结构图

CMSS 模式的特点是可大可小,既可存在于一个小型组织之中,也可叠加在任一合意规模的结构之中,极端时则可至全国、全世界。其工作人员也可视组织规模可多可少,具有十足的弹性。更重要的是,CMSS 内的每一部分,或者任一组织内的某一个 CMSS,均是一个可与外界自动连接的节点,前者如 CMSS 内的信息管理部,既可连接本

CMSS 内的其他部分,可也连接其他 CMSS 的信息管理部,后者如一个县的 CMSS,可视需要与邻近或上一级政府的 CMSS 连接,由此形成一个动态网络状的应急处理系统。从全局来看,每一个 CMSS 既相对独立,类似于扁平型企业组织中的"事业部",又相互联系,既解决了应对危机事件时所需的决策高效和集权,又解决了危机事件的不确定下所需资源规模难以确定、预备的难题。

CMSS 模式具备应对危机的主要功能:第一,快速反应功能。由于采用了扁平化的组织结构,CMSS 下决策时滞很短;第二,协调联动功能。CMSS 根据紧急事件的大小和严重程度自动调整应急系统的边界,多部门同时行动,适应了危机事件之影响往往是多方面的特点;第三,具有强大的资源整合能力,在必要的时候,CMSS 甚至可举全国之力。总之,CMSS 体现的中心思想是"综合性"(即一个部门统一应对各种灾害而不是每个部门分别应对不同的灾害)和"全过程"(任何一种灾害管理均涉及减灾、预警、应急、恢复、评估全过程)的当代危机管理理念。

CMSS 模式在美国、加拿大、日本等国的危机管理体系中得到广泛的运用,经实践证明是应对危机的有效组织模式。美国在"9·11"以后将联邦紧急救援署并入国土安全部,进一步提升了应对危机的综合能力。我国在"非典"以后,南宁、上海等城市建设的城市应急管理联动系统在很大程度上也是借鉴了 CMSS 的精髓。

二、当前我国应急财政资金
管理的现状与原因分析

从"非典"、雪灾和汶川"5·12"大地震三个案例来看,我国应急财政资金在管理和使用上存在若干共性问题,主要表现为:事前缺乏足够预备;突发事件发生后资金的预拨缺乏科学的灾情统计支持,对所需的资金量几乎不能预期;管理使用中常常失之于宽、支用范围过于宽泛;甚至出现"救命钱"滞留、挪用等严重问题。更重要的是,我们发现,在历次应急处理中,基本上都是财政资金——其中又特别是中央财政资金——一力独擎天下,在中央政府与地方政府之间、政府与社会之间缺乏合理的风险责任分摊机制。

存在以上问题的根本原因在于以下两方面。

(一)我国目前的应急管理体系不能提供应急财政资金规范管理的基本平台

"非典"以后,我国逐渐建立起了分类管理、分级负责、条块结合、属地为主的应急管理体制,各地、各部门都制订了相应的应急预案。总的来说,是在原来各部门职能分工的基础上,新增加了"应急管理"的职能,大多数情况下并没有设立专门的应急管理机构。一旦有突发事件发生,往往是通过设立临时指挥部的方式集合人员、调集资源和组织救灾(见图4-2)。

换言之,当前我国应急管理体系的"临时性"特征非常突出。此外,还有强烈的"分散性"特征,即应急管理的职能分布于政府的各个职能部门,某一系统内可能已形成了垂直的信息收集系统、有自己的救援队伍、救援设施间并不共享。

由于"分散性",当前的应急体系不可避免地沿袭了我国行政部门间信息分散、难以协调的老问题,不能体现出CMSS模式之"综合救灾"理念;基于"临时性",这个应急体系还有既缺乏权威也缺乏资金的新问题,这使得我国应急管理总是"重事后救灾,轻事前预防",不能体现

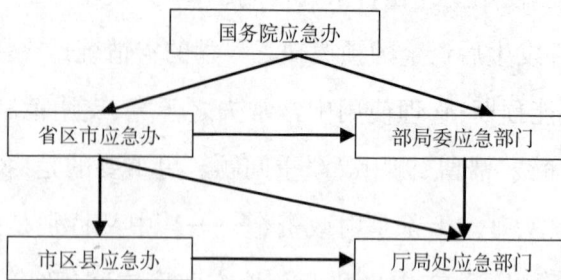

图 4-2　我国应急管理体系结构图

出 CMSS 下"全过程"灾害管理标准流程。甚至就在事后救灾中,这个临时性的应急体系也难以合乎需要地提供救灾所需的基础信息,难以有效整合各方救灾力量和救灾资源。这一管理体系直接影响到应急财政资金管理的诸多方面。

1. 难以提供拨付应急财政资金的相关统计信息

与分散型的应急管理体系相适应,目前,我国有关灾难的统计功能分散于各个部门,如灾难预警信息分布在气象局、地震局、水利局等,灾难发生之后的人员伤亡、民房倒塌、农作物毁损信息在民政部门,建筑物损失信息归其所属部门,道路、桥梁归交通部门,供水、供电、供气等更是分属有关部门……各部门在进行灾难统计时,往往遵循常规的统计方法与工作流程,没有发展出灾难统计的特殊技术。以民政部门为例。按 2005 年中华人民共和国民政部发布的《灾情统计办法》,对自然灾害的主要统计内容有:综合情况(如灾情信息、受灾人口、房屋损坏、因灾造成的直接经济损失等)、农牧业损失情况(如农作物受灾面积、毁坏耕地面积、减产粮食、因灾死亡大牲畜、农牧业因灾直接经济损失等)、工作数据(如缺粮人口、需救济人口、已转移安置人口、各级财政投入救灾资金、接收捐赠数等),可采用的统计方法有:全面核定、抽样核定、典型核定和专项核定,但实践中往往依靠基层干部进村入户进行统计。《灾情统计办法》特别说明有关灾害情况的全部统计要等灾害结束后经全面核查后方可确定。显然地,这样的灾害统计所提供的灾难信息无论在时间上还是在内容上都远远不能满足财政资金计拨的需要。

实践中,危机一旦发生,财政部门采用两种变通的方式支付应急资金:一是预拨,即根据灾情大小预先拨付部分资金,然后再根据事态的变化,不断追加拨款,直到整个救灾工作结束后再行清算。如汶川"5·12"大地震发生以后,中央第一笔救灾资金7亿元即于当天内到达,此后每天根据救灾工作的需要追加救灾款项,累计达60余次。二是挂账,即由处置紧急事态的部门或单位先用后核,等事态稳定后再行清算。如三鹿奶粉事件发生以后,中央政府立即出台了对受影响的患儿免费救治的政策,所需费用由各地卫生部门指定的医院先行支出,等待后期结算。无论哪一种方式,财政部门都对到底需要多少应急资金这一至关重要的问题心中无数,处于非常被动的地位。

2.应急财政资金总体上准备不足

现行应急体系下,由于应急是一个临时工作,无专门机构、无工作人员,自然也就无稳定预算。长期以来(即使是在2003年"非典"之后),类似自然灾害、突发事件这类的危机往往归入"难以预见事件",所需经费由未明确规定用途的预备费支付。按我国《预算法》第三十二条规定:各级政府预算应当按照本级政府预算支出的1%—3%设置"预备费",用于当年预算执行中的自然灾害救灾开支及其他难以预见的特殊开支。但在实践中,由于种种原因,中央财政和地方财政事实上都按一个较低的比例提取预备费(见表4-1)。

表 4-1　2001—2006 年中央政府与地方政府财政预备费提取情况一览表

（单位：亿元；%）

年份	中央政府			地方政府		
	预备费	本级支出	预备费占本级支出比重（%）	预备费	本级支出	预备费占本级支出比重（%）
2001	100	5845.17	1.71	300	11513.13	2.61
2002	100	6412.26	1.56	400	14700.72	2.72
2003	100	7201.05	1.39	450	16498.57	2.73
2004	100	7607	1.31	520	19161.64	2.71
2005	100	8775.73	1.14	640	24932.39	2.56
2006	150	9991.56	1.50	640	30221.6	2.11

资料来源：2001—2006 年《中国财政统计年鉴》之"国家财政预、决算"，中国财政经济出版社 2001—2006 年版。

需要指出的是，表 4-1 中地方政府预备费的数据是否真实，是一个极可疑的事。同时查阅 2001—2006 年《中国财政统计年鉴》之分省"一般预算收支总表"发现：2003 年全国 31 个省、自治区、直辖市中，只有北京、河北、山西、辽宁、广东五省（市）列支了预备费，但五省总额仅为 1181 万元；2004 年，湖南、广东、海南三省计提了预备费共计 3003 万元，2006 年新疆（4930 万元）、海南（1281 万元）、广东（1000 万元）、福建（139 万元）四省提取了预备费，共计 7350 万元。

即使是有限的预备费，也不一定就真的用于了自然灾害或危机意义上的突发事件。表 4-2 是 2001—2006 年间国家"救灾支出"与当年提取预备费的比较。

表 4-2　2001—2006 年我国救灾支出的基本情况　（单位:亿元;%）

年度	当年财政总支出	当年提取的预备费	当年救灾支出	中央财政救灾支出		地方财政救灾支出	
				金额	占比	金额	占比
2001	18902.58	400	35.86	25.00	69.7	10.86	30.3
2002	22053.15	500	38.62	25.00	64.7	13.62	35.3
2003	24649.95	550	56.95	41.50	72.9	15.45	27.1
2004	28486.89	620	49.04	40.00	81.6	9.04	18.4
2005	33930.28	740	62.97	42.48	67.5	20.49	32.5
2006	40422.73	790	70.99	51.02	71.9	19.97	28.1

资料来源:2001—2006 年《中国财政统计年鉴》,中国财政经济出版社 2001—2006 年版。

3.灾情会商制度下的利益结盟

现行体制下,一旦灾难发生且超过了地方政府的处理能力,即可向上级政府寻求援助。但在提出申请之前,要先经过与同级民政部门的灾情会商。由于后者在业务上要接受上级民政部门的指导,因此制度设计的初衷是要抑制地方政府夸大灾情,保证信息真实。但是,一方面,由于地方民政部门与本级政府之间存在高度的共同利益,因此常常一起向上级政府合谋套利,无灾报有灾,小灾报大灾。另一方面,由于各地区间经济实力相差很大,即使是相同灾情,不同地区所需要的上级财政援助也可能全然不同,因而不可能制定一个统一的标准,这就为讨价还价留下了很大的空间。对于财政部门来讲,由于救灾款是灾民的救命钱,因此对于这种款项的控制从根本上讲较平常宽松,有时宁愿多给一些,也不敢冒救灾款不足的风险。

4.以合规性为主的现行审计方法与应急资金内在的临机应变性之间存在天然冲突

现行体制下,对应急财政资金的审计主要通过危机过去后的专项检查来进行。审计的主要内容是:相关资金是不是用于紧急抢救、转移安置灾民等应急事务;救灾款物的发放和使用是否进行了公示,是否遵循专款专用的原则,有无截留、挪用和优厚亲友的情况等,因此总体而言是一种事后的、以合规性为主的审计。但是,应急事务基本上是高度随机的,危机中有多少人需要救助? 现金还是实物? 救急中需要购置哪些、多少物资设备? ……一系列的问题都要在救灾现场临机决定,很难保证资金的使用全部符合既有的规章制度(反过来说,现有的规章制度几乎不可能不带遗漏地设计出处置各类危机所需的全部救灾支出项目,更不用说标准了)。因此,在刻板的审计条文与带强烈机变色彩的应急工作之间,几乎没有一次检查不会发现救灾资金使用上存在着与现行审计规定不符的种种不当之处(当然,应急资金使用的"真实"违规违纪行为也同时存在)。在一定程度上,这种缺乏针对性的审计起到了"逆向选择"的作用,基层政府、干部尽可能将工作的积极性和热情收缩到刻板的审计检查所容许的风险限度之内,在一定程度上反而影响了救灾。

总之,由于我国现行应急体系的分散性与临时性,在相当大的程度上制约了应急财政资金实现从预算、使用管理到最终审计的全过程管理。应急体系本身的薄弱,是当前我国应急财政资金管理的根本性制度瓶颈。

(二)中央政府与地方政府之间、政府与社会之间缺乏合理的风险责任分摊机制

1. 中央与地方之间应急管理事权、财权不对称

分税制改革以来,财力重心上移、事权重心下移是整个财政体制的大趋势,特别是一些随着市场经济体制改革和形势发展所出现的新增事权,如基础教育、公共卫生、社会保障等,往往被指定在地方的事权范

围之内,类似突发公共事件处置这样的应急管理也不例外。

按"分类管理、分级负责、条块结合、属地为主"的体制,应急管理的事权实施属地化管理,事发地政府为主要责任人。鉴于各类突发事件的范围与影响程度不同,一般情况下上级政府均有不同程度的介入。另外,对于由地方为主处置的突发事件,中央部门有责任给予指导协调和帮助。

支出责任方面,制度性的规定是"地方自救为主,中央补助为辅"。只有在救灾所需要的支出超出地方政府的财政能力时,才向上级政府申请补助。因此,从理论上讲,应急管理的事权与财权是统一的,即主要归属于地方政府。

但是,在现行财政体制下,地方政府特别是中西部的地方政府对中央财政的依赖度很高,自身基本不提预备费,或尽量少提预备费,这使得在某种突发事件发生以后,地方政府急切中往往无钱可拿。特殊情况下,甚至会出现地方政府即使有钱也还是等待中央政府出手的事例。而此时中央政府鉴于事态紧急,社会影响巨大,往往慨然赴难,一掷千金,从而形成支出责任事实上的"中央支出为主,地方支出为辅"。2001—2006年的六年间,经简单算术平均后,中央财政资金占全部救灾支出的比例为71.38%,2004年高达81.6%(见表4-2)。这与名义上高于中央预备费达4倍以上的地方预备费形成鲜明对比。汶川地震期间,各级财政共支出809.36亿元(截止到2008年9月25日),其中中央财政支出734.57亿元,占90.75%,而地方财政预算仅支出74.79亿元,占9.24%。

中央财政资金是应急资金的主要来源有利有弊。从"利"上讲,由于中央财政比较宽裕,财力丰沛,因此由中央财政为突发公共事件买单,可解除地方政府财力上的后顾之忧,顺利推进救灾工作。从"弊"

上讲,由于地方政府是花中央的钱解救本地百姓,因此无论从哪方面讲都是多多益善,使用中不会有太大的动力来强化资金管理和节约使用资金,这是造成当前我国应急财政资金管理中若干问题的财政性制度成因。

第一,应急支出往往失之于宽,救灾资金成了普惠资金。"非典"期间,在北京,处于前线的医护人员固然享受了相应的津、补贴,但与"非典"防治工作并无直接关系的医护人员也领到了相关津贴;赈灾中,中央政府及时出台了向因灾"三无"人员提供每人每天1斤粮,每天10元钱的临时生活救助政策,但在实际执行中,有的受灾县发放出去的人数甚至超过全县人口总数。在抢险物资的购置上,更是常有不计成本、超量购买之举。

第二,应急资金的挪用、滞留屡禁不绝。为保证救灾效果,上级政府通常是将应急资金专项下达(而不是对地方进行综合财力补助),但中央政府相距遥远、信息不对称,难免下达的专项资金在方向和数量上都不很精确,地方政府主动或被动挪用、滞留上级财政资金也就比较常见。如"5·12"地震中,地方政府在应急抢险阶段急需支付援助人员的部分食宿费用、灾区卫生防疫临聘人员的劳务费、捐赠物资仓储和运输费、政府及工作部门搭建临时办公用房的费用等等,但同期下达的中央财政资金往往带有"自然灾害生活补助""公路、桥涵抢险"等帽子,并不能准确地对应应急抢险的进展。

第三,地方政府救灾行动迟缓。由于预知中央政府不可能对影响如此巨大的突发事件置之不理,地方政府于是捂紧了自己的钱包,尽量不在救灾上有实质性的投入。

2. 政府与社会之间缺乏风险分散机制,财政资金独力苦撑大局

类似于火山、地震、飓风这样的突发自然灾害,其造成的危害之大,

即使是能"举全国之力救灾"的政府也无法独自承担。因此从理论上讲，应当有一个覆盖事前预备、事中处置到事后补偿的全过程风险分散机制，否则灾害发生后，要么政府支出浩大，要么只能在极低、几乎只是"保命"水平上向灾民提供救济和补助。事实上，这正是我国目前的情形。

除了政府要建立事前的突发事件资金准备机制，企业、家庭、个人等微观经济主体也应有相应的准备与防范。一般地，在现代社会，以上主体的日常风险准备主要是通过购买灾难保险来实现的。遗憾的是，由于种种原因，我国巨灾保险发育极其迟缓，没有专门针对巨灾保险的险种，仅有的几种灾害险往往是作为财产险的附加而存在的。因此，保险公司的巨灾赔付与巨灾实际造成的损失悬殊。相关统计显示，我国近几年每年受灾人口达 2 亿多人，因灾害造成的直接经济损失每年超过 2000 亿元，但保险赔款仅占灾害损失的 1% 左右。例如，1998 年长江特大洪水造成的财产损失高达 2484 亿元，直接经济损失为 300 亿元，而其中仅 3.27 亿元的财产得到了保险赔款，仅为 1%。而在欧洲，这一比例为 20%，在美国更高达 50%。

来自社会各界的捐赠资金是全社会风险分担机制的另一个重要组成部分。从"非典"、雪灾和震灾这三次的情况来看，各类捐赠资金的总额并不小，但是由于我国各类慈善组织、民间基金会等非政府组织极不发达，历次捐赠资金在使用上看不出与政府资金有何差别，在救灾中发挥的作用极其有限。

三、我国应急财政资金管理的制度设计框架

根据我国目前应急财政管理方面的实际情况，相关制度建设需要

解决三个主要问题:一是应急资金准备不足的问题;二是中央与地方的财政救灾关系混乱的问题;三是财政救灾项目过少、标准不稳定的问题。我们认为,对于第一个问题,处理的基本原则是:各级政府都应建立自己的、多层次的灾害准备金,灾害一旦发生,未超出准备金部分由地方政府自己承担,超出部分由中央政府承担。对于第二个问题,处理的基本原则是:有关事权主体要明确,财权可交叉,但必须明确、可计算、可核查,同时要致力于在中央与地方之间形成捆绑式的激励相容机制。对于第三个问题,处理的原则是:全面审视现有制度,重新设计财政救灾的项目与标准。基本考虑是:一要增加项目,将救济范围从灾民的生命维持扩大到包括教育、医疗、住房等方面,并进一步扩大到对企业生产恢复进行扶持;二要稳定标准,彻底改变目前突出的救灾标准因地、因事而异、"一事一议"的现状。

(一)建立从中央到地方的多级准备金

为保证突发事件发生后的紧急资金需要,可考虑逐渐推动各级政府建立三级应急准备金。以中央政府为例。

1. 一级准备:足额提取预备费

首先要按预算法的要求,按 1%—3% 的比例足额提取预备费。其次,实行三年期滚动式基金预算,即以三年为一个周期进行动态调整,上年没有用的预备费结转到下年度使用,以保证在突发事件发生之后有一年以上的预备财力。以 2009 年为例,当年全国财政支出为 7.6 万亿元,如果足额提取预备费,则中央一级可保有 760 亿—2280 亿元的预备费,三年累计可达 2280 亿—6840 亿元,即使再发生汶川地震这样空前的巨灾,也基本可以应对无虞。

2. 二级准备：调整预算

一旦发生严重的自然灾害，用于灾后恢复与重建的费用往往是天文数字，为此需要调整预算，一方面可将治水、防灾、修建相关设施的经费优先下拨；另一方面也可移缓就急，将其他类似支出集中用于灾害发生地，优先办理灾区重建工程，支持灾后恢复与重建。

3. 三级准备：发行灾后重建特别债务

在动用预备费、进行预算调整后，若资金仍然不敷使用，则可发行特别债务用于灾后重建。

各级地方政府层面，也应循例建立上述三级准备金。结合我国实际情况，需要同时通过部门预算、人大监督敦促地方政府足额提取预备费，严格控制预备费的非灾使用。

（二）制度化中央与地方的财政救灾关系

中央与地方政府的财政救灾关系涉及两个方面，即事权的划分和财力的配置。根据国际经验，总的原则应当做到事权主体清晰、财力配置可交叉但必须明确，做到可计算、可核查、可审计。具体要按灾害管理的不同阶段分别处理。

1. 防灾、减灾阶段

事权方面主要内容涉及全国范围内的国土整治、大江大河的治理、区域性的防灾减灾设施建设以及有关灾害管理部门的技术提升与机构建设等。总体而言，由于这些事务多为跨区域或全国性的，具有强烈的外溢性特点，因此主要应由中央政府承担，其中一些防灾减灾项目可能由于处在某一行政区划范围内，地方政府更便于执行，则可通过中央财政专项转移支付的方式委托地方实施。不过，在某一地方区域范围内也可能涉及地质整治、域内河段的整治、堤防建设等则属于地方政府的事权范围。财力方面,主要通过相应层级的政府常规性预算体现。

2. 应急阶段

(1)事权主要归于地方,财力在中央与地方之间交叉配置。这一阶段涉及的应急抢险、灾民紧急转移安置、过渡期内救助等均属于明确的地方政府事权范围。财政责任方面,总的原则是地方性灾害主要由地方政府承担,中央可"以奖代补"给予支持;但是,一旦灾害较大,中央启动了应急响应机制,则同时意味着中央资金的注入。

鉴于地方政府往往拥有更多关于本地灾情的信息,为防止道德风险,因此要致力于在中央与地方之间建立捆绑式的激励相容机制。即,中央在任何情况下都不百分之百地承担资金责任,而是分情况、分类别地设定资金比例,最高可达95%。

(2)分区域、分类别设定各省灾害准备费比率。我国预算法规定,地方政府应当按当年财政支出的1%—3%提取预备费。由于预备费并非全部指定用于救灾,而是诸多事前未曾设想到的事务,因此将其全部作为灾害准备金是不现实的。可考虑将其中的一个比例专门用于灾害准备。我们对此的考虑是,可将灾害损失情况与地方政府的财力状况联动起来,据此将31个省级单位划分成灾多钱多、灾多钱少、灾少钱多、灾少钱少四类,每一类设定一个灾害预备费比率,基本原则是:灾多钱多则灾害准备金比率高;灾多钱少则比率较低一些;灾少钱多则比率再低一些;灾少钱少则比率最低(以当年财政支出为基数)。具体的金额需要进一步测算。

(3)设定两条控制线,分别计算中央与地方的资金责任。纳入计算的资金包括应急抢险、灾民紧急转移安置、过渡期内救助三项之总和。

第一控制线:这个范围内的支出,主要由地方政府承担。基本的考虑是覆盖地方政府启动本级应急响应所需的资金范围。

第二控制线:这个范围内的支出,由中央与地方政府共同承担。基本的考虑是覆盖中央启动的三、四级应急响应所需的资金范围;在这个线内,地方政府的灾害准备金用尽90%,超出部分由中央承担。

超出第二控制线的部分:这个范围内的支出,主要由中央政府承担,但最高不超过95%。基本的考虑是覆盖中央启动的一、二级应急响应机制所需的资金范围,具体见图4-3。

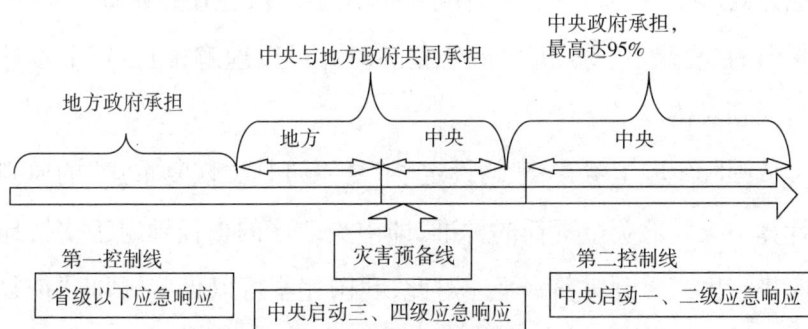

图4-3 应急阶段中央、地方财政资金责任分担示意图

要说明的是,以上设计是一个分段分级机制,灾害一旦发生,需要分段计算中央政府和地方政府的资金责任。假如某省发生了由中央政府启动一级响应的灾害,所需的全部资金将分成第一控制线以内,第一到第二控制线之间和超出第二控制线三个部分,然后分段分别计算,最后得出各自应承担的资金数量。

中央财政可根据上年各地区灾害情况和实际经济损失、地方财力等因素分别计算出各省的两条控制线,在每年编制预算时一并下达。

此外,在中国的实际情况下,地方发生的即使是未启动中央层面应急响应机制的自然灾害,且有关花费并未超过第一控制线,中央政府也很难不有所表示。对此,可引入"以奖代补"的思路,给予地方政府一定金额的救灾工作奖励。

3. 灾后重建阶段

灾后重建涉及地方各类设施、环境乃至社区的重建,具有强烈的地方性,相关事权宜归于地方,但由于所需资金浩大加上灾害的特殊性质,因此中央应承担主要的资金责任。鉴于此种情况下,存在事权与财力的信息高度不对称,因此必须建立防范地方政府漫天索价的机制。

(1)设定"恢复重建"的灾后重建资金支持标准。一般而言,很少有地方政府仅仅会将灾后重建视为简单的恢复,往往裹挟着明显的,甚至强烈的"更高、更好"的发展愿望。对此可以理解,但在资金责任上却需区别对待。

从国际经验上看,一般均设定了"复原如旧""恢复重建"的原则作为计算中央政府资金责任的标准,即中央政府的责任锁定于支持地方政府将灾区恢复到灾前水平。对此,我国完全可以借鉴,即将"恢复重建"作为中央政府对灾后重建资金支持的计算标准,一方面抑制地方政府将灾后重建作为资金索求的机会,重建中过于"大发展""大跃进",另一方面也有利于阻止地方政府将未来数十年的建设资金需要集中于灾后重建这一时点上,从而形成短期内过大、过重的资金压力。

(2)将地方政府报灾准确度与中央补助资金的比例联动,以激励准确报灾。

为了防范地方政府可能发生的道德风险,必须借鉴国际经验,在其报灾与中央补助资金之间建立联动机制。首先,设定一个基本的补助线,如整个灾后恢复所需要资金的80%;其次,按地方政府所申报的灾害损失、恢复所需要的费用与中央政府自己组织完成的灾害损失评估情况的接近程度,在80%上下浮动中央实际补助资金,最高可达100%。基本原则是,地方报灾与自评越准确越可以从中央得到较高比例的补助,反之,则得到一个较少的补助比例。

(3)分类设定补助比例。灾后重建包罗万象,中央政府在计算补助资金时,可根据需要对重建项目进行分类,凡是那些对灾区生产生活恢复特别重要的项目,可设定较高比例的补助资金,以体现中央政府的意图与政策导向。

(4)向地方政府提供灾后重建贷款。一般情况下,地方政府很少会将灾后重建理解为只恢复到灾前水平,往往会朝着更高更好的方向前进。这一点可以理解,但相关的资金责任要主要落实给地方政府。即使中央对此要给予支持,也易于采取无息或低息贷款的方式,以抑制地方政府过于强烈的发展冲动。

(三)明确制定政府财政救灾的项目与标准

当前,我国制度性的财政救灾项目主要有紧急转移人口应急安置补助、冬令春荒期间灾民基本生活保障、倒房补助三项,其中紧急转移人口应急安置补助系上级财政向受灾地区政府拨付应急工作经费之计算标准,不属于针对受灾个人、家庭和企业的救灾项目,而冬令春荒期间灾民基本生活保障则属于针对特定群体的季节性生活补贴,可调整到相应的低保体系支持。因此,现有三项救灾项目中仅有倒房补助一项宜于留用。

结合国际经验和我国近几次重大自然灾害发生后的实际情况,我们认为一个比较完善的救灾体系应当针对个人、家庭"基本生活恢复"和企业(特别是中小企业)"基本生产恢复"两个方面,因此要在现有倒房补助一项之外,增加救灾项目,稳定救灾标准。具体如下。

1. 针对家庭和个人的财政救灾项目及其标准

(1)抚慰金。即对因灾死亡、失踪人员家属和重伤人员的慰问与救助。汶川地震后,中央政府首次对每名死亡、失踪人员的家属发放了5000元的慰问金,此后历次自然灾害如玉树地震、水灾等都继续循例。

抚慰金虽是以灾害中死亡人员为基础发放,其实质却是对死亡人员家庭的生活救助,因此其标准的确定可参照同期城镇、农村居民人均生活消费支出中的食品支出。经过测算,在以2009年为基期、消除通货膨胀因素后,2010—2012年我国城镇居民消费支出中食品支出的预测值分别为4570.76元、4808.31元和5045.86元;农村分别为1697.38元、1778.14元和1858.91元。因此,5000元的慰问金可以相对高标准地满足因灾失去亲人的家庭所出现的临时生活困难,在未来3—5年内均可作为标准稳定下来。再长远一点,则需要与同期城镇、农村人均食品消费支出、低保标准、通货膨胀率等因素进行联动调整。

(2)临时生活救助。即对因灾致失去依靠,生活陷入困境,急需抚育或赡养、养护者和对儿童、青少年、老人、身心障碍者给予的生活救助。汶川地震后,实行了两类临时生活救助措施:一是对灾民按每人每天1斤粮、10元钱的标准发放临时生活补贴;二是对"三孤"人员按每人每月600元的标准发放生活费,期限在3—6个月之间。

鉴于临时生活救助更明确地定位于"生活"方面,因此标准的确定仍需要参考同期城镇、农村的基本生活需要。我们认为,在我国现行制度体系中,最低生活保障制度的目标正是锁定于保障居民的基本生活需要,因此可作为一个参考标准。

经过测算,以2009年为基期、在消除通货膨胀因素后,全国城市居民每月的最低生活保障标准的预测值分别为223.94元、232.28元和240.61元,低于现行每月300元的临时生活救助标准。据此,现行300元的临时生活救助标准可在3—5年内作为标准稳定下来,在5年以上更长的时间内,则需要与同期城市、农村低保标准、通货膨胀率等因素进行联动。

另外，根据国际经验，当受灾严重、灾民需要快速救助时，直接的现金补助有利于灾民自主安排，也有利于灾区购买力和市场恢复。但是，为防止灾民对现金补助的过度依赖，必须同时制定清晰透明的领取条件与退出时间，如受益人应当同时参加某些工作（类似以工代赈）等，时间应当明确规定为三个月。三个月以后生活仍有困难的家庭和个人，应及时转入相关的社会保障体系进行解决。

（3）住房恢复与重建。倒房重建是现有财政救灾项目中的一项，但长期以来，其具体标准变动不居，常常因地、因事而异，严重缺乏稳定性，需要重新进行设计。

考虑住房恢复与重建的补贴标准主要涉及两个因素，即住房的建筑成本和建筑面积。从日本、中国台湾、土耳其、印度等其他国家和地区的情况看，政府在实施灾后救助时，均以"户"作为补助单位，参照当地的建筑标准帮助灾民建造一个45平方米左右核心住房单元（不考虑受灾前的实际或自有的居住面积）。我们认为，可借鉴"核心住房单元"这个思路，作为确定政府支持住房重建的财政补助的测算依据（当然不一定是45平方米）。具体而言，城镇地区可参照同期的经济适用房标准，农村则可参照人均住房面积标准和户均人口两个因素来考虑；建筑成本方面，城镇地区可参照同期建筑安装成本，农村地区则可参照全国农村农户竣工房屋造价。

据此，以2009年为基期、消除通货膨胀因素后，我们的测算表明，2010—2012年城镇居民购买一套60平方米的经济适用房实际所需的资金预测值分别为128284.41元、132930.11元、137194.78元；在农村，以2009年为基期、消除通货膨胀因素后，按1户4人计算出住房面积，再乘以全国农户竣工房屋造价，修建一套住房实际所需资金的预测值分别为 67006.20 元、73044.13 元、79249.92 元。

比较之下,汶川地震后执行的是 20000 元/每户的标准大约占到城镇一套经济适用房的 15%,约占农村一套自建住房的 30%。因此严格说来,20000 元的住房补助标准偏低。但是,由于住房的私人品性质,客观上不可能全部由财政无偿全额供给。对此需要采用更灵活的思路和更宽广的视野,寻求制度层面的综合发力,一是多渠道解决灾后民众的居住问题,租房、简易过渡房、政府提供的公共住房等可纳入视野;二是建立相关的住房政策性金融体系,对灾民灾后建房提供长期、低息的信贷支持,可考虑的方法很多,如建立专门的住房银行、动用住房公积金发放重建贷款,或使用政府性捐赠资金进行住房贷款业务等。

除了上述三项新增或需要大修的项目,按一般做法,还需要在教育、医疗、社会保障等方面对受灾个人进行救助,但与上面三项有所不同的是,这些领域均已经存在常规性的政策,可以不再新增项目,而只是考虑将符合相关标准的群体在应急和过渡期结束后"自动转入"即可。

(4)教育救助。现有教育方面的救助措施有国家助学金、特别困难学生学费减免、生活费补助等。经查,后两项的申请条件中已有"因遭遇灾害致使家庭贫困"的因素,而国家助学金则无,可加入这一申请条件。

(5)社会保障。一是在社会保险方面涉及医疗、养老、工伤、失业四项,由于我国社会保障体系正逐步健全,覆盖面也正从城市向农村扩展。因此,这方面要做的事情比较简单,只需在应急抢险和过渡期结束后,将符合相关条件的受灾群体纳入对应体制即可。二是社会救助方面主要是针对城乡居民最低生活保障,同理,也只是将符合条件的人群及时纳入即可。

2.针对企业的财政救灾项目及其标准

比较而言,对于企业的灾后救助和帮扶比对家庭和个人的要复杂得多,一方面是因为我国企业之间尚存所有制差异,制度上难以一视同仁;另一方面是不同企业的受损情况、自我恢复能力差异极大,不易制定标准。基于政府的责任在于帮助企业恢复"基本生产",结合近几次重大自然灾害中对企业和个体经营者的相关支持政策,可将以减免税费为主要内容的现行政策稳定下来,但要注意时限方面的控制,将弹性较大的"恢复重建阶段"明确为三年。

总之,以上政府救灾项目的制度化和标准化有利于提高应急资金需求测算的准确率,有利于中央财政与地方财政之间"算账",有利于地方政府、灾区企业、家庭和个人综合考虑灾后生产、生活恢复与重建计划,具有极其重要的现实意义。

要说明的是,以上所有项目,均是在中央政府层面制定统一的救济与补助标准,各地在此基础上,可根据本地情况进行调增,重要的是要形成制度,坚决避免当前救灾中的"一事一议"。在此基础上,细化项目管理流程,公开信息,提高应急资金的管理水平。

除了以上三个方面的制度设计,加强应急财政资金的管理还需要从以下几个方面改进:一是加强财政应急体系的建设和完善,其中又特别是上下左右的联动协调,如应急物资固然要有平时的储备,也要有事发后的紧急采购与区域间的协调联动;应急资金固然要有各级财政建立的应急预案和紧急调动,更要有规则程序和事后算账的标准,还要有极端紧急情况下的备用支付体系;二是对应急资金的审计,既要从合规性的角度开展,也要尊重应急管理本身的特点,逐渐导入绩效审计;三是灾后重建资金管理中要积极采用针对性较强的预算管理方法,如重大自然灾害发生后,由于政府通常会制定出比较全面的恢复重建规划,因此完全有条件引入和使用在国外财政管理中已经非常成熟的"规划—项目—预算"技术(PPB),实现以规划引领资金投入、以资金限制规划浮夸、保证规划的严肃性;同时灾后重建的特殊性还为实施标准化的项目预算创造了条件,即以项目而不是部门为管理单元,一方面可打破部门分割、责任主体多元化因而权责不清、边界模糊的体制弊端;另一方面则有利于建立财政部门为核心的重建资金综合管理、统一调度模式,以提高灾后重建资金的管理效率。

基于公共财政视角的我国巨灾保险制度探析

关于巨灾保险的讨论由来已久，相关文献已如汗牛充栋。但是，在我国这样一个自然灾害频发、财政救灾支出极其浩大的国家里，为什么具有重大意义的巨灾保险方案反而一再折戟？本文从公共财政的角度——公共产品的受益范围和公私合作理论——对现有巨灾保险方案进行了评析，认为由保险部门主导提出的巨灾保险方案忽视了当下公共财政理财的一些基本规则，如讲求绩效、妥善处理政府间事权财权关系、精心构建政府与市场间优势互补、风险分担的合作机制等。在此基础上，就一个财政部门可能接受的巨灾保险方案的雏形谈了自己的看法。

在我国这样一个灾害，尤其是重大自然灾害频发的国家，关于巨灾保险的讨论由来已久。资料显示，我国关于巨灾保险制度的讨论主要始于 1998 年长江全流域洪水灾害，那次洪水涉及湖北、江西、湖南、安徽、浙江、福建、江苏、河南、广西、广东、四川、云南等省区，死亡 1800 多人，倒塌房屋 430 多万间，受灾人口超过 1 亿人，受灾农作物 1000 多万公顷，经济损失 2484 亿元。在这一次全国上下齐心、竭尽全力的救灾中，保险业共赔付 30 亿元，仅占整个损失金额的 1.2%。畸低的保险赔付暴露出以"防灾减损"为天职的保险业在面对与国家、民族和人民利益紧密相关的自然灾害领域的无能与乏力,也引起保险业自身的反思。此后,保险部门提出了一个我国巨灾保险制度的报告方案甚至拟定了条款费率。但是,由于"各方面认识没有统一",在一阵喧嚣之后,巨灾保险悄然退出了人们的视野。

对于巨灾保险的再一次关注是在 2003 年"非典"以后。同 1998 年情形一样,保险业在这一席卷全中国的公共卫生事故中同样捉襟见肘,整个赔付金额仅为 0.5 亿元,占全部经济损失的 0.02%。各方再次热议巨灾保险,但由于"各方面认识仍然不统一",巨灾保险再次被搁置。

2008 年 1 月,我国南方多省发生了持续的低温冰冻天气,交通、供水、供电、供气因此中断,大量旅客滞留,数以亿计的百姓生活受到严重影响,经济损失高达 1500 亿元。财政奋力救灾,各类应急与救灾资金高达 25 亿元(中央部分),而同一事故中保险的赔付仅为 16 亿元,占全部经济损失的 1.06%。冰灾刚过,5 月 12 日,四川省汶川又发生了震惊世界的特大地震,8 万人被地震夺去了生命,数以十万计的民房在地震中毁损,无数企业停产,全国再一次进入了全民救灾的紧急状态。这一次,财政花费更是史无前例,应急与灾后恢复重建达 8000 亿元左右。但是,与历次重大自然灾害的情形一样,保险业依然参与乏力,资料显示,所有赔付仅为 16.6 亿元,占全部经济损失的 1.96%。

在这几次牵涉国家和民族、涉及多省、数以亿计的人口的重大自然灾害中,作为"国企"的保险业,积极参与救灾,尽其可能为党和政府分忧,平心而论,态度是端正的,相关举措在现行制度范围内也是尽了力的。但由于制度本身的约束,无论保险业怎样努力,还是因为出力太小且事实上没有起到作用而招致各方恶评。保险业为此承受了巨大的社会压力。

经过几番折腾,"急需一个巨灾保险制度"再次成为全国上上下下的共识。2008 年 12 月修订通过的《防震减灾法》明确提出,"国家发展有财政支持的地震灾害保险事业,鼓励单位和个人参加地震灾害保险"。

对此,保险业反应积极。2009 年,巨灾保险制度被列为当年中国金融业的十大重点研究课题之一,有关部门积极邀请国外专家来华讲学或召开各类研讨会,认真探讨我国巨灾保险制度的技术与框架,2010年 6 月,中国保监会向国务院提交了巨灾保险制度的有关方案。

但是,同前几次情形一样,方案提交上去以后,很快又没了消息。据媒体的报道,这一次仍然是卡在各部门"没有形成统一认识"上。

在建立我国巨灾保险制度已形成高度"制度共识"的情况下,巨灾保险仍然只闻楼梯响,不见人下来,令人不禁疑窦丛生。所谓的各部门,到底是指哪些部门? 这些部门又是在哪些方面形不成统一认识? 原因何在?

一、拟议中的巨灾保险制度的主要内容

一般认为,巨灾保险制度主要涉及四个方面:一是模式问题;二是基金归集问题;三是偿付能力、责任与限额问题;四是定价问题。根据媒体透露的信息,我们试着对拟议中的巨灾保险制度进行一个大致的推测和粗略勾画。

(一)关于模式问题

从世界范围看,巨灾保险共有三种模式,即政府主导型、市场主导型还有政府与市场合作型。在我国,最初讨论巨灾保险时,各方多是将注意力集中于此,不过现在对这个问题已基本形成共识,即我们应当选择政府与市场合作型的巨灾保险模式。不过,与模式相关的还有另一个问题,即巨灾保险制度层次与内容。是建立一个国家层面的、涵盖主要自然灾害的巨灾保险体系,还是分险种、分地区逐步建立? 现在比较一致的认识似乎是后者。比如,已有意见认为,现在急需建立,而且相关数据技术能够支持的主要是地震巨灾保险[①],因此"在地震高发区可先行试点住宅地震保险"。

(二)关于基金归集问题

大多数的观点认为,需要由政府出面实施强制性的,或带有一定强制性的巨灾保险,以便以最小成本、最短的时间迅速归集资金以形成巨灾保险基金。至于这一基金平常如何管理,则有两种意见:一是建议委托具备相关条件和能力的、大型优质商业保险公司管理和运作巨灾保险基金;二是成立一个专门的机构。

(三)关于偿付能力、责任与限额问题

巨灾一旦发生,相关的损失与赔偿如何在政府与保险公司之间分担,这是巨灾保险制度的核心。从媒体的报道上看,来自保险部门的主流意见是认为巨灾保险是市场失灵的领域,相关风险与损失应当由政府来承担。

---

① 比如王和认为"鉴于住宅地震保险的相关研究较为成熟,可以先行考虑在地震高发区试点开展住宅地震保险"、魏迎宁也表示"鉴于住宅地震保险的相关研究较为成熟,可以在地震高发区先行考虑试点住宅地震保险"。

（四）关于定价问题

这取决于巨灾保险模式的选择，如果是要建立类似于地震巨灾保险这样单一灾种的巨灾保险，已有的意见是全国统一费率。

除却以上几个方面，现有的讨论似乎特别关注巨灾保险的立法问题。巨灾保险需要立法，这一点各方认识一致。但在法律的诸多具体内容，比如，政府与保险公司的责任与资金比例、巨灾保险基金的归集管理和运用，相关机构如何设立……不过在用法律手段强制推行巨灾保险这一点上，意见则很一致。

二、对现有巨灾保险方案的简要评析

可以看出，现在这个由保险部门主导提出来的巨灾保险方案还比较粗糙，在诸多核心问题上没有提出明确说法，的确不足以在"有关部门"之间形成统一认识，而所谓的"有关部门"，我理解，除了气象、灾害、民政、农业、水力、测绘、统计以外，更多是指财政部门。

在我看来，财政部门之所以一方面花费着巨额的资金进行着一次次的艰苦救灾，另一方面对保险部门提出来的这个巨灾保险方案又很不热心，并不是认为没有必要建立巨灾保险制度，而是目前保险部门提出的巨灾风险赔偿责任主要由财政承担（有一说是"财政百分之百承担"）的主旨恰恰成为财政不能承受之重。除此之外，以上巨灾保险方案还有另外几个"难产"点：第一，机构问题。不论是将巨灾保险基金交给有资质的商业保险公司运作管理，还是成立新的专门机构，都极费考量。如果是前者，商业保险公司如何保证将巨灾基金与一般保险业务相区分？发生了亏损怎么办？如果是后者,如何防止其成为一个新的官僚机构？其经营动力何在？业绩如何考核？会不会像此前若干的政策性金融机构那样要么成为财政持续的包袱,要么转向商业化经营？第二,巨灾保险能否强制？从保险业的角度讲,由政府出面强制推行巨灾保险确实具有最大的益处,如时间最短、成本最低等,但从政府的角度看,则可能成本最高、风险最大。之所以如此,是因为强制收钱最容易成为基层滥用公权和贪腐的渊薮,最容易成为激化矛盾、点燃群体性事件的导火索,何况巨灾保险面对的本来就是抗风险能力极度脆弱的群体。

灾害特别是巨灾是一种典型的"负"公共产品,本身不具备由市场自发提供的属性,管理巨灾保险主要应当是政府的职责,政府必须要在其中起到引领、规划、管理、扶持等多方面的作用,并积极寻求与市场的合作。因此,巨灾保险的实质是一种政策性金融活动,是介于财政与金融之间的中间地带,也是政府与市场需要合作的领域。我国巨灾保险制度的缺失,长期而言是由于政府缺位,短期而言则是现在拟定巨灾保险的有关方面即对政府如何与市场合作——广义而言,是政府与私人部门合作,即PPP——的机制、方式缺乏足够的认识,也对复杂的政府间财权与事权关系缺乏理解,以致拿出的方案不能得到财政部门的认同和接受。

对此,必须引入"公私合作"的理论与机制,尊重财政与保险双方的合理诉求,同时结合我国政府间事权的合理配置与分工,在风险共担、合作共赢的思路下寻求一个合理的解决方案。在这方面,不仅国外巨灾保险的经验可资借鉴,而且近年来我国推行政策性农业保险也可以提供有用的启示。

三、简要的理论分析——基于公共财政的角度

巨灾是一种"负"的公共产品,政府应当提供与之相关的防灾、减灾、应急和灾后恢复等公共产品(服务),这一点确定无疑。但是,在市场经济条件下,"政府怎样提供公共产品"却是一个远比"政府应该提供公共产品"更为复杂精细的系统工程。其中至少涉及两个方面:一是各级政府之间的关系;二是政府与市场如何合作提供公共产品。在财政学原理中,处理政府间财政关系的准则之一是公共产品的受益范围理论,处理政府与市场合作提供公共产品的则是公私合作(PPP)理论。

(一)公共产品的受益范围决定公共产品的提供主体

按公共经济学的基本原理,政府应当提供那些因为存在市场失灵、因而市场不能提供和不能足额提供的公共产品。至于公共产品的内涵,却是包罗万象,大到国防、环境保护,中到各类社会保障、教育、卫生,小到路灯、道路标识等等,需要对其进行分类。

一般地,按公共产品效益的外溢范围和程度,可以分为全国性的公共产品、地区性的公共产品和社区性的公共产品,如国防、环境保护即为全国性的公共产品,一个特定区域内的道路、水利设施等为地区性的公共产品,路灯、消防等则为社区性的公共产品。

对公共产品进行以上分类有两个重大作用:一是确定谁应为消费这类公共产品付费[1];二是确定应由哪一级的政府负责提供该公共产

---

① 表面上看,公共产品由政府支付费用,究其实质,来源于政府以税收形式向受益者收取的费用,即"税收是公共产品的价格"。

品。在当今世界,除了极少数的国家(如新加坡)属于单体政府以外,大多数国家均为多级政府。世界范围内看,比较普遍的是三级政府,如美国有联邦、州和地方三级政府,日本有中央、都府道县和市町村三级政府,法国有中央、省和地方三级政府。我国的情形比较特殊,共有中央、省、市、县、乡五级政府。

一般地,中央政府负责提供全国性的公共产品,其他各级政府则具体负责本区域范围内的地区性公共产品,另有一些涉及几个行政区的"公共产品",则要么由中央政府提供,要么通过设立区域性组织来提供。

另外,我国自然灾害强烈的地域性基本坐实了公共产品受益范围理论在巨灾保险制度中的适用性。在我国这样一个地域广大、自然地理气象状况差异极大的国家里,北旱南涝、东南部多台风海啸,西部多地震、泥石流等地质灾害,各地居民面临的自然灾害风险无论是强度还是种类都有很大差异,而这势必将对"谁为灾害付费"产生重要影响。

(二)公共产品提供中的公私合作机制(Public Private Partnership)

所谓的公私合作是指在公共产品的生产和提供中,公共部门和私人实体共同行使权力、共同承担责任、共同承担风险、共同分享收益的一种合作方式。

公私合作的核心理念是"优势互补,风险共担"。按照风险分配原则——即风险要分配给最适合处理该风险的一方——进行公共部门和私人部门之间的风险分配,以达成资金最佳使用价值的标准。欧文对这一原则进行了具体解释,即风险要分配给:(1)最适合对风险因子进行反馈以此降低该风险发生时产生影响的一方;(2)分配给最适合预测风险是否发生的一方;(3)以最小代价来吸收已发生风险成本的一方。具体而言,公共部门即政府通常要承担法律风险、政策变化风险、政府对项目标准或数量方面所要求的改变、一些历史遗留的风险以及潜在风险,而涉及产品的设计、运营和具体管理方面的风险,都可转由私人部门来承担。

公私合作是政府、市场主体各自优势的结合和相互利用。政府的优势在于拥有法律和政府的制定权,可以在更大的范围内动员资源,甚至在一定范围内创建一个市场,等等;市场的优势则在于通常拥有某一个领域内的专业知识与信息,在于直接面对数以万计的消费者,在于分散灵活地处理一桩桩的个案……因此,公私合作的实质是政府与市场在基于各自优势的基础上,在特定的公共产品领域内结成平等合作、互利共赢的关系,任何只获取收益而不承担风险的想法都将导致这种合作关系的破裂和终止。

四、建立一种分地区、综合性的巨灾保险制度

基于公共产品受益范围理论与我国灾害地域性的现实,再在当代公私合作理论的方向性指导下,同时借鉴国外巨灾保险和我国政策性农业保险的经验,就可以为我们设计出一种既适合我国国情又具备现实可行性的巨灾保险制度提供一种的新视角。

我们无意对巨灾保险制度进行从法律到机构再到具体业务方面的设想,仅提出与流行的关于巨灾保险的讨论不同的几点意见。

（一）以省为主，建立集成多个灾种于一体的综合性巨灾保险制度

目前比较主流的意见是，我国巨灾保险制度应当分灾种、分地区建立。进一步地，由于汶川地震、玉树地震留给各方面特别是四川、青海等地干部群众的印象还很鲜明，因此巨灾保险应以地震保险为突破口，以后再视情况分步骤将洪水、干旱等渐次纳入。对此，我们认为，这并不符合当前中国的实际情况。第一，我国各地差异极大，一些省面临着严重的地震灾害威胁，但另一些省则基本没有这方面的风险，如果要在全国范围内建立统一的地震保险制度，那些基本不遭受地震风险威胁的地区对此不会有积极性，即使强制推行，效果只会差强人意。第二，如果是一个全国性的地震保险制度，相关管理与资金责任就只能落实到中央政府身上，而这，正如实践所证明的那样，在当下之中国，有极大的难度。

我们认为，可考虑将巨灾保险的层次从中央降低到省，以省为主来推动巨灾保险制度的建立。即，各个省根据本省的实际情况，将那些易于对本地区生产和人民生活造成重大伤害的灾种（包括地震）一并纳入保险责任的范围，形成一种以省为主、集成多个灾种的综合性巨灾保险。在这样的分省模式下，巨灾保险制度设计中的诸多具体问题，如保障水平、费率、政府补贴的金额与方式等，均可在省内得到相对统一、合理的解决。

必须指出，现有关于巨灾保险的讨论时时会引证国外政府建立统一巨灾保险制度作为例子，比如美国的联邦洪水保险、法国地震保险、土耳其地震保险等。对此需要进一步的分析。首先，法国地震保险、土耳其地震保险都是在一个国土面积不大、有较强的灾害同质性的国家建立的，因此不会遇到前面我们一再强调的强烈的地区差异以及实际

付费与享受收益大幅度分享的问题,所以是可行的。其次,美国联邦洪水保险固然是由政府出面推动的,但针对的却是某一跨多个行政区的流域,如田纳西河流域、密西西比河流域等,对于跨行政区域的公共事务,由具有更高资源动员能力和协调能力的上一级政府来主持完全符合公共产品受益范围理论的有关精神,自然是合适和可行的。但是,这并不符合我国的实际情况。因此,我们认为,在我国建立巨灾保险制度必须基于我国是一个区域差异极强的大国的基本国情,同时要顺应改革开放以来我国地方政府主体性增强,尤其在财政领域已成为事实的联邦制的基本特点。这一点,在已有的讨论中已有体现,如林光彬提出"分省建设"的思路,另外也有人提出分地区建设的思路。理论上讲,分地区肯定比分省更有规模效应,但是考虑到我国区域间协调机制的产生和顺畅运转远非一日之功可以达成(这一点在历次关于政府间财权事权的讨论和财政体制改革的讨论中都清楚可见),而以省为主则具备现实可行性。当然,其间肯定会涉及资金规模不大、抗风险能力不强的问题。这一点,我们将在下文述及。

(二)保险标的应定位于农村和城镇的居民住宅

作为一种政策性保险,保险的标的应当是那些最易于遭到灾害袭击、最没有承受能力,对灾区的基本生产和群众的基本生活影响最大的方面。

从近几次重大自然灾害的情况看,影响最大的主要是三类:一是农作物;二是农业生产资料;三是农村、城镇居民的住房。对于第一、二类,现有的农业保险已基本可覆盖,即使有的省还没有将农机具、农业设备列入可保目录,也只需增加而已,技术上没有困难。对于第三类,则是在现有保险体系中空白且历次灾害证明确实必须解决的问题。因此,我们认为,巨灾保险的保险标的应当明确为因遭受灾害影响的居民住宅提供保险。

第一,农村居民住房。近年来已有多省进行农房保险的试点。从试点的实际情况看,与农业保险由中央支持、省级统筹的情况不同,农房保险总的来说还处于省级支持、地县统筹的地步,更为细碎和零散。我们建议,可将农房保险提高到与现有农业保险同样的程度,中央财政支持、省级统筹。

第二,城镇居民住房。比较而言,城市居民住房的情况远比农村居民住房复杂。目前,已有的一个看来比较主流的意见是,政府可强制性地推行城市居民住房保险,具体可仿照"住房维修公共基金"的做法,由居民在购房时一并交纳相关的保险,且"新房新办法、老房老办法"。对此,我们认为必须要谨慎。已有的住房维修公共基金由于强制收取、管理混乱已成为社会高度关注的领域,并一再引发冲突。如果再强制收取一个保险金,而且这个保险金还要每年收取,难度可想而知。我们认为,还是必须基于政策性保险的角度,政府致力于提供一种"买得起"的保险,通过保费补贴、税收减免等方法创造一种低费率标准的居民住宅保险,由房主自愿权衡购买。这当中可能会出现覆盖率是否过小的问题,从农业保险的例子看,即使在没有强制的情况下,地方政府通过宣传、行政动员和其他一些管理方法,事实上还是解决了这个问题。城市居民住房可以此为借鉴。

世界银行曾对中国政府提出过一份建立巨灾保险的方案,该方案中提到,巨灾保险还应针对风险承受力弱的中小企业,我们完全同意。不过,将中小企业纳入财政支持的政策性保险的范围,至少从目前看,还不具备相关的管理能力,以后则可视情况纳入。

（三）中央政府（财政）的责任①

同农业保险一样，中央政府有责任支持巨灾保险制度在各省的建立。这种责任体现在以下几个方面：一是将建立巨灾保险作为一项政策目标和任务，对各省提出建议和要求。二是给予资金支持，同农业保险一样，中央政府可通过保费补贴的方式，调动地方政府的积极性。三是协助各省巨灾保险分散风险，一方面可创造出一个由各省巨灾保险机构共同组成的"内部市场"，通过一系列的分保与再保设计，平滑各省巨灾保险的风险和资金责任，这种分散因为基于经济利益导向而更多是一种市场行为和自主选择行为，具有更大的可接受度；另一方面，积极向国际保险市场进行分保和再保，在更大范围内分散风险。四是在适当的时候也可支持巨灾保险的证券化进程。五是在各省巨灾保险、全国巨灾保险资金出现超赔以后，承担固定比例的最后责任。六是提供税费方面的支持与优惠。

（四）保险公司的责任

在以省为主的巨灾保险中，保险公司总的来说是经办人的角色，利用自己的专业优势积极介入，具体形式多种多样，如招投标、特约、合同、联办等，具体的工作职责定位于销售巨灾保险、查勘、定险、理赔，同时积极参与相关的防灾减灾工作。保险责任方面，基本原则是风险共担，即在一定范围内（比如所收取或累积的保费总和）承担赔付责任，

---

① 瑞士再全球合作部主席李伟思表达了同样的意思，他表示政府的首要任务应是通过适当立法确保保险市场能发挥作用，这将有助于个人和公司化解很大一部分灾害损失。随后，政府应考虑通过预先融资解决方案来建立准备金，进行应急融资以及实施主权保险解决方案。在这些方案都已付诸实施后，政府才应通过预算手段、债务融资或捐助等进行灾后融资，以弥补剩余损失。

具体形式取决于与省政府之间的谈判,目前农业保险中浙江、北京等地的分层设计机制均可供参考。

总之,巨灾保险作为一个负公共产品,一方面政府在其中负有当然的领导和推动作用,但与此同时,必须正视我国地域广大、自然灾害呈显著区域性的基本事实,注意打破整体政府、全能政府的认识局限,将政府的作用定位于通过政策前导、行政推动、保费补贴、税费支持等行政和经济多管齐下的方式,致力于将巨灾保险这种从保险业角度看属于"不可保风险"降低到保险公司可保、保险人可投的程度,继而在全国范围内形成以分保、再保为主旨的内部市场并逐渐启动向国际市场的再分保等,以此方式为巨灾保险"托底"。另一方面,保险业则侧重于发挥营业网点遍布全国、市场资源雄厚和专业力量强大的优势,设计出巨灾保险的费率、赔偿比例以及相关管理机制并承担保单销售、理赔等具体事务。由此,在双方之间形成优势互补、风险分担、利益共享的合作机制,以达到协力共助、合作共赢的目的,推动巨灾保险制度的尽快出台。

我国政府购买服务的
理论基础与操作要领初探

政府购买服务是近年来我国社会管理和财政管理中的热点问题，既关系到公共服务提供的质量，也关系到社会组织的健康发展。本文认为，政府购买服务的实质是公共产品的私人生产，是公私合作伙伴关系（PPP）的一种具体形式，其理论基础是"公共产品生产"与"公共产品提供"两个概念的分化。凡是能确认受益主体且能衡量受益程度，因而具备收费条件的公共产品或公共服务，就可以交由市场生产、政府购买。

2009年3月17日，党中央国务院发布的《中共中央国务院关于深化医药卫生体制改革的意见》中明确指出："对包括社会力量举办的所有乡镇卫生院和城市社区卫生服务机构，各地都可采取购买服务等方式核定政府补助。"政府购买服务这一与市场经济相适应的新型理财方式由此步入了公众视野，正在被越来越多的人所熟悉。实践层面，近年来上海、深圳、山东等地已不同程度地启动了政府购买服务的行动，广州市更于2009年通过了《中共广州市委、广州市人民政府关于学习借鉴香港先进经验推进社会管理改革先行先试的意见》，第一条即为加快转变政府职能,推进政府购买服务。可以预计,在公共财政建设不断深化的背景下,政府购买服务作为构建公共服务型政府的一个新型理财方式,将会越来越多地成为我国财政实践的一部分。

但是,什么是政府购买服务?它的理论基础是什么?操作要领何在?政府购买服务前后的角色、地位、责任有何不同?对我国而言,推广政府购买服务特别需要强调和注意的方面是什么?以上问题在现有理论与实践下还鲜有回答,本文拟对此进行初步的探究。

一、政府购买服务的理论基础

从广义上讲,政府购买服务包括以政府为主体向市场购买的各种服务。按照"谁是这些服务的消费者"为标准,政府购买服务通常可分为两类:一是政府自己作为消费者向市场购买的服务,如政府部门的保洁、保安、电脑维护、车辆租用等;二是政府作为提供某类服务的责任主体,而消费者是符合某种规定、应当获得某种服务的居民,如各类市政服务、特殊教育对象、孤寡老人看护、居家医疗照顾等。

从公共经济学的视角来看,政府购买服务的实质是公共产品的私人生产,是公私合作(PPP)的一种具体形式。自萨缪尔森提出公共产品的经典定义以来,"政府提供公共产品,市场提供私人产品"已成为市场经济条件下对于政府职能的一般性认识。理论研究同时表明,政府提供公共产品并不等于政府亲自生产公共产品,只要条件适宜,某些公共产品由私人生产比政府生产具有更高的效率。

关于公共产品私人生产的条件,德姆塞茨(Harold Demsetz,1970)认为,在能够排除不付费者的情况下,私人企业能够有效地提供公共物品;并且通过歧视性价格策略——对不同消费者制定不同价格——可以达到收益最大化从而保证私人能提供足够的公共产品①。戈尔丁（Goldin Kenneth,1979）也认为，某种公共产品若不能通过市场手段充分地提供给消费者，那是因为把不付费者排除在外的技术还没有产生或者在经济上不可行。一旦能够实现排他，则可对消费者施加"选择性进入"的约束条件——如收费——而将那些不付费者拒之门外。简而言之，公共产品私人生产的条件关键在于有没有排他性的技术以及这种技术的实施成本。

实践中，能否排他取决于两个因素：一是技术条件；二是成本因素。通常情况下，技术进步往往能将那些原来不能排他因而只能归入公共产品范围的某些产品推进到可排他的范围之内，或大幅降低排他技术的经济成本使得其在现实中成为可行。比如，一般认为城区道路是比较纯粹的公共产品，但在电子道路收费技术突破以后，就可以通过收费来排除那些不愿意付费的车辆，达到高峰时段交通控制的目的。

公共产品由私人生产以后，政府就由生产、提供公共产品两责并行转为专门负责公共产品的提供或曰"送达"（Delivery）。因此，区分公共产品的生产与公共产品的提供两个概念中整个公共产品私人提供的理论基础，自然也是政府购买服务的理论基础。

二、哪些服务可向市场购买？

理论上讲，凡是能确认受益主体且能衡量受益程度，因而具备收费

---

① ［美］德姆塞茨：《公共产品的私人生产》，《法与经济学》1970年第3期，芝加哥大学出版社。

条件的公共产品或公共服务,就可以交由市场生产、政府购买。这里又有两种情况:一是服务的质量标准清楚明白,双方可以事先详细约定权利、责任和价格等,因此即使受益主体不能量化到个人,但政府还是能以一个公平的价格支付相关费用,典型的如各类市政服务的市场购买,我们将这类服务称为"硬服务";二是该项服务难有详细的服务质量标准,在很大程度上取决于接受者的主观感受,但受益主体清楚明白,政府因而可以直接补贴消费者,由其自主选择服务的提供商,我们将这类服务称为"软服务"。无论哪一种方式,现实中政府购买服务往往还需要具备以下操作条件。

(一)市场上有大量的服务提供者

一方面,大量服务提供者的存在能使政府在转出某种公共服务的生产时有承接的对象;另一方面,大量服务提供者的存在使市场能始终保持一定的竞争性,因而无论是政府亲自购买还是间接购买,都能以合理的价格获得,从而规避或化解公共产品定价这一核心难题。

(二)政府亲自购买服务时,服务本身要易于列出详细的质量要求和标准

一般情况下,政府需要与服务的提供者签订正式合同,因此双方必须在合同中对服务的质量、标准、规格、费用、违约责任等进行相对明确的约定,才能保证后期的顺利执行。这往往是政府购买服务的重点和难点。

(三)政府间接购买服务时,受益主体应当十分明确

某些公共服务,如各类老年服务项目、医疗看护等等,依赖于接受

者的主观感受,因此政府要通过制订条文确定合适明确的受益主体。

(四)政府有能力对政策和管理进行全过程控制,从而进行正确监督与评价,合同监督成本可接受

(五)不存在相关的法律阻碍

具体到服务的种类,结合国内外的实践,可以归纳出以下几个方面。

1.市政服务:道路清扫、保洁、城市绿化管养、管道修缮维护、垃圾收集等。

2.社区公共服务:包括对社区家庭和居民个人提供权益维护、社会救助、优抚安置、心理辅导和矫治、纠纷调解、治安、外来人口管理、公益服务、老年服务等。

3.非基础性教育和医疗服务:包括特殊人群教育、学前教育、幼稚教育资源的委托管理、社区医疗卫生服务、突发事件后的精神救助等。

4.行业性公共服务:行业调查、统计分析、资质认定、项目评估、业务咨询、技术服务、贸易纠纷诉讼、电子商务公共信息服务等。

5.技术性、中立性公共服务:包括咨询、审计、监管、评估、科研服务、再就业教育培训、农民工就业培训、社会就业指导和服务等。

6.其他适宜于向市场购买的服务。

三、怎样购买服务?

依据硬、软两种服务的不同特点,国内外实践中常常采取以下两种

方式:合同外包与凭证制度。

（一）合同外包（Contracting-out）

所谓合同外包,是指将原来政府直接提供的公共服务事项,通过直接拨款或公开招标的方式,交给有资质的社会服务机构（包括由事业单位转制而来的社会组织）来完成,最后根据中标者所提供服务的数量和质量来支付服务费用,这种方式适于那些可以详细说明服务的标准、质量、规格的硬服务。因此,合同外包的实质是对生产者进行补助,其主要操作方式是竞争性招标（在美国是最常见的方式,在英国则是对市政服务强制性的要求）。在操作中可按如下程序进行:

第一,确定招标的服务种类。

第二,准备招标合同细则。

第三,发布招投标说明。

第四,投标。

第五,评估标书和签约。

第六,监测、评估与促进合同的履行。

由于政府购买服务的实质是引入竞争,因而在合同中不应对投标对象设置身份歧视性条款,各类营利性企业、非营利性组织甚至政府部门内既有相关职能部门均可作为投标主体。另外,既然是合同,就必须尽量考虑合同的完备性,一方面要详细说明所购买服务的规格、质量标准等,另一方面要说明合同双方的权利、义务与违约责任等,文字要清楚、含义要准确无歧义。经验表明,这往往是政府购买服务项目中的重点与难点,如2007年在突尼斯召开了一次政府购买服务的国际研讨会,与会者一致认为,合同外包往往要求某种类型的合同安排和对合同内容、条款、术语的清楚理解,例如时效、服务数量、财务、责任等。

（二）凭证制度

对于那些与消费者的主观感受相联系、难以说明质量标准、规格的"软"服务，如特殊教育、老年看护等，国外政府购买服务的实践中多使用凭证制度，即由政府向符合条件的公民发放购买凭证。与合同外包补贴生产者相比，这种方式则是直接补贴消费者。

同样地，政府采用凭证制度的前提，也需要市场上有大量的服务提供者，竞争相对充分，消费者可以方便地面向市场寻找、选择自己需要的服务提供者。与合同外包相比，凭证制度的优势在于：可以适应特定群体、个人的个别化差异，提高消费者对于政府服务的满意度；同时这种方式最大限度地降低了政府监督与管理成本，因为将服务的选择权交给了千百个消费者，他们从最大化自身利益出发所进行的分散决策能自动解决在政府集中购买情况下所必需的对于服务提供者的选择、比较、监督和更替等复杂工作。此外，凭证制度还能有效地促进竞争，提高服务提供者对于消费者的回应率。

四、政府的责任：从生产者到管理者

政府在将生产某些公共产品（服务）的职责交给市场后，自己的身份职责就转向更高层次、更广泛意义上的"管理者"。国外多年实践表明，对于政府购买服务而言，后期管理至关重要，如无良好管理，则必无良好结果。

管理的主要内容是合同的执行。在以合同方式将某种公共产品的生产外包出去后，政府首先要对其提供的情况进行监测。监测的内容包括:接受投诉、检查承包者的工作记录、定期或不定期地实地考察、阶段性的调查和评估等。从国外的实践看,通过接受投诉的方式来监测中标者的服务情况十分重要。其基本要点是要保证居民向政府主管机关而不是向承包商投诉。为了获得良好的监测效果,国外非常推崇由上级管理机构作为接受投诉的主体。有时候根据服务的特点,也可以聘任退休人员或家庭主妇进行监测,但即使在这种情况下,对监测信息进行分类、判断并整改的责任也仍然在政府。在此基础上,政府还要对服务质量进行评估并决定下一期的合同是否延续或更换承包商。

广义地说,政府购买服务的管理工作还包括如何筹资、如何付费等,在某些服务(如医疗卫生)特别复杂的情况下,这些与资金管理有关的工作往往会发展出一个专门的部门进行处理。

总之,政府购买服务的实质是公共产品的私人生产。但是,政府不直接参与生产公共产品不等于政府可以在将生产外包的同时将管理责任一并放弃。政府始终是提供公共产品的主体,无论是直接购买,还是凭证发放,公共产品(服务)是否提供到位、质量如何、成本高低、老百姓是否满意……所有的管理责任仍然集于政府一身。政府是提供公共产品的主体,这一点,无论采用什么形式的公共产品的生产方式,都不会改变。

五、政府购买服务的国内试验

近年来,随着我国市场经济建设的深入和政府职能转型的需要,部分地方政府已不同程度地启动了政府购买服务的实践,如 2006 年上海市浦东新区社发局、经信委、劳保局等 8 个政府部门分别与民办阳光海川学校、阳光慈善救助社、街道老年协会等 8 家民间组织签订了购买服务的协议,2007 年 6 月与 32 家培训机构签订政府购买职业技能培训成果的协议,三年来已向民间组织支付了 1.2 亿多元的服务费;广州市海珠区委以 200 万元向社工组织购买青少年事务服务的开支;山东省潍坊市从 2009 年 7 月开始实施了政府购买社区卫生服务的政策,择优确定了 16 个社区卫生服务中心和 64 个社区卫生服务站;深圳市宝安区西乡街道 2008 年 1 月向 5 家企业采购"花园街区";浙江省以政府购买服务方式支持毕业生基层就业。在这诸多探索中,无锡市最为引人注目。

无锡市于 2005 年就开始探索公共服务的政府购买改革,其最初的尝试是当地将结核病防治交给民营的安国医院托管,政府相关职能部门主要进行监督考核,并接受患者的严格评议,在此基础上向供方拨付相关费用。在获得经验后,2006 年,无锡市扩大了政府购买服务的范围,将市政设施养护、环卫清扫保洁、水资源监测等 11 个项目纳入了政府购买服务。2007 年起,无锡市又全面实施政府购买居家养老服务,凡市区 80 周岁以上老人可获得由政府提供的每户每月 360 元的居家养老服务补助券,居家养老服务机构按照服务协议选派服务人员提供服务,并向服务对象收取服务补助券。

但总的来说,我国政府购买服务的实践尚停留在零星个案的水平上,向市场购买服务的范畴大多停留在部分因人手或专业技能缺乏、政府无力胜任的方面。对于外包出去的服务,政府在诸多方面尚存不足。

第一,透明度不高,合同条文不够清晰严谨。如市场对于当地政府需要购买哪些服务不太清楚;双方基于各自利益理解合同条文,矛盾时有发生,有时甚至对簿公堂。

第二,竞争度不够,如在选择服务提供者时较多地使用"定向"方式而不是市场化程度更高的"招投标"方式,很多时候中标对象仍然是那些政府体系内的事业单位。

第三,监测、评估服务的方式较为陈旧,不能反映老百姓对于服务的真实感受。

第四,个别地方和部门还存在着将本职工作外包出去、自身赋闲的反常局面。

第五,在核定服务价格方面存在过大的自由定价空间,外包后相关财政支出不降反升,形成了新的设租和寻租现象。

我们认为,政府购买服务作为市场经济条件下一种新型的理财方式,在我国财政实践中具有广阔的应用空间。为了推进此项工作进入良性发展,可以从以下几个方面努力。

(一)进一步转变理财观念

改革开放以来,我国政府的理财观发生了从单一地注重投入到近年来投入、产出并重,从计划经济时期财政资金主要补贴生产者到现在补贴生产者与消费者同时并重。近年来,随着公共财政和民生财政的引入,财政资金现在与未来的支出压力都急剧增加。这种情况下,更需要转变理财观念,积极寻求和探索能增强和关注财政资金使用效率的新型理财方式。政府购买服务作为市场经济条件下政府提供公共产品(服务)的方式,有利于节约财政资金、提高公共服务的质量,应当在更大范围和程度上得到推广。

(二)将提高透明度和竞争度作为推广、建设政府购买服务的两大基点

政府购买服务是一个综合的过程,其中蕴含着复杂的管理问题,但

究其根本,透明与竞争是政府购买服务制度的灵魂和抓手。我国现有政府购买服务(广义地说是政府采购)中的很多问题都与透明度不高、竞争度过低有直接的关联。以有的地方反映的面向市场招标时没有足够的应标者为例,我们不否认某些购买在启动之初,的确存在市场准备不足因而应者寥寥的情况,但是仔细分析大多数的流标案例,其中均另有隐情;即使真有缺乏足够服务提供者的情况,只要假以时日,根据"需求引致供给"的经济学原理,市场自然会创造出来。再以当前有的地方实行政府购买服务后,相关财政支出不降反升的情况为例,除服务人员增加、成本上升的正常原因之外,多数时候或是因为政府指定服务提供者所致,或是由某一个或几个服务商长期把持所致。必须牢记,政府购买服务的精髓在于打破垄断,一旦竞争比较充分,有关公共产品(服务)的价格自然会呈现,服务质量也会相应提高,提高财政资金效率的目的才能顺利达到。

(三)明确管理责任,提高政府购买服务的管理水平

一是准确识别哪些服务项目可以外包,哪些服务项目只能通过发放凭证的方式让老百姓自主向市场购买;二是在此基础上细化合同条款,对于外包出去的服务项目要尽量清楚、准确地列出其标准、质量、要求、规格等;三是建立良好的消费者投诉机制,保证老百姓向政府自己而不是向服务承包商进行投诉,必要的时候可建立由上级部门接受投诉的机制;四是加强对合同执行情况的监测,构建由政府、消费者、中介机构共同参与的立体化监督体系;五是对外包服务的绩效进行常规化评估,增大消费者满意度在是否续约、延聘方面的影响作用。

政府管理与支持社会组织的
国际经验及其对我国的启示

　　加强和创新社会建设是我国在新时期面临的重点任务之一。本文认为,加强社会建设应突出两个抓手:一是大力促进社会组织的发展,二是完善公共服务的提供。本文考察了美国、英国、日本三国政府对于社会组织的管理政策和财税支持政策,认为它们之间存在清晰的双重关系:一是管理与被管理的关系,二是提供公共服务的合作伙伴关系。两者共同为建造一个繁荣、稳定、民主的社会作出了贡献。在此基础上,笔者对如何改进和加强我国社会组织管理、强化公共服务的伙伴关系提出了建议。

　　党的十八大报告指出,"加强社会建设,是社会和谐稳定的重要保证"。从十七大的"社会管理"到十八大的"社会建设",反映了党和政府对"加强和创新社会管理"这一重大命题的深化认识。落实到如何加强社会建设,内容千头万绪,方法众说纷纭。本文认为,社会建设应主要把握住两条基本脉络:一是培育和促进社会组织①的发展,二是完善基本公

————————

　　①　国际上对于社会组织的称谓有非政府组织(NGO)、非营利组织(NPO)、志愿部门等。为方便行文,本文在论及国外时,使用"NGO",在论及国内情况时,则使用"社会组织"。

共服务的提供。联结两者的纽带则是在提供公共服务方面逐渐形成政府与社会组织之间的合作伙伴关系。结合我国的具体情况,如何通过相关政策设计改进对社会组织的管理,同时利用财税政策工具有意识地培育和支持社会组织的发展,还是一个需要深入研究的问题。为此,本文考察了美国、英国、日本三国政府管理与支持社会组织的主要政策体系和财税政策,以期对加强我国社会建设、完善公共服务提供可资借鉴之处。

一、美国政府对于 NGO 的
管理和财税支持政策

在美国,公民结社的合法性来自于历史与相关的宪政原则,无须行政审批。所以对 NGO 进行管理的不是某种专门法,而主要是税法,这是其显著特色之一。

美国《国内税收法典》从五个方面对 NGO 进行规制:

一是组织定义。《国内税收法典》规定,任何完全致力于宗教、慈善、宗教、科学、公共安全测试、文学、教育、促进国家或国际体育竞技、预防虐待儿童和动物等的法人机构、社区福利基金、基金会,只有其净收益不是为了保证股东或个人利益、其行为的实质不是为了进行宣传倡导活动或影响立法、不代表任何公职候选人参与或竞选时,才可以申请该条款的免税资格。

二是资格的认定。申请免税资格程序极其复杂,其中最重要的一环就是认真和如实填写所谓的"1023 表",并准备好相关的一切文件。该条款同时规定,免税组织的资产必须永久性地投入公益慈善事业,这就是著名的"公益资产的不可撤回性"原则,这意味着即使免税组织解散,它所拥有的资产也不能由创办人或者投资人收回,而只能分散到该条款规定的其他事业或移交给政府用于公益事业。

三是经济利益。对于通过免税检验的 NGO 组织,一方面可以免交联邦所得税和失业税,同时向其捐款的企业或个人也可以依法享受税收优惠。在美国,个人或公司只有向这些免税组织捐赠才可享受相关的优惠,其中个人捐赠的最高限额,不得超过其收入调整后毛所得的50%,向私人基金会捐赠的则不能超过毛所得的 20%;公司捐赠的最高扣除限额不超过应纳税所得的 10%,如果涉及遗产税,则所有捐赠金额都可以从计税总额中扣除。不过,要特别指出的是,如果这些免税组织在主要事业以外有各种商业性活动和收入,则必须依法缴纳"无关宗旨的商业所得税"。

四是报表与信息公开。所有通过免税检验的组织,必须每年向联邦税务局报送年度报表。报表内容覆盖了组织存在和运行的每一个细小环节,非常复杂详细,以致免税组织必须聘请专业人员填写。另外,除专利、商业机密、国防资料和其他法定不需公开的信息外,这些免税组织的所有报表及附加材料都必须持续向公众公示三年。

五是政治性活动。所有通过免税检验的组织,均被绝对禁止参与任何政治竞选活动。无论是联邦政府还是州政府,监管的重点都是NGO 的财务与税务。在联邦政府层面,监管 NGO 的主要机构是财政部下属的联邦税务局免税组织司。监管方式上,除了传统性的审查方法以外,近年来越来越多地采用了一种称为"EOUC INITIATIVES"的综合法。检查内容包括免税组织是否按规定记录财务和活动情况、填报相关报表,它的活动是否与法定免税地位相符合等。操作上既向特定群体发放调查问卷等,也利用现有档案数据和公开信息对社会组织进行调查。一旦发现 NGO 有违规情况,轻者处以罚款,情节严重者则取消免税资格。在州政府层面,负责对 NGO 进行监管的是州首席检察官和州税务部门。通过年度报表审查、抽样审计等对 NGO 进行监管,同时各州对于慈善组织也有相应的免税与监管规定。

除了严格的监管,美国政府对 NGO 更有各色各样的支持举措。主要体现在以下三个方面。

第一,尊重与合作。在出台与 NGO 有关的政策之前,美国政府通常会自觉地将 NGO 吸纳到政策形成的过程之中,与 NGO 组织共同分享部分公共政策的制定权。

第二,提供财政资助。有研究表明,美国 NGO 收入中的 35.6%来自于政府部门的资助。资助的形式包括:直接向 NGO 拨款、政府购买 NGO 的物品和公共服务、委托研究、咨询项目等。这使得 NGO 成为政府向公民提供各类公共服务的重要支撑力量。

第三,持续激励公民的奉献精神。历届美国政府都高度重视激励公民的奉献精神,并将其视为"美国精神"的一部分。典型的例子如 1933 年罗斯福政府创建民间资源保护队;二战后肯尼迪政府组织的和平队;克林顿政府建立的国家与社区服务组织等。这些国家行动创造了有利于各类 NGO 开展慈善募捐、召集各类志愿者、组织各类公益活动的有利环境,有力地促进了 NGO 的不断发展壮大。

二、英国政府对 NGO 的管理和财税支持政策

(一)英国政府对 NGO 的管理——英国慈善委员会

在英国,慈善委员会是专门对 NGO 进行管理的机构。该委员会成

立于 1853 年,靠财政资金供养但直接对英国议会负责,现有近 600 名工作人员和每年 3000 万英镑的固定预算。

慈善委员会的使命是管理慈善事业,增加公众对于慈善机构的信任与信心。其职能主要有两方面:一是登记,二是监管。就登记而言,慈善委员会核准登记的标准主要有三条:一是与另外的慈善组织无重叠;二是必须有自己的章程、宗旨目的、行政管理办法;三是必须组成托管理事会。对一个 NGO 而言,必须到慈善委员会进行登记注册,才能获得稳定的法律地位、税收减免和得到资助的途径①。就监管而言,慈善委员会采用的方法是基于风险的分类监管法,即按营业额大小对 NGO 进行分类,重点监管资产规模大、影响大或经营管理存在风险的 NGO。在英国 20 万家 NGO 组织中,大概有 1 万家的资产额占到全国慈善组织的 90% 以上。慈善委员会就重点监督这 1 万家组织,然后对 1 万家组织中规模较大、占总资产额 46% 及以上的 400 家组织特别加强监管,其他中小型的慈善组织,只要提交年度总结报告,并附上简单的收支报表即可。监管的具体方法是接收公众投诉与举报,如果确定一个 NGO 的受益者利益、资产、服务或信誉处于最高风险之中且委员会的介入将会产生影响,委员会就将其列入调查名单。调查时可采取不同的方法,如要求 NGO 提交年度报表与财务报告、由委员会委托临时经理(当 NGO 由于某种原因不愿意和委员会合作时)等。值得一提的是,除了事后纠偏,慈善委员会还高度重视预防性工作,可在 NGO 有需要时,介入并协调其内部冲突,从而保持 NGO 的整体稳定性,消除可能发生的不良影响。

---

① 英国《收入与资本利得税法》第 505 条规定,以"慈善为唯一目的"成立的慈善组织从任何个人或依托公司取得的大多数形式的收入可以免税。

(二)英国政府对 NGO 的支持——《政府与志愿及社区组织关系协定》(COMPACT 协议)

1998 年,英国政府与 NGO 签订了 COMPACT 协议,这是一份英国政府与志愿和社区组织之间确立合作伙伴关系的法律协议。协议开宗明义地声称,"一个健康的志愿和社区组织是民主社会的必要组成部分","政府与志愿和社区组织发展合作伙伴关系将有利于制定更好的政策,提供更好的服务以及取得更好的社区治理效果"。协议的主要内容涉及五个方面的准则,即:资金与政府采购准则、咨询与政策评价准则、志愿准则、黑人和少数民族准则、志愿及社区准则。对于每一方面的准则,都议定了一些原则以及为了实现这些原则政府和志愿部门各自的关键责任。以资金与政府采购准则为例,共设定了五个原则,即结果引导,简单与均衡,一致和协调,透明和责任,决策与信任、互谅。为了实现这些原则,共列出了政府的十一项关键责任,如尽可能地给予志愿和社区部门参与项目设计的机会、与志愿部门讨论可能的风险、尊重志愿组织的独立性、实施长期资助计划、及早支付费用等。同样地,也列出了志愿与社区组织的一系列关键责任,如遵循保密性,参与项目设计时应明确自己代表谁以及如何代表其意见,有明确的责任,一开始就认同规范,准备好所需的管理系统,诚实报告等。为了落实该协议;英国政府成立了内部促进会,负责敦促所有的政府部门贯彻该协议;英国志愿联合组织则负责在志愿部门内部促进协议的实行。

COMPACT 协议是世界上唯一一个政府与 NGO 为建立合作伙伴关系而正式签订的法律文件,对推动双方的合作关系、促进 NGO 的发展起到了巨大的作用。

三、日本政府对于 NGO 的管理和财税支持政策

日本在历史上是一个专制国家,近代虽然走上了资本主义道路,但对于 NGO 组织仍然心存疑惧,因此在相当长一个时期内,对于 NGO 采取了限制、约束为主要特征的政策。1995 年阪神大地震发生以后,日本的志愿者、NGO 在组织救援、灾后恢复重建中发挥了重大作用,一举改变了全社会对于 NGO 的看法并直接导致了相关政策的转型。

(一)日本政府对于 NGO 的管理

1998 年,日本通过了《公民活动促进法案》和《特定非营利活动促进法》两部在日本 NGO 发展史上具有里程碑意义的法律。这两部法律界定了 17 个特定非营利活动的范围,大大降低了 NGO 的门槛(例如会员只需 10 人以上,不要求注册资金和固定办公场所),实行认证制等。该法同时还规定,NGO 法人只要没有违反政令,行政原则上就不对其进行监管,完全交给民间自治;NGO 法人必须实行信息公开,进行团体的自我管理等。以上规定对于日本市民社会的发展和民主化程度的加深都起到了积极作用。

(二)日本政府对于 NGO 的税收和财政支持

在日本,一般的 NGO,除了会费可以免税外,其他收入都要纳税。但是对于那些从事慈善、救助为主要宗旨的 NGO,税法另外设置了"认定 NGO 法人"条款,由税务部门根据七个条件进行审批认定。一旦获得认证,税法则给予特别优惠的减免税待遇,其本身和向其捐赠的人都

可以免税。

日本各级政府对 NGO 有各类直接的财政支持,如外务省建立有 NGO 事业补助金制度,农林水产省设有"NGO 农林业协力推进事业",邮政省有"国际志愿者储金",建设省有"国际建设协力事业",环境省有"地球环境基金"等。这些财政资金一部分以事业费的形式直接拨付有关 NGO,政府并不特别指定用途,另一部分则以项目经费的形式给付。在地方,几乎所有的地方政府都与 NGO 建立了合作关系,如神户县国际交流协会下设有"民际协力基金",对县内从事国际援助的 NGO 提供支持;千叶县甚至提出了"NGO 立县"的口号;石川县还首创了 1%支援制度①。资料显示,日本有 47 个都道县、约 43%的市区町村实施了对 NGO 进行减免税的政策,32 个都道县府、68 个市区町村都设立了 NGO 支持中心。

四、借鉴与启示——政府与 NGO 的双重关系

以上国际经验的考察留给我们的鲜明印象是,NGO 是政府提供公共服务的伙伴,是政府管理社会的助手。一个 NGO 强大的国家,往往同时也是政府自信有力、社会生动和谐的国家。

(一)政府与 NGO 的关系之一:管理与被管理

在我们以上所考察的国家中,依情形不同,政府相对于 NGO 都有

---

① 即市政府将当年税收的 1%用于支援 NGO,但由市民决定支持哪家 NGO。

两种角色,一是管理主体,二是合作伙伴。就管理主体而言,正如相对于市场主体,政府有责任提供制度、维护交易秩序与规则一样,对于NGO,政府也扮演了同样的角色。一方面,基于宪法的主张,公民结社是自由社会的基本人权之一,如非特殊原因,政府不能限制民间的此种自由;另一方面,各国政府以不同形式承担着对 NGO 的管理责任,如美国的税法、英国的慈善委员会,相关规定非常严密、执行极其有力,即我们通常所说的"轻进入,重过程",致力于提高 NGO 的透明度、公信力和规范运行。

(二)政府与 NGO 的关系之二:伙伴关系

与企业不同,NGO 的成立、存在均基于公共利益,仅就这一点而言,与政府有相似之处。事实上,在现代国家出现以前,救贫济困、赈灾、教育医疗等这一类公共事务很大程度上是由社会组织来承担的。只是在福利国家时代,政府才全面承担起这类公共职责。但即使如此,随着公民对于公共服务的质量、数量的要求越来越高,同时对于提高税收的容忍空间越来越有限,政府于是重新转向市场与社会,重新认识NGO 在满足公民那些未被满足的需求、凝聚公民意愿、培育公民精神等方面的重大作用,进而将其视为社会管理、公共服务的重要力量,由此发展出与 NGO 之间的所谓伙伴关系。实践层面上看,在美国,与个人服务有关的公共服务主要是由各类 NGO 组织提供的;在英国,政府与 NGO 签有 COMPACT 协议;在日本,政府与 NGO 之间形成了良好合作关系,不仅促进了公共服务的提供,而且在某些政治、外交、宗教等政府不方便行动的领域部分,NGO 也积极充任政府的助手,取得了很好的效果。

（三）放松法律限制、加强过程管理是促进 NGO 发展的必要条件

由于历史原因，日本曾经也对 NGO 存有疑虑。但由于阪神大地震、"9·21"大地震的触发，NGO 向全社会显现了它们公益、公德的一面，进而改变了全社会对于 NGO 的态度。此后日本通过放松相关法律规定，创造了 NGO 生长发育的良好生态。这一点具有重大启示，即对于社会组织而言，转变现有僵死、萎缩、依赖、弱小的固有路径，正是相关法律规定从"限制"到"促进"的重大转变。

五、促进我国社会组织发展的相关政策建议

在我国，由于历史与现实的原因，政府部门对于社会组织的管理总体而言是"控制型""约束型"而非"促进型"和"发展型"。随着我国市场经济体制的建立健全和公民意识的逐渐增强，社会组织已大量存在。与此同时，在向服务型政府的转化过程之中，从政府部门转移出来大量非关键的管理职能必须要有相应的主体来承接。因此，应及时调整我国社会组织管理体制，通过财税政策工具促进社会组织的成长发展，逐渐塑造、完善政府与社会组织之间的双重关系，为政府转型、创新公共服务提供方式奠定坚实的基础。

（一）对社会组织实行分类管理

据不完全统计，我国现有各类登记和未登记的社会组织为 250 万—270 万家，其内部成分、功能、大小、资金来源等非常复杂。就出资

人而言,既有政府出资的一些协会,也有企业出资的各类私募基金,还有靠收取会费为主的行业、学术团体;就功能而言,既有政治、宗教类团体,也有代行某一方面管理职能的各类协会,更有大量致力于慈善、教育、环境保护、疾病防治、救贫济苦的公益团体……不一而足。从我国的实际情况看,现阶段还不具备向所有社会组织全面开放的条件与环境。可根据社会组织的类别制定分步开放、分类管理、分类立法的框架体系,对那些职能定位于政府助手的社会组织,如工商经济类、公益慈善类、社会福利类、社会服务类等放开门禁,以后再视情况逐渐推开。

(二)进一步降低准入条件

在各方面的大力呼吁下,民政部已取消对社会组织的双重登记体制。下一步还应进一步降低社会组织设立的门槛条件,逐渐由登记制向认证制转化,逐渐放松限制设立分支机构的规定,鼓励社会组织在竞争中不断规范、不断提高质量、不断发展壮大。

(三)调整社会组织行政管理体制,强化对社会组织的业务与过程监管

放松登记注册门槛的同时,必须同时辅以严格规范的过程管理。可考虑在顶层建立一个类似于英国慈善委员会这样的机构,负责全国层面的政策与指导,建立针对社会组织的信息公开、公众举报、年度检查制度、牵头调查处理制度,要对社会组织的章程、组织结构等提出规范性的指导意见,推行国际通行的"公共资产的不可撤回性"原则。在各地,可以考虑筹建社会组织的联合机构,对上执行国家统一政策,对下协调本地区、本行业的集体行动与内部冲突,充分发挥社会组织自律、自治和自我管理的作用。

（四）对慈善公益类社会组织给予税收支持

在社会组织中，那些主要从事慈善公益的社会组织是一个具有公共利益导向的特殊群体，各国惯例均对其实行税收优待，我国也不例外。税收优待主要体现在两个方面：一是对慈善公益组织本身的税收减免。如对于取得的与"宗旨"相关的收入予以所得税免除，对其用于从事公益性活动的固定资产，如房屋等给予免税；考虑到我国税收环境的实际情况，慈善公益组织所从事的与其宗旨无关的收入则应分别计账、依法纳税。二是对这些经过税法认定的慈善公益组织捐款的企业和个人，可在一定范围内免除所得税。对此，我国税法已有相关规定，如对个人捐赠可从其应税所得中按30%的标准扣除，对企业则按12%的标准扣除。下一步需要考虑适度提高标准以及非现金捐赠如何进行税收处理等。

（五）向社会组织购买服务并吸纳其进入公共服务的决策过程

在我国现行体制下，还不太可能比较广泛地给予公益慈善组织以直接的财政资金支持。但是，无论在中央政府层面还是在地方政府层面，都通过"政府向社会组织购买服务"的方式。一方面支持社会组织的发展壮大，另一方面减轻政府在提供公共服务方面的负担。这一方式在各地已多有试点，下一步需要明确标准、规范程序、提高透明度、促进公平公开，逐渐将其纳入政府采购体系。结合社会组织的特殊性，政府应尽量将相关的社会组织吸纳到公共服务的政策制订过程之中，需要提供哪些服务、质量标准是什么、参与条件是什么、如何评估服务质量与绩效等，都应与这些可能成为服务提供者的社会组织多加商讨。

这不仅有助于社会组织本身的成长与发展,塑造和强化其作为政府"助手"和"伙伴"的作用,而且有助于政府规范行政、增强公共政策的可执行性,同时有利于减轻政府负担、促进政府职能转型、提高公共服务的整体质量。

总之,发达国家的经验表明,社会组织是社会建设的基石,一个社会组织活跃的国家,通常意味着拥有丰厚的社会资本和游刃有余的资源动员能力。在我国加强社会建设的大背景下,社会组织的繁荣、与政府之间的互信合作关系,不仅有利于社会的和谐稳定,而且有利于促进政府职能转型和公共服务提供方式的完善。为此,需要借鉴发达国家的经验,积极调整相关体制,大力利用财税政策工具,促进和规范社会组织的发展,为全面建成小康社会打下坚实的基础。

国家治理视角下的政府性基金管理研究

随着财政收入增长"一位数"时代的来临,统筹管理所有形式的政府收入的紧迫性正在凸显。当前,政府性基金已成为除税收之外的第二大收入来源,日益受到社会公众的关注。本文回溯了我国政府性基金的前世今生,并以民航为例考察了国外类似情况。基本结论是,我国多数政府性基金收取的必要性是显而易见的,但存在两个突出问题必须解决。一是"收、支、用、管"一体化的管理机制,二是公共企业信息公开不够与公共定价机制缺失。在此基础上,本文将当前我国45项政府性基金重新分类,划分为"准税收""租""使用者付费"和"加价收入"四个部分,并分别提出了改进意见。

财政转型是国家治理转型的"牛鼻子"。"通过改变国家取钱、分钱、用钱的方式,就可以实质性地改变国家的治理模式"(马骏、王绍光,2008)。一般公认,包括收入汲取和预算安排在内的财政能力是国家治理能力中最重要的组成部分。在我国,财政收入的汲取能力有目共睹,但财政收入的分散也同样触目惊心。以2014年为例,据不完全统计,我国广义政府收入①超过20万亿元,其中财政收入达到14万亿

---

① 在我国,广义政府收入=税收收入+非税收入+政府性基金+社会保障收入+国有资本经营收入。2014年,上述几项的收入分别为11.9万亿元、2.1万亿元、5.4万亿元、2.24万亿元和0.17万亿元。共计21.81万亿元。

元左右,且财政不完全具有统筹能力的政府性基金就达到 54093.38 亿元,占当年整个财政收入的 40%、政府收入的 20% 左右。由于政府性基金多为部门管理,透明度较低,又多涉及水、电、油等民生产品,因此牵动社会神经,为各方所诟病①。更重要的是,随着我国经济进入新常态,财政收入增长也将长期处于“一位数”时代,这种情况下,统筹管理政府所有收入就变得比任何时候都更加重要。推动政府性基金改革势在必行。

一、我国政府性基金的前世今生

资料显示,我国政府性基金主要是在当时国家财政收入有限、财力不支但又必须要举办一些重大公共事业、建设工程的情况下,财政部门允许相关部门自行筹集经费所打开的一道口子。经验表明,一旦允许各部门自行收费而同时疏于管理的话,就相当于打开“潘多拉的魔盒”,极易失控。果然,在其后的十来年中,各地方、各部门纷纷出台各色各样的收费项目,一度到了泛滥成灾、民怨沸腾的地步。对此,国家曾发起过多轮清理整顿。如 1996 年,国务院发布《关于加强预算外资金管理的决定》,将养路费、车辆购置附加费、铁路建设基金、电力建设基金、三峡工程建设基金等 13 项数额较大的政府性基金纳入财政预算,这是“政府性基金”这一名词见于记载的伊始。2002 年 4 月 23 日,财政部发布《关于公布取消部分政府性基金项目的通知》,规定从 2002

---

① 新华社 2014 年 8—12 月连续 10 次播发“钱去哪儿了”系列报道,追问各类行政事业性收费或政府性基金的去向。涉及土地出让金、机场建设费、住宅维修资金、高速公路收费、彩票资金、水电油价“附加费”收入以及停车费等,引起社会强烈关注。

年 6 月 1 日起取消 277 项政府性基金项目,这是历次整顿政府性基金动作最大的一次。2010 年,国务院出台《政府性基金管理暂行办法》,要求各地每年编制政府性基金项目并向社会公布,严令不在此目录的范围之外,企业和公民有权拒交。此后,财政部每年编制《全国政府性基金项目目录》并定期向社会公布。综观这几年的目录,尽管每年都有一些调整,但政府性基金项目一般保持在 43—45 项之间。

近年来,由于种种原因,我国政府性基金增长很快。特别是在地方政府层面,即使扣除占比最大的土地出让金,政府性基金的增长仍然十分明显。更引人注目的是,在各级财政收入、支出双双上升,且大多数年份都有数额不等的赤字情况下,历年政府性基金都有大额结余。如表 4-3 所示。

表 4-3 2010—2014 年中央与地方政府性基金收入情况

年份	全国政府性基金(亿元)	中央政府性基金(亿元)	占比(%)	地方政府性基金(含土地出让金)(亿元)	占比(%)	地方政府性基金(不含土地出让金)(亿元)	当年余额(亿元)
2010	36785.02	3175.75	8.63	33609.27	91.37	5411.57	635.87
2011	41363.13	3130.82	7.60	38232.31	92.40	7091.89	794.87
2012	37534.90	3318.16	8.80	34216.74	91.20	8912.22	822.21
2013	52268.75	4238.44	8.10	48030.31	91.90	8957.32	834.73
2014	54093.38	4097.51	7.57	49995.87	92.43	9591.53	907.13

数据来源:财政部网站 2010—2013 年全国财政收入决算表,2014 年数据根据财政部公布的《2014 年全国财政收支情况》整理而成。

目前,社会对于政府性基金主要存在以下几个方面的质疑:一是收取的法理依据不足。有研究者称,在现行 45 项基金中,有明确征收依据的仅有 6 项;二是收取的标准不清楚,调整机制缺失;三是政府性基金使用管理信息不透明、不公开,等等。除了这几个方面,深层次地讲,笔者认为还存在以下三个突出问题。一是政府性基金的部门化特色比较明显。在现行财政管理制度下,政府性基金采用的是"列收列支"的方式,由相关部门负责征收、使用和管理,即"收、支、用、管"高度集中于某一部门。由于缺乏各环节之间的制衡,造成诸多不良后果。二是公共定价机制不完善、不科学。政府性基金中具有"价格"性质的部分,多对应特定重大基础设施的各类成本费用补偿,但由于种种原因,相互之间的数量关系不十分清楚,引发公众质疑。三是一些重大基础设施建设的资金来源"面目模糊",政府性基金成"唐僧肉"。

二、对我国政府性基金的重新分类

从实践上看,现行 45 项政府性基金中类别复杂,性质迥异,令人眼花缭乱。"什么都有、是'第二预算'",一位财政厅厅长如此说。有鉴于此,对于上述社会发问很难笼统回答。必须要对其分门别类、一一甄别,细加考察和分析,才能找出存在的真正问题,也才能寻找出妥善的改进之策。

根据财政学基本原理,所有政府收入不外乎四种形式:税收、使用者付费、国有资本(资源)收入、债务,分别简称税、费、租、债。以此为标准,我们尝试着对现行 45 项政府性基金项目进行整理和重新分类。

(一)"准税收"类政府性基金

衡量一项政府性基金是不是税的标准,是看其是否具备税收之实,即是不是用于那些本就应当由税收支持的支出项目。有税收之实没有税收之名的支出项目被称为"准税收"。据此,以下 9 项政府性基金可划定为"准税收"类。如表4-4所示。

表4-4　具有税收性质的政府性基金项目

序号	基金名称	序号	基金名称
1	文化事业建设费	6	残疾人就业保障金
2	国家电影事业发展专项资金	7	城市公用事业费附加收入
3	彩票公益金	8	城市基础设施配套费
4	可再生能源发展基金	9	旅游发展基金
5	地方教育附加收入		

（二）"租"类政府性基金

在经济学概念中，"租"是指产权主体因出租、出让资产所获得的收入。在政府性基金中，特指政府出租、出让国有资本（资源）所产生的收入，在当前主要表现为土地使用权出让收入和来自于国有企业的收入。如表4-5所示。

表4-5　国有资本、资源收入性质的政府性基金项目

序号	基金名称	序号	基金名称
1	新增建设用地有偿使用费	6	农业土地开发资金收入
2	中央特别国债经营基金	7	铁路资产变现收入
3	新菜地开发建设基金	8	电力改革预留资产变现收入
4	国有土地收益基金收入	9	烟草企业上缴专项收入
5	国有土地使用权出让金收入	10	转让政府还贷道路收费权收入

（三）"使用者付费"类政府性基金

"使用者付费"的基本特征是政府因提供特定服务、向特定对象收

取的费用,具有明确的服务——收费的对称性。与一般的行政事业性收费不同的是,政府性基金中的收费项目专属性更强,使用者更加明确。如表4-6所示。

表4-6　使用者付费性质的政府性基金项目

序号	基金名称	序号	基金名称
1	森林植被恢复费	7	废弃电器电子产品处理基金
2	育林基金	8	散装水泥专项资金
3	船舶港务费	9	新型墙体材料专项基金
4	长江口航道维护收入	10	海南省高等级公路车辆通行附加费
5	无线电频道占用费收入	11	车辆通行费
6	核电站乏燃料处理处置基金	12	水土保持补偿费收入

(四)"加价"性质的政府性基金

在政府性基金目录中,有10项是通过提高价格(如电价、票价等)产生的收入。根据这些基金的管理条文,这些加价产生的收入要么是用于相关工程、设施的建设支出,要么是用于贷款的还本付息支出,要么是用于日常维护与营运成本支出。如表4-7所示。

表4-7　加价性质的政府性基金项目

序号	基金名称	序号	基金名称
1	农网还贷资金	6	南水北调工程基金
2	铁路建设基金	7	大中型水库库区基金
3	民航发展基金	8	水库移民后期扶持基金
4	港口建设费	9	三峡水库库区基金
5	中央水利建设基金	10	国家重大水利工程建设基金

（五）其他

此外，还有三项不能归入上述分类的基金：一是船舶油污损害赔偿基金收入，这相当于相关企业缴纳的事故押金；二是政府住房基金收入，这是由各级政府代为管理的住房公积金的孳息收入；三是"其他政府性基金收入"，一并归入"其他"。

三、政府性基金管理的国际
经验借鉴：以民航为例①

必须承认，在国际政府管理与财政管理实践中，以基金方式管理特定用途和特定方向的资金，是一种常见的理财方式，并非我国独创。但是，相当长一个时期以来，我国政府性基金过多强调"专款专用"，强调部门对其的管理权和支配权，而在资金管理、信息公开、基金增值方面乏善可陈，以致实践中政府性基金更多成为一种收入概念而非管理要求，实乃咄咄怪事。反观发达国家，一方面同样也要保证国家重大基础设施建设项目的资金需要；另一方面本国财政管理的制度规则同样适用于政府性基金，更全面地凸显了"基金"之本来意义。以民航为例，很多国家都通过收取专门的税费、设立专款专用基金来支持其庞大的基础设施建设费用、巨额的运行维护费用等资金需要。

英国航空旅客税。英国自 1994 年 11 月 1 日，对从英国国内出发的航班征收航空旅客税（Air Passenger Duty），征税对象为民航的承运

① 本部分资料转引自笔者指导的国家行政学院 2015 级 MPA 学生曹庆利学位论文《我国民航发展基金改革问题研究》，特此致谢。

人(航空公司),至今已经过 5 次重大的修订。英国航空旅客税的征税标准考虑两个因素:一是航线的距离,二是座位等级,具体如表 4-8 所示。英国航空旅客税收入纳入国家一般预算收入管理,未采用专款专用的管理模式,英国机场、空管等民航业基础设施的投入由国家预算统筹安排支出。英国税收和海关总署每季度公布一次航空旅客税中涉及的旅客人数和税款收入。以 2013 年为例,涉税航空旅客人数 1.01 亿,航空旅客税申报金额 29.62 亿英镑,实际收入 29.6 亿英镑。

表 4-8 英国航空旅客税征税标准 (单位:%)

目的地距离伦敦里程(英里)	优惠税率(乘坐最低等级座位)		标准税率(乘坐除最低等级以外的所有等级座位)		较高税率(飞机起飞全重超 20 吨且旅客人数少于 19 人)	
	2013 年4 月 1 日	2014 年4 月 1 日	2013 年4 月 1 日	2014 年4 月 1 日	2013 年4 月 1 日	2014 年4 月 1 日
A 档(0—2000)	13	13	26	26	52	52
B 档(2001—4000)	67	69	134	138	268	276
C 档(4001—6000)	83	85	166	170	332	340
D 档(6000 以上)	94	97	188	194	376	388

注:如果最低等级的座位面积超过 1.016 平方米收费则按照标准税率。
数据来源:英国财政部消费税 550 号通知(Excise Notice 550:Air Passenger Duty)。[1]

美国机场和航路信托基金。美国于 1971 年设立了机场和航路信托基金,其法律依据是 1970 年出台的机场和航路税收法案。基金的收入来源主要有三个方面:一是人员和货物航空运输税,二是航空燃油税,三是一般预算收入等。其中,美国的人员运输税分别对国内航线旅客和国际航线旅客征收,实行分航段计税。航空运输税由航空公司负

---

① 资料来源:英国财政部,2014 年 9 月,航空旅客税公告(Air Passenger Duty Bulletin-September,2014)。由于实际收入金额按照收付实现制确认,故实际收入的时间比申报时间一般滞后一个月左右,导致实际收入与申报金额的差异。

责收集和汇缴纳税。机场和航路信托基金主要用于机场建设、机场设施维护、研究和部分美国联邦航空管理局的行政运营等,由财政部提供给美国联邦航空管理局(FAA)、美国交通运输部(DOT)进行支出。以2013财年为例,机场和航路信托基金收入是 130.88 亿美元,总支出116.17 亿美元。其中,机场和空管的运营费用 47.96 亿美元,占总支出的 41%;对地方机场和空管的补助 36.53 亿美元,占总支出的 31%;设施设备支出 28.49 亿美元,占总支出的 25%;其他项目如研究支出、航空公司支出等比重较小。

加拿大航空旅客安全费。2002 年 4 月,加拿大政府为向航空旅行安全体系提供资金支持,设立了航空旅客安全费(the Air Travelers Security Charge),开始向使用加拿大航空运输体系的航空旅客征收。目前执行的征收标准为:国内单程每人 7 加元、国内来回程每人 14 加元、跨境航班每人 12 加元、国际航班每人 24 加元。航空旅客安全费在旅客购买航空服务的时候支付,由航空公司在票款中直接收取并汇缴国家收入局,支出则主要用于加强规则制定、复核标准的执行和对所有的安全服务进行监控。收支情况每年在财政部的出版信息中公告。

归纳起来,各国针对民航、机场、空管方面的建设与营运资金需求,都有专门的管理办法。概括而言,有以下几个方面的启示与借鉴:一是多以专项税收划费来筹集资金,法律依据明确、法律级次较高。上述三个国家涉及航空的税费均由国家最高立法机构批准。二是"收、支、用、管"相互分离、相互制衡。三个国家用于民航方面的资金、收入均由税务部门依法收取,支出由财政部门按预算支付,航空管理部门负责具体支出与使用,执行国家预算管理的通用规定。三是信息公开。英国定期在国家财政和税务部门网站公布航空旅客人数和税款收入明细,美国、加拿大也定期在财政部等政府网站公布收支运行情况。四是有合理的征收标准制定和调整机制。如英国航空旅客税的征收,按航线里程和座位等级不同分别制定,具体税率还结合经济发展情况每年进行调整。在加拿大,如果航空旅客费收入超过了加强航空旅客安全体系的项目支出,就要降低征收标准。五是监管处罚制度严厉。为保障收入的及时全额收缴,三个国家都有严格的监管和处罚制度,如英国税务与海关总署对航空公司申报的纳税数据,其追溯时限一般为4年,最长可达20年。这些对我国政府性基金管理具有重要的借鉴意义。

四、分类整顿我国政府性基金的主要政策建议

(一)以破除政府性基金的"收、支、用、管"一体化为核心,建立健全政府性基金的管理机制

笔者认为,当前我国政府性基金中,最重要的问题是"收、支、用、管"一体化所致的管理问题与公信力不足。在现行财政管理制度下,政府性基金采用的是"列收列支"的方式,由相关部门负责征收、使用和管理,即收、支、用、管高度集中于某一部门,"一体化"特征明显。反观发达国家,对于民航、交通、水利工程等重大基础设施项目,一方面坚持国家支持和投入的基本原则,另一方面则主要是通过规范的税收或收费来保证债务偿还和营运、维护的资金需要,由税务部门负责取得收入,财政部门负责安排支出,项目管理部门只负责"管"和"用",从而形成了适度分离、相互制衡的机制,同时管理规范、信息公开,社会公信力很强。在我国,由于种种原因,很多承担公共职能的公共企业,其管理

与信息并未"公共",成本费用信息高度保密,收费只上升不下降,引起社会一浪高过一浪的纷纷物议。结合当前我国政府性基金的实际情况,可以很清楚地看到,45 项基金中的大多数其实是具备收取的理由和正当性的,所不足者,主要是在"收、支、用、管"一体化的管理体制和信息闭锁两个方面。因此,我们应当认真学习借鉴国际经验,以破除政府性基金的"收、支、用、管"一体化为核心,建立健全政府性基金的管理机制,积极推进公共企业的信息公开,完善公共定价机制,推动政府理财体系的科学化,为推进国家治理体系和治理能力现代化作出贡献。

(二)尽快将具有"准税收"性质的政府性基金调入一般公共预算

前文具有"准税收"性质的政府性基金,主要用于文化、教育、公益等方面的支出,具有显著的公共性。对此,理论和实务部门都有共识,这些支出应当由一般公共财政承担。因此,这类政府性基金一方面应当从制度上保证相关行业、领域的正当资金需要,另一方面消除这些基金的部门背景,达到规范政府收入秩序,严格财经纪律的目的。前不久,财政部已将 11 项基金调入一般公共预算,就是适时应势作出的调整。需要特别指出的是,在将这些基金调入一般公共预算的同时,必须统筹考虑这些收入与原来附加其上的母税之间的协调程度,保证在转入公共财政之后,不增加新的社会负担。

(三)将具有"租"性质的政府性基金纳入一般公共预算

政府性基金中的"租",主要是基于我国土地国有制下土地使用权转让、出租形成的收入,以及部分国有企业改制、上缴等形成的收入。理论上讲,这些收入与现有国有资本经营预算所涉及的收入性质是相同的。鉴于其"国有"性质，这类基金应适时纳入一般公共预算。特别是考虑到土地出让的净收入并不高且现有土地出让金已有相当一部分用于一般公共支出的情况，就更是如此。

（四）清理整顿"使用者付费"性质的政府性基金

这一类基金的情况比较复杂。总体而言，目前政府性基金中的"使用者付费"项目，除了一小部分过时陈旧的项目外，大部分征收的必要性、合理性还是比较明显的，特别是近年来新增的无线电频道占用费收入、废弃电器电子产品处理基金、核电站乏燃料处理处置基金等。对此，应当具体问题具体分析，针对不同具有"使用者付费"性质的政府性基金提出解决对策。一是对一些收费时间过长、收费理由基本上已经消失的基金，应当马上取消，典型的如散装水泥专项资金、新型墙体材料专项基金等。二是对应当保留的这类基金项目，要建立收费项目的核定、收费标准的定期评估与调整机制，以保证收费符合实际。三是加大信息公开力度，保证这类基金的专款专用性质，如有结余，要么降低收费标准，要么调入当年结余，由财政部门统筹安排使用。

（五）建立、完善公共定价机制，明晰化国家重大工程项目的成本补偿机制

政府性基金中具有"价格"性质的部分，所占的资金比重大，社会关注度高，管理上确有诸多需要深挖、改进之处。表面上，这类政府性基金是加价收入，实质上是国家层面重大基础设施建设项目的成本补偿问题。长期以来，我国类似于南水北调、民航、铁路等重大工程建设项目的资金来源主要是财政直接支出、银行贷款等，缺口部分通过设施投入使用后的加价收入进行弥补。项目建成后的营运、管理、维护等日

常支出,既有来自价格收入的部分,也有来自国家财政补贴的部分,相互之间的数量关系比较含混,难以明白表述。究其实质而言,这实际上是公共企业的定价机制不健全、不科学的表现之一。鉴于我国公共企业众多、公共事业量大面广,且随公私合作(PPP)的推广应用,未来更多与公共定价有关的议题将进一步直上前台。因此,应当逐渐、适时建立完善我国的公共定价机制。对政府性基金中的相关项目而言,则要明晰化国家重大工程项目的成本补偿机制。具体而言,建设成本部分在国家投资之外,最好由中央国债资金补足差额,其还本付息的支出作为定价的"天花板",并定期进行调整,由此有望建立一个收费与成本之间随时间、余额甚至物价变化而进行动态调整的机制。营运、维护部分的支出,则按实际发生额计入成本,据实定价,当然同时要通过一系列制度建设保证成本信息的真实可靠。

总之,在推进国家治理转型、实现国家治理体系和治理能力现代化的历史进程中,加强政府性基金管理对于规范政府收入秩序、保证社会负担稳定在可接受的水平、推进新一轮财税改革具有重要的现实意义。政府性基金作为我国财政收入的一个有机组成部分,必须实质性地明确其"财政属性",大力削减其部门特色,全面纳入财政统一管理链条之中。此外,也要关注部分政府性基金管理中所隐含的公共企业信息公开和公用事业定价问题,尽量提前研究,预为筹谋,防止舆论强攻之下才手忙脚乱地被动防御,真正将"治理"之多元、公开、科学等要义体现在财政管理的每一个环节之中,共同为建设责任政府、建设现代财政作出努力。

第五部分

推进财政供给侧改革

变革中的财政:从公共财政到现代财政

　　财政是国家治理的基础和重要支柱。与建设社会主义市场经济的进程相适应,我国财政形态也处于嬗变之中。以 2013 年《中共中央关于全面深化改革若干重大问题的决定》为标志,我国开启了由公共财政向现代财政转变的新阶段。本文分别从预算改革、税制改革、中央与地方财政体制改革三个方面,描述了在通向现代财政制度之路上所必须要进行的主要改革。

　　党中央、国务院历来高度重视财政制度建设。改革开放以来,我国财政制度历经多次调整,大体上经历了 20 世纪 80 年代的"分灶吃饭"的财政体制、90 年代初的"分税制",以及 1998 年后的公共财政建设过程。与此同时,我国的预算制度、税收制度、各项财政管理制度等都发生了翻天覆地的变化,一个与社会主义市场经济体制发展阶段、发展历程基本相适应的财政制度已经初步建立起来。结合党的十八届三中全会《中共中央关于全面深化改革若干重大问题的决定》的有关精神,我国财政变革的方向是在 1998 年以来公共财政建设已取得成就的基础上,适应国家治理体系和治理能力现代化的需要,建设现代财政制度。

一、1998 年以来我国公共财政建设制度

1994 年以来,我国开启了建立社会主义市场经济体制的伟大征程。经过几年的摸索,各方逐渐形成共识,与市场经济体制相适应的财政体制就是公共财政制度。为此,从 1998 年起,我国致力于建设公共财政体系,在税收制度、财政体制、预算管理等方面进行了一系列重大改革,基本上建成了公共财政制度。

(一)简并税制,改革税种

美国大法官霍尔姆斯(Oliver Wendell Holmes)说:"税收是我们为文明社会付出的代价。"在当代,税收也是公民为获得政府提供的公共产品和公共服务所支付的价格,是国家为满足社会公共需要,凭借公共权力,按照法律所规定的标准和程序,参与国民收入分配,强制地、无偿地取得财政收入的一种方式。

改革开放以来,中国税收制度历经调整。1994 年以后,我国对税收制度进行了大幅度调整,形成了以流转税为主、所得税为辅的税收体系。目前,我国共有增值税、消费税、营业税、企业所得税、个人所得税、资源税、城镇土地使用税、房产税、城市维护建设税、耕地占用税、土地增值税、车辆购置税、车船税、印花税、契税、烟叶税、关税、船舶吨税 18 个税种。

总体而言,我国税收制度改革是很成功的。自 2003 年以来,我国税收收入连年高速增长,基本上每年可实现万亿级的增长,为国家建设和人民生活改善筹集了资金。

(二)大力推进预算制度改革,加强财政支出管理

1998 年以前,我国财政管理的主要特征是以收入管理为主。1998 年以来,加大了支出端的管理,相继进行了一系列重大预算制度改革,以部门预算制度、国库集中支付制度、政府采购制度三者为核心,再逐渐扩大到"收支两条线"改革、政府收支分类科目改革、财政项目评审制度、公务卡制度、绩效评价、财政监督、财政审计等,形成了既与国际经验接轨,也有中国特色的预算管理制度体系。

1. 部门预算制度

所谓部门预算,是指以部门为预算编制的基本单位。部门预算的核心是各部门在编报预算时,要把其所掌握的所有政府性财力,包括预算内资金和预算外资金全部编入,实现和保证预算的完整性。将所有的部门预算汇总起来,即形成一级政府预算。

2. 国库集中支付制度

所谓国库集中支付,是指当各部门使用财政资金购买商品或劳务时,由财政部门指定的银行直接向收款人付款的一种制度。实行国库集中支付制度的目的是应对各部门分散管理下可能存在财政资金的低效、浪费和腐败行为。2001 年 8 月从中央部门开始实施这一改革,到 2008 年已全面推行。

3. 政府采购制度

我国于 1998 年前后引入发达市场经济国家的政府采购制度,主要目的是在采购中引入竞争机制,一方面节约财政资金,另一方面减少和防范采购活动中的腐败与浪费行为。总的来看,我国实行政府采购的效果非常突出,政府采购制度已成为我国政府收支管理中的常规、重要制度规范。全国政府采购规模从 2000 年的 328 亿元,增加到 2008 年的近

6000 亿元和 2010 年的约 8000 亿元,平均资金节约率达 11%左右。

(三)建立分级分税的政府间财政体制,调动中央与地方积极性

财政体制是政府间财政关系的另一称谓,其实质都是关于中央与地方之间的经济关系的制度规定。1978 年以后,中国财政体制的变动可概括为两个大的阶段。一是 20 世纪 80 年代初期的分级包干财政体制,核心为"放权让利""分灶吃饭",目的在于激发地方政府的积极性,增强其发展经济的动力。二是 1994 年后的分税制,其核心是在中央与地方政府之间划分事权、划分财权,同时建立转移支付制度,平衡各地区的财力差异,目的在于建立与市场经济体制相适应的财政体制。分税制对于构建中国市场经济体制,处理好中央与地方关系起到了极其重要的作用,"其功绩无论怎么说都不过分"(朱镕基语)。迄今为止,仍然是中国财政体制的基本模式。

1. 划分中央与地方事权

根据 1994 年分税制的相关规定,中央财政主要承担以下支出:国防、武警经费,外交和援外支出,中央级行政管理费,中央统管的基本建设投资,中央直属企业的技术改造和新产品试制费,地质勘探费,由中央财政安排的支农支出,由中央负担的国内外债务还本付息支出,以及中央本级负担的公检法支出和文化、教育、卫生、科学等各项事业费支出。地方财政主要承担以下支出:地方行政管理费,公检法支出,部分武警经费,民兵事业费,地方统筹的基本建设投资,地方企业的技术革新和新产品试制经费,支农支出,城市维护和建设经费,地方文化、教育、卫生等各项事业费,价格补贴支出以及其他支出。随着情况变化,这一划分范围已显示出一些不适应中国经济社会形势发展的方面,目前正在进行调整。

2. 划分中央与地方收入

根据 1994 年分税制的相关规定，中国的财政收入分为三个部分。一是中央政府固定收入，如关税，海关代征消费税和增值税、消费税等。二是中央与地方共享收入，包括增值税中央分享 75%，地方分享 25%；纳入共享范围的企业所得税和个人所得税中央分享 60%，地方分享 40%。三是地方固定收入，主要是营业税、城镇土地使用税、城市维护建设税等。

3. 转移支付制度

1994 年我国进行分税制财政体制改革后，逐步建立并完善转移支付制度，以平衡地区间的财力差异。经过多年的发展，中国现在已形成了一般性转移支付与专项转移支付相互协调的转移支付体系，且规模巨大。以 2015 年为例，中央对地方转移支付总额为 50764 亿元，占当年中央本级财政支出的 70%，其中一般性转移支付为 29230 亿元，占转移支付总额的 57%，专项转移支付为 21534 亿元，占转移支付总额的 43%。

二、我国公共财政制度存在的主要问题

（一）现行中央与地方财政体制强化了地方政府在经济增长中的作用，既不利于市场微观主体的发展壮大，也不利于国内统一市场的形成

已有的研究表明，我国地方政府之间的竞争是改革开放三十多年以来的经济增长的主要动力之一，地方政府作为"经济增长主体"的色彩较为浓厚。随着我国市场经济体制的建立和完善，地方政府作为经

济增长主体的弊端和副作用已经越来越明显。而1994年出台的分税制，一方面造成了财权上移、事权下放、地方政府财权与事权不匹配的突出问题，另一方面通过税收返还、税收分享等设计内在地将地方政府与本地经济增长捆绑到一起，促使地方政府在发展经济的道路上越走越远，过度追求GDP，由此所导致的一系列问题，需要适时进行改革。

（二）现行税制结构不适应我国经济转型升级的需要，既不利于大力发展服务业，也不利于鼓励科技创新

经过改革开放三十多年的发展，我国经济已进入转型升级的新阶段，需要扩大内需、鼓励创新、大力发展服务业。但我国现行的税制结构还不能适应这方面的需要。一方面，目前我国广义宏观税负较高，近些年一直保持在36%左右，对企业和居民形成较重的负担；另一方面，现行税制结构由于以流转税为主、所得税为辅，内在地加强了制造业与政府收入之间的联动关系，既不利于服务业的发展，也不利于培养我国经济增长中最宝贵、最急需的创新的培育和发展。

（三）现行财政制度不适应我国新型城镇化发展的需要，既不利于推动农村转移人口市民化，也不利于推动城乡一体化进程

新型城镇化建设已成为新时期的国家战略。随着大量人口向城市的聚集，不仅需要建设大量城市基础设施，而且还要顺应农村转移人口市民化的趋势，大量增加基本公共服务方面的支出。此外还要推动城乡一体化进程，实现基本公共服务在城乡之间的逐步均衡。从财政管理上看，一方面资金总量难以支撑这一人类历史上最大的人口流动趋势，另一方面公共财政资金的使用管理，特别是如何与社会资本有效结合并发挥引领和带动作用，存在着广泛需要改善和提高的空间。

（四）现行财政制度不适应我国生态文明建设的需要，既不利于形成正确的资源型产品价格，也不利于保护和节约使用资源

生态文明建设是新时期的国家战略之一，也是走向经济强国的必要保障。在我国，推动生态文明建设，不仅需要对前一时期遭到过度使用甚至破坏的生态环境进行治理和修复，更需要对资源进行合理定价，促使全社会每一个人都更加节约地使用资源。但是，从现行资源税的情况看，由于采用了从量计征的方式，完全不能反映市场经济条件下资源的稀缺程度和资源需求的波动情况，需要尽快改进。另外，当前财政支出结构中，用于生态、环境部分的支出比例很小，不能满足生态建设和保护庞大的资金需要。

（五）现行财政制度在调节收入分配方面作用有限，既不利于当前社会稳定和谐，也不利于实现共同富裕目标

在我国从经济大国走向经济强国的过程中，需要使经济发展的成果更多地惠及每一个人，实现全社会的共同富裕和社会和谐。由于种种原因，近年来我国居民的收入分配差距急速扩大，已成为严重的社会问题之一，在一定程度上影响了社会和谐和稳定。现行财政制度一方面调节居民收入分配差距比较乏力，另一方面财政支出中用于保障民生、增进基本公共服务水平的比例较小，需要适时调整和改革。

三、财政变革:从公共财政到现代财政制度

党的十八届三中全会《中共中央关于全面深化改革若干重大问题

的决定》指出，"财政是国家治理的基础和重要支柱，科学的财税体制是优化资源配置、维护市场统一、促进社会公平、实现国家长治久安的制度保障"。共提出336项改革任务，其中财政部门作为牵头单位的有76项，作为参加单位的有129项，财税改革的重要性由此可见一斑。2014年6月30日，中共中央政治局审定通过了《深化财税体制改革总体方案》，明确了财税改革的时间表与路线图，2016年将完成重大工作与任务，2020年基本建立现代财政制度。

（一）多维度的现代财政制度

与公共财政制度相比，现代财政制度要从国家治理的高度，围绕财政这一核心，通过制度变革与制度创新，努力处理好政府与市场、上级政府与下级政府、政府与公民之间的三维关系。在我国现阶段，现代财政制度还要处理好发展经济与促进公平之间的复杂关系。

1. 现代财政制度是处理好政府与市场关系的核心制度，发挥政府与市场两只手的作用

在建设市场经济的过程中，最关键的是要发挥市场配置资源的决定性作用。为此，既需要建立现代市场体系、改革投资制度、理顺扭曲的要素价格体系，同时大力扶持需要重点发展的产业、区域，推进我国城镇化进程。要做到这一点，首要任务就是要处理好宏观税负、税制结构等问题，划定政府与市场的经济边界，同时妥善利用各类财政政策工具，支持市场化导向的改革，同时奠定市场发挥决定性作用的基础环境和运行保障。

2. 现代财政制度是处理好中央与地方关系的关键制度，既有利于国家统一，也要赋予地方治事的自主性

在未来一段较长的时间内，我国政府将仍然是推动经济发展的主要力量。要继续保持各级地方政府在推动经济发展中更好地发挥作用,一个必要的前提就是处理好中央与地方之间的财政关系,形成激励地方政府正确行动的财税指挥棒。一方面为经济发展创造良好的外部条件;另一方面通过财税体制改革,构建出事权与支出责任相匹配的地方收入体系,保障地方政府履职的资金需要。

3. 现代财政制度是更加重视处理好政府与社会关系的重要制度,取之有度,用之有效

国内外经验表明,财政是政府与社会、公民之间的经济纽带。通过包括税收在内的财政收入制度,政府向公民收取了提供社会管理和公共服务的资金,通过财政支出,政府完成了社会管理和公共服务的职能。围绕这一过程,生发出公民对于政府的监督、对公共决策的参与、政府信息公开、责任政府建设等一系列崭新的话题,有利于市场经济条件下民主政治建设进程,而这是建设经济强国这一枚硬币的另一面。

(二)现代财政制度之一——政府与社会关系维度:深入推进税收制度改革

税收制度是政府与市场、政府与社会关系的集中反映。我国现行税收制度的总体框架形成于 1993 年,曾经在为国家筹集财政收入、促进经济增长等方面发挥了重大作用。但随着我国经济进入转型升级期,税收制度所依托的客观背景已经发生了极大的变化,无论是税收功能还是税种结构、税收法律等都体现出诸多不适应的方面,需要通过深化改革进行调整。

1. 实施结构性减税,深入推进"营改增"

目前,我国宏观税负水平较高,不利于企业投资与居民消费,既对长远经济增长不利,也对当下经济转型升级形成阻碍。因此,适当的、结构性的减税是必需的。理论研究表明,增值税属于"中性税",对生产经营活动的扭曲效应最小,应当大力发展。2012 年以来的"营改增"试点改革在短短的两年间产生了为社会减负、推动服务业发展、增加就业等多方面的良好效应。下一步,应当进一步深入推进,使增值税全面替代营业税,为我国经济转型升级创造条件。

2. 调整征收范围与环节,改革消费税

我国现行消费税主要针对烟酒、汽车、珠宝等 11 类商品征收,属于选择性征收的特殊消费税。随着我国经济的发展和广大人民群众消费结构的变化,现行消费税在征收范围、征收环节上已陈旧落后,需要进行改革。改革应主要集中在两个方面,一是适当扩大并调整消费税征收范围,把高耗能、高污染产品及部分高档消费品纳入征收范围,长远而言可将一般性消费品全部纳入,以扩大消费税的税基;二是将消费税由目前主要在生产(进口)环节征收改为主要在零售或批发环节征收,逐渐将消费税改造成为地方主体税种之一。长远而言,还要推动消费税由选择性征收转向普遍性征收。

3. 加快资源税改革步伐,从源头上理顺资源型产品的价格形成机制

资源税是对各类自然资源征收的税种,是资源型产品价格中非常重要的组成部分。近年来,我国各类自然资源消耗过多、过快,已对生态和环境保护构成明显威胁。究其原因,与现行资源税制度有着极大的关系,因此要尽快推动资源税改革。改革的主要方向是将"从量计征"转向"从价计征",同时归并税费、适度提高税率。目前,原油、天然气资源税从价计征改革已在全国范围内实施,部分金属和非金属矿资源税从价计征改革试点在部分地区实施,但占我国能源消耗 70%以上的煤炭目前还没有进入改革范围,需要加快改革,从源头上理顺资源型产品的价格形成机制，为节约使用有限资源、促进环境保护与生态建设提供正确的经济激励。

4. 尽快开征房地产税

房地产税属于直接税。市场经济条件下，一个设计合理、征管到位的房地产税对于调节收入分配、稳定房价、促进公共参与都有着极其重要的作用。近年来，我国开征房地产税的呼声很高，相关的理论研究已经很成熟，并且在上海、重庆等地也陆续进行了试点，开征房地产税的技术条件已基本成熟。目前，房地产税已进入全国人大的立法程序，有望于两三年之内推出。通过五年左右的建设期，房地产税应当成为继营业税之后最大的地方主力税种，在促进地方收入体系建设、加强地方性公共产品提供方面发挥主要作用。

5. 建立健全综合与分类相结合的个人所得税制度

市场经济条件下，个人所得税是最重要的税种之一，担负着调节社会成员收入分配的重要职责。结合我国现行个人所得税的实际情况，今后改革的重点是适当合并相关税目、降低边际税率、完善税前扣除、完善个人所得税征管配套措施，形成综合与分类相结合的个人所得税制度，以此提高政府调节收入分配的能力，促进社会稳定和谐。

6. 开征环境保护税

近年来，我国环境、资源、生态方面的问题十分突出，开征环境保护税有利于环境保护以及各类资源的集约使用。从现在的情况看，开征环境保护税的社会共识已经形成，且已进入全国人大立法程序，有望于近期出台。①

7. 改进税收优惠政策

税收政策系国家大政，具有统一、严肃和刚性的特征。近年来，各

---

① 环境保护税将于 2018 年 1 月 1 日起施行。

地出台的很多税收减免、优惠政策,形成了大大小小的税收洼地,伤害了税收法定、税收一致性的基本原则,也不利于全国统一市场的形成。今后,要加强对税收优惠政策特别是区域税收优惠政策的规范管理,区域发展规划应与税收优惠政策脱钩,对现有的税收优惠政策,即将执行到期的应彻底终止不再延续,对未到期限的要明确政策终止的过渡期,对带有试点性质且具有推广价值的,应尽快在全国范围内实施,严格禁止各种越权税收减免,以维护税收制度的统一性与严肃性。

(三)现代财政制度之二——财政与部门关系维度:推进现代预算制度改革

预算制度是现代财政制度的核心,其精髓可概括为"完整、规范、透明、高效"八个字。现代预算制度对于加强政府管理、提高行政绩效,特别是改善政府与公民的关系、增强政府的正当性和合法性有着极其重要的作用。1998年以来,我国预算改革取得了突出成绩,但距离一个现代意义上的预算制度还有很大差距。今后,应当以建立完整、规范、透明、高效的现代预算制度为目标,积极改革,为经济发展、社会稳定创造条件。具体措施主要有以下几个方面。

1. 推行全口径预算

根据我国的实际情况,完整的预算体系包括四个方面:一般公共预算、国有资本经营预算、社会保障预算和政府性基金预算。另外还要考虑地方政府性债务,以此将全部政府性资金统一纳入预算管理。一方面保持政府取得收入的宏观可控性与规范性;另一方面在预算各个部分之间建立互联互通的机制,保持财政的宏观调控能力,为实施结构性减税创造条件。

2. 加强重点环节的预算管理

现代意义上的财政管理应当覆盖从收入到支出的全过程、各方面，形成一个完整管理链条和制度体系。未来一个时期，改革的重点主要是建立以权责发生制为基础的政府会计报告制度、深化绩效预算、加强财政问责等方面，以真正形成一个符合现代政府管理要义的政府收支管理制度体系。

3. 实施中期预算框架

中期预算框架是发达市场经济国家常规的预算方法，好处在于有利于提高政策与预算之间协调程度，有利于为跨年度项目实施提供支持，有利于增强经济周期与财政收支之间的协调性。因此，要打破现在我国预算管理中"一年预算、预算一年"的短期行为，做到在 3—5 年的时限内综合考虑财政收支和预算安排，形成以计划（国家大政方针）引领预算资源的配置、以预算资源对计划形成硬约束的正确关系。既提高财政资金的配置效率，也切实支持国家中长期规划与政策的顺利实施。

4. 加快推进预算公开

近年来，我国预算公开从无到有、从少到多，取得了很大进展，但与社会上各方面的期待相比，现行预算公开制度还存在着内容较粗、形式单一、外行看不懂、内行看不全等问题，需要进一步改革。改革的重点是扩大公开范围、细化公开内容，不断完善预算公开工作机制，强化对预算公开的监督检查等。与此同时，加强全国人大对政府预算的审查监督，审核的重点由平衡状态、赤字规模向支出预算和政策拓展，以增强预算的约束力，提高政府预算的刚性。

（四）现代财政制度之三——中央地方关系维度：建立事权与支出责任相匹配的政府间财政体制

1. 合理、清楚、详细划分中央与地方之间的事权范围

市场经济条件下，政府间事权划分主要应遵循三个原则：一是公共产品的受益范围。具体而言，受益范围为全国的归为中央政府事权，受益范围仅限于一个地方的归为地方政府事权，受益范围为跨区域事权的归为共同事权。二是信息的复杂性原则。具体而言，全国范围内易于统一标准、信息复杂度不高的属于中央政府事权范围，而信息特别复杂、变动频繁的通常归为地方政府事权范围。三是激励相容原则。即中央与地方政府共同面对激励、共同承担风险，以防止道德风险和不必要的博弈成本。据此，可将我国政府间事权划分为以下三类：一是中央事权，主要包括国防、外交、国家安全、司法等关系全国政令统一、维护统一市场、促进区域协调、确保国家各领域安全的重大事务，需要在全国范围内统一标准的基本公共服务事权。二是中央与地方共同事权，主要指具有地域管理信息优势但对其他区域影响较大的公共产品和服务，如部分社会保障、跨区域重大项目建设维护等。三是地方事权，凡地域性强、外部性弱并主要与当地居民有关的事务，如各类地方公共产品和公共服务的提供等。总体而言，事权划分范围的基本方向是适当缩减地方政府的事权范围，将一些不适合地方政府承担的事权上收到中央，加强中央政府责任，提高中央财政支出在全国财政支出中所占的比重，并由粗到细地列出各级政府的事权清单，以明确各级地方政府的责任范围，为财力测算、保障提供稳定明确的基础。

2. 构建地方税体系，促进地方政府职能转型

市场经济条件下，地方政府担负着对本地民众提供公共产品的责任,因此应当有相应的财力,以保证其履职需要。我国当前可作为地方主体收入的税种只有营业税,但随着"营改增",地方政府将失去最大的自主性财源。为此,今后一个时期内应重点建设满足地方税体系。凡税基难于移动、产权明晰、有助于提高本地公共服务质量的税种,原则上应当划为地方税,如房地产税、资源税等。另外,那些在本地从事生产经营活动的企业,由于消费了地方政府提供的基础设施和公共服务,因此其税收中的一部分也要交给地方政府,可结合消费税的改造,逐渐将其培养成地方税的主要来源之一。

3."减少专项,增加一般",构建更加规范的转移支付体系

市场经济条件下,地方政府所获得的转移支付应包括两部分,一是上级政府为平衡区域差距而下达的一般性转移支付,二是上级要求下级承担某一特定任务、政策所给予的专项转移支付。结合我国目前的情况,一般性转移支付应当成为今后地方政府收入的主要来源。要在促进基本公共服务均等化的指导思想下,理顺包括税收返还、调整分享比例、增加一般性转移支付,重构转移支付体系,将各地区之间的财力差距控制在适当的范围之内,促进全国范围内的基本公共服务均等化。

4.以基本公共服务均等化为导向改革一般性转移支付制度

改革开放三十多年以来,我国以常住人口计算的城镇化率从1978年的17.9%上升到2013年的53.7%,城镇常住人口从1.7亿人增加到7.3亿人,中国正在从传统的"乡村中国"迈向"城市中国"。随着城镇化、城乡一体化速度的发展,地区之间、城乡之间、城市不同人民群众之间,对于教育、医疗、社会保障、住房等基本公共服务均等化的需求越来越迫切,财政制度应以此为导向,大力改革现行转移支付制度。第一是要扩大一般性转移支付规模。我国当前的情况是一般性转移支付规模较小,不能有效平衡地区间财力差异,更无力促进基本公共服务均等

化。为此,首先需要在国家层面上确定基本公共服务的类别和最低标准(可形成几年的建设目标),然后在此基础上计算各地的标准财政支出和标准财政收入以及各类影响因子,最后才能测算出各地应得的一般性转移支付金额。第二是要建立农村转移人口市民化与财政转移支付相挂钩的机制。一般性转移支付要体现人口流动的方向与规模,凡是人口大量集聚的地方,对于公共服务的需求往往较大。为此,首先,要厘清中央与地方在基本公共服务方面的分工,并据此核定中央应承担的农村转移人口市民化的财政资金总量。比如,随迁子女的义务教育支出、社会保障补助支出应当确定为中央政府财政负担事项。其次,要通过增加转移支付总额、调整转移支付比例、修订转移支付系数等方式,来调节地区间、城市间的实际负担水平,促使地方政府的财力与事权相互匹配。最后,要调整财政支出结构,基本方向是从农村向城镇调整,如调整城市义务教育中中央与地方的负担比例、调整财政教育支出中农村与城市的支出比例、调整城市与农村的社保补助结构等,以适应人口流动的需要。第三是要规范专项转移支付。专项转移支付承担着促进中央特定政策意图实现的功能,理论上和实践上都有必要继续存在,结合目前的实际情况,应当收缩范围、减少种类,对现有专项转移支付进行清理合并。同时要创新专项转移支付的使用管理方式,适度引入竞争性资金使用方式,试行合同管理,以提高资金的使用效率。

(五)现代财政制度之四——财政与经济关系维度

除了以上几个方面,结合我国经济发展的需要,还要重点进行以下三个方面的变革。

1. 深化财政投融资制度改革,推动我国科技创新与技术进步

我国财政投融资历来十分注重对于科技和创新活动的支持,并为

我国高新技术产业的发展、创新积累增添了强劲动力。但与经济发展形势相比，现行财政投融资制度还存在大量的政策空白，必须以一种系统性的思维来整合现行财政金融政策，按既尊重科研规律、高新技术产业本身的特点，又符合公共财政基本要求、金融体系内在诉求的原则，分别对应、匹配不同的政策工具和企业的创新需求，将政策支持覆盖到基础研究、发明创造、开发应用、产业化的全过程之中，以收综合、整体之效。其具体措施重点有两个方面：一是找准财政支持的着力点，创新财政资金的使用方式。市场经济条件下，财政的主要职能是弥补市场缺陷与市场失灵，因此对科技投入的重点应集中于基础研究领域，以及应用研究过程中受益范围相对较广的关键、共性技术突破、科研基础设施、公共服务平台等，一般不宜直接向企业投放资金。对那些必须支持的领域，可以考虑更灵活的资金使用方式，如担保、贴息、参股等有偿（但低成本）方式来代替单纯的财政投入，以维护公平、防止道德风险和提高财政资金的使用效益。对现在很多地方政府通过创新投资基金方式向企业注入的资金，也要建立相应的资金回收机制。另外还要扩大财政资金扶持的范围，只要符合国家产业政策的规定，原则上不应分企业所有制和企业规模大小，应当一视同仁地进行支持。另外，要认真梳理支持高新企业的现行税收优惠政策，调整政策着力点，从单纯的为企业降低成本转移到驱使企业进行研发、成果应用、市场化的方面上来。二是适时恢复政策性金融体系。科技进步与高新技术产业，理论上应当是一国政策性金融扶持的重点。在我国政策性金融整体缺失的背景下，各地政府综合运用财政资金，对各类创新活动进行了注资、担保、贴息等，在一定程度上代替了政策性金融的作用，对当地的高新技术产业起到了一定的支持作用。但是，这种以地方政府为主体进行的"准政策性金融"活动，一方面规模小、不稳定，另一方面其范围仅局限于某一行政区之内,流动、重组、优化配置的效果都很差,不仅不能代替全局意义上的政策性金融,而且还人为造成了市场分隔、要素流动不畅的后果。这也再次彰显了政策性金融对我国经济和社会发展的重要意义。应及早考虑重新恢复我国政策性金融体系,为科技发展、企业创新提供稳定的政策支持。

2. 构建地方债务管理体制,为新型城镇化建设提速寻求长期、稳妥的资金来源

现代社会中,对于任何国家和地区而言,债务都是正常财政收入的必要补充。特别是对处于城镇化中期的我国而言,地方政府面临着因农村人口转移和经济发展所致的巨大公共服务需要,如各类交通基础设施、市政设施、保障性住房、社会保障、义务教育和医疗服务等。过去十来年,我国快速城镇化进程已经表明,债务收入在促进地方加快发展、提供必要的公共服务方面功不可没。但与此同时,地方债无序管理、隐蔽借债等已导致风险快速积累,成为我国当前经济社会的重要风险点之一。为此,要建立规范合理的地方债务管理制度。结合我国的实际情况,我国地方债务管理体制应选择"制度约束型+市场约束型"的模式。具体而言,涉及以下几个方面:一是实行债务总额管理,控制地方债务的总规模;二是制定发行地方债务的准入条件;三是地方债务要采用公开发行方式;四是构建地方债务监控指标体系;五是地方债务要严格适用债务管理的"黄金法则",即债务收入只能用于长期性、资本性项目;六是要建立常规性的偿债基金;七是实施严格的债务报告与审计制度;八是严格限定实施债务救助的条件。

3. 大力推行 PPP,鼓励政府与社会资本合作

PPP 是指政府、营利性企业和非营利性组织基于某个项目而形成的相互合作关系的形式。通过这种合作形式,合作各方可以达到比预期单独行动更有利的结果。PPP 模式既是公共服务供给机制的重大创新，也是财政管理的新形式，更是我国政府与市场新探索。

推行 PPP 需要重点把握以下三个方面。一是合同管理。由于 PPP 项目通常金额大、时间长、操作复杂，一个 PPP 项目可能涉及多个甚至数十个主体参与其中，由此，可能会产生数以十计、百计的合同，形成一个复杂的合同体系，合同管理成为 PPP 运作的核心之一。二是价格管理。基本原则是"盈利但不暴利"，定价应基于成本，并进行适度价格管制，既保证项目运行及社会资本的合理收益，又不损及公共利益，同时要建立对收益进行补贴、调整或约束的条款。三是风险管理。如按风险类别，把风险分配给有能力管理的一方，设定与承担风险相对称的收益分配机制。为了使 PPP 更加规范发展，要进行严格的财政能力评估与中长期预算管理，以防范风险。

供给侧结构性改革中的减税降费相关问题研究

减税降费是深化供给侧结构性改革中"降成本"的核心与关键。本文对我国的政府收入结构、税收结构、收费结构进行了深入剖析，指出推进减税降费的关键在于全面、客观认识我国政府收入的畸形结构，即税收收入占比过低而广义非税收入占比过高，政府收入"叠床架屋"、结构复杂，缺乏对宏观税负的总体控制所致。在此基础上，本文就如何推进减税降费提出了相关具体建议。

"降成本"是我国供给侧结构性改革的五大重点任务之一。经济学意义上，成本是个综合性很强的概念。当前，从政府角度主要致力于降低制度性成本，也称交易成本或交易费用。所谓交易成本或交易费用，是新制度经济学的核心概念，最早由科斯在其经典论文《企业的性质》中提出，其原义是"为了进行一项市场交易，有必要发现和谁交易、告诉人们自己愿意交易及交易的条件是什么，要进行谈判、讨价还价、拟定契约、实施监督来保障契约的条款得以按要求履行"所发生的费用。这一概念后来由张五常等发扬光大，概括为"制度运行的费用"。这就是当下所说的制度性交易成本这一概念的理论由来。

一、制度性交易成本与政府收入的概念与构成

新制度经济学认为,政府是制度供给唯一的垄断性主体。因此,从相当大的程度上讲,制度运行的费用就是政府运行的费用,具体表现为政府支出。进一步地,在不考虑赤字因素的情况下,政府支出就等于政府收入。直言之,当下各方关心的制度性交易成本,从财政的角度而言,直观地、量化地表现为政府收入。

广义而言,政府收入是一国政府在一个特定时期(通常为一年)以各种方式所取得的收入之和。统计意义上,当前我国的政府收入主要由以下几个部分组成:

政府收入 = 税收收入 + 非税收入 + 政府性基金收入(含土地出让金)+ 国有资本经营收入 + 社会保险收入。

据此,可列出 2011—2016 年我国政府收入及其构成情况(见表 5-1)。

表 5-1 2011—2016 年我国政府收入构成

年份	政府收入（万亿元）	税收收入（万亿元）	占比（%）	非税收入（万亿元）	占比（%）	政府性基金收入（万亿元）	占比（%）	国有资本经营收入（万亿元）	占比（%）	社会保险收入（万亿元）	占比（%）
2011	17.00	8.97	52.76	1.41	6.70	4.14	24.35	0.084	0.49	2.40	14.00
2012	18.76	10.06	53.62	1.66	8.85	3.75	20.00	0.15	0.8	3.14	16.74
2013	21.92	11.05	50.41	1.87	8.53	5.23	23.85	0.17	0.78	3.60	16.42
2014	23.57	11.92	50.57	2.12	8.99	5.41	22.95	0.20	0.85	3.92	16.63
2015	24.19	11.06	45.72	4.17	17.24	4.23	17.49	0.26	1.01	4.47	18.47
2016	26.19	13.04	49.79	2.92	11.14	4.67	28.84	0.26	0.99	5.30	20.23

资料来源:2011—2015 年《中国财政年鉴》及财政部、人社部网站关于 2016 年财政收支、社保收支的相关信息。

上述政府收入用标准的财政学语言可进一步划分为两大组成部分：一是税收收入，二是非税收入①。从上表中可以看出，2011 年以来，我国税收收入占全部政府收入的比重均在 50% 左右，换言之，一半左右的收入是在税外形成的。这是分析我国制度性交易成本结构并回答"如何降低企业负担"这一问题最重要的基础与出发点。

二、我国税收概况与税收负担剖析

（一）我国税收概况

税收是一国政府收入最主要的组成部分，一般要占到 80% 以上，发达国家更是占到 95% 左右。但在我国，如上文所言，2011 年以来税收收入占政府收入的比重仅为 50% 左右。

当前，我国的税收共计有 5 类 18 种，具体如下：一是流转税类，包括增值税、消费税、营业税、关税、城市维护建设税、土地增值税；二是所得税类，包括企业所得税、个人所得税；三是财产税类，包括房产税、车船税；四是资源税类；五是行为税类，包括城镇土地使用税、耕地占用税、车辆购置税、印花税、契税、烟叶税、船舶吨税。一般地，我们将第一类流转税称为间接税，第二三类称为直接税，第四五类称为其他。

从总量上看，自 2004 年以来，我国税收总体上处于高速增长中，到 2014 年以后，基本上可以用两个"一万亿"来描述，即"每年增长一万亿""每月进账一万亿"。进入"新常态"后，随着我国经济步入下行通

---

① 此处非税收入指表 5-1 中除税收之外的全部收入形式，与财政统计口径上的非税收入有所不同。

道,税收增长速度相应有所放缓,但总量仍然在增长。就在刚刚过去的2016 年,我国税收收入达到了 130354 亿元,首次跃上 13 万亿的新台阶(见图 5-1)。

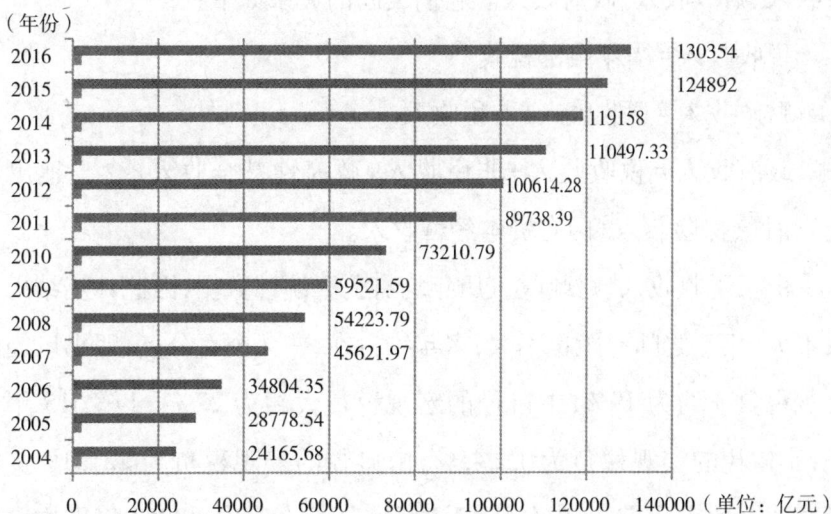

图 5-1 2004—2016 年我国税收增长情况

从结构上看,以增值税、消费税、营业税、关税为主体的流转税是我国税收的绝对主力,多年来占整个税收收入的比例都在 65%左右,企业所得税大约在 25%左右,其他税种则分享余下的 10%左右的份额。

(二)我国税负到底重不重

我们常常听到一种议论——我国的税收负担太重。那么,这种说法到底正不正确呢?理论上讲,衡量税收负担的基本指标是宏观税负,其计算公式是:宏观税负=当年的税收收入/当年的 GDP×100%。基本含义是在当年全社会新创造的价值中政府以税收方式拿走的份额。假定宏观税负为 30%,则表明在当年全社会新创造的价值中,政府以税收的方式拿走了 30%。由于政府本身不从事生产活动,因此一般认为,宏观税负也就是政府加于社会负担的代名词。

由于税收并不是我国政府的唯一收入来源,因此,我国宏观税负这个概念在具体的研讨中又分成小、中、大三个口径,其分母分别对应税收收入、财政收入、政府收入。它们之间的关系如下:

税收收入=当年全部税收

财政收入=税收收入+非税收入

政府收入=税收收入+非税收入+政府性基金收入(含土地出让金)+社会保险收入+国有资本经营收入。

由于税收收入、财政收入历年均有公开统计数据,因此计算结果争议不大,相互之间差距也不大,多年维持在3—4个百分点,即小口径的宏观税负大约为19%,中口径的宏观税负大约为22%。以2015年为例,小口径的宏观税负为18.45%,中口径的宏观税负为22.51%。仅就这两个数字而言,业内公认,无论是与发达经济体(2013年平均水平为25.9%)相比,还是与发展中经济体(2013年平均水平为20.4%)相比,都是不高的。

但是,如果以政府收入计算,情况则马上发生变化。宏观税负基本上可在上述数字的基础上至少跃升10个百分点。以2015年为例,笔者的测算为36%。如果将这个数字与发达经济体和发展中经济体相比,我国的宏观税负已达到了国际平均水平(2013年各国平均水平38.4%,发达国家平均水平42.8%,发展中国家平均水平33.4%)。

因此,就税收负担而言,我国的真实情况是:以规范的税收收入、财政收入计算的宏观税负水平并不高;但以政府收入计算的宏观税负水平偏高。究其原因,主要是由政府收入的多元化所致。在税收之外的各类费、基金、社保缴费、住房公积金乃至土地出让金、国有企业收入等占比过大。以2015年为例,全部政府收入共计24.48万亿元,其中税收收入仅为 12.49 万亿元,占 51%;而税外收入却占到 49%。

(三)谁承担了税负

相对于税收负担,更核心、更关键的问题是"到底谁在承担税负"。一个惯常听到和广泛流传的说法是,我国的税收负担主要是由企业承担——"企业税负很重",特别是近期该说法广为流传。坦率地讲,这一说法似是而非,因为其中涉及税负转嫁这一复杂的理论问题。

在我国现行税制结构中,流转税是大头,历年占比均为 65% 左右。由于流转税在商品或劳务的销售过程中征收,因此带来以下两个现象:一是企业是纳税人,承担纳税义务,而且这一纳税义务的产生只与是否发生了商品或服务销售的行为相关,与是否有利润没有关系。因此,从现象上看,我国 90% 的税收的确是由企业缴纳的,貌似企业承担了 90% 的税收。二是税负转嫁的可能,即企业将税收加入价格之中,通过向下游销售商品或服务转嫁税收负担,税收理论对此有一个专门名词叫作"价格楔子",指的就是这个现象。当然如果从个体企业的角度看,有的企业转得出去,有的企业转不出去,有的多转一些,有的少转一些,但若从整体和终极意义上看,所有流转税都是要进入价格并最终由消费者负担的。换言之,高达 65% 的流转税虽然是由企业缴纳的,但真正承担税负的却是消费者。与此同理的还有各类非税、行政事业性收费和政府性基金等。

根据以上原理,笔者曾做过测算,试图回答"到底谁承担税负?承担了多少?"这一社会各界广泛关心的问题。计算结果表明,在广义宏观税负中,居民与企业承担的比例大约是 6∶4,即 60% 的税收是由消费者承担的,企业承担其余的 40%。

这一计算结果与很多人"企业承担了绝大部分的税负"的直觉相

去甚远,一度引起很多讨论。讨论的结果也很清楚,即这要归咎于我国以流转税为主的税制结构,因为在这一税收制度下,企业虽然不是主要的税收负担者,却是主要的税收缴纳者,即90%的税收是由企业而不是由消费者缴纳的。由于企业在纳税过程中,需要花费大量的时间、精力分析法规条文,与税务部门打交道,在很多情况下还需要在销售款项没有收到的时候垫付税款,甚至在没有利润或利润很少的情况下仍要承担税负,且越小的企业承担的税收负担越重(这是由流转税的性质所决定的)……所有这些,都导致了企业即使将税收转嫁出去,"税痛"感仍然非常强烈,而经济下行、制造业日子难过也进一步放大了这种痛苦。

综上,在"税负"这一全社会高度关注的问题上,情况是十分清楚的。第一,关键不在以税收收入、财政收入计算的宏观税负,而在以政府收入计算的宏观税负。第二,要害是税制结构,引发强烈"税痛"和不公平感的,是以流转税为主的税制结构,这在经济下行期尤为明显。第三,我国整体税收环境未能在较大程度上实现"税收法定",税收法律陈旧粗放,有关部门不断打"补丁",导致具体税收政策变幻无穷,企业对此十分头痛。第四,税外各种费、基金、缴费、评估,甚至一些政府工作人员的"吃、拿、卡、要",是构成企业痛苦的重要根源。

三、我国收费体系概况与存在的主要问题

(一)我国收费体系的总体构成情况

收费的前身是规费。在漫长的计划经济时代,只有极少数行政机

关与事业单位向公众、企业或其他组织收取少量费用,这被称为规费。经过数十年的变迁,收费的内涵已经变得十分宽广。根据国务院印发的《2015年推进简政放权放管结合转变政府职能工作方案》中财政部牵头收费清理的工作安排,收费、基金、具有强制垄断性的经营服务性收费、行业协会的涉企收费等均名列其中,如果考虑到同步展开的与资格资质清理相关的考试考务费,以及还未完全展开的事业性收费,其范围就更加宽大。

依据政府在收费行为中的身份,笔者将我国现行收费划分为以下两大类。

1. 政府作为社会管理者面向特定群体提供特定服务所收取的费用

按其与权力的紧密程度,可进一步分为以下四类:一是行政性收费。目前,经核定允许收取的全国性及中央部门和单位行政事业性收费为211项,但各级政府另有数量不等、名称不同的本级行政性收费项目。二是各类中介组织收费。主要集中在与各类行政审批有关的查验、评估、报告等方面。三是各类事业性收费。特别是庞大的医疗、教育等事业单位收取的费用。四是与各类职业资格取得有关的培训与考试考务费、职业技能鉴定考试考务费,等等。

2. 政府作为公共产权所有者,通过有偿转让、出租各类国有资本(资源)所形成的收费

具体包括以下两个方面:一是各级政府有偿转让国有资源形成的收入。如国有土地使用权出让金收入、矿产资源补偿费等。二是公众有偿使用国家大型基础设施、公共资源等形成的收费。前者如铁路建设基金、民航发展基金、国家重大水利工程建设基金等,后者如高速公路通行费、停车费、景点门票费等。

（二）我国收费体系呈现多元、重叠与总负担水平控制乏力的特点

要从现行财政统计数据中，完全、准确地清理出收费的相关数据并进行分类是不可能的。但是，政府性基金有完整的统计数据，可以此为例进行分析，并从中一窥我国收费体系的全貌。2010 年以来，财政部每年编制《全国政府性基金项目目录》，并定期向社会公布。综观这几年的目录，尽管每年都有一些调整，但纳入政府性基金的项目一般保持在 43—45 项之间①，其收入构成如表 5-2 所示。

表 5-2　2010—2015 年中央与地方政府性基金收入情况

年份	全国政府性基金（亿元）	中央政府性基金（亿元）	占比（%）	地方政府性基金（含土地出让金）（亿元）	占比（%）	地方政府性基金（不含土地出让金）（亿元）	当年余额（亿元）
2010	36785.02	3175.75	8.63	33609.27	91.37	5411.57	635.87
2011	41363.13	3130.82	7.60	38232.31	92.40	7091.89	794.87
2012	37534.90	3318.16	8.80	34216.74	91.20	8912.22	822.21
2013	52268.75	4238.44	8.10	48030.31	91.90	8957.32	834.73
2014	54093.38	4097.51	7.57	49995.87	92.43	9591.53	907.13
2015	42338.14	4363.87	10.31	38219.95	90.29	7436.15	1647.16

数据来源：财政部网站 2010—2013 年全国财政收入决算表，2014 年、2015 年数据根据财政部公布的《2014 年全国财政收支情况》整理而成。

这些政府性基金可进一步分为以下几类：一是"准税收"类。即那些本就应当由税收支持的政府性基金项目，如地方教育费附加、残疾人就业保障金、城市基础设施配套费等。二是"租"类。经济学意义上的

---

①　据 2014 年财政部发布的《全国政府性基金项目目录》，中央、地方各为 25 项。但由于中央与地方政府性基金的具体项目名称不完全相同，再加之有些纳入政府性基金项目，故累计为 45 项。

"租"是指产权主体因出租、出让资产所获得的收入。在政府性基金中，"租"特指政府出租、出让国有资本（资源）所产生的收入，在当前主要表现为土地使用权出让收入和来自于国有企业的收入。三是"使用者付费"类。如车辆通行费、船舶港务费、水土保持补偿费等。四是"加价收入"类。即通过提高电价、票价等产生的收入，如铁路建设基金、民航发展基金、大大小小的水利建设费等，这些收入要么被用于相关工程、设施的建设支出，要么被用于贷款的还本付息支出，要么被用于日常维护与营运成本支出。其本质可视为长期政府债务。此外，还有三项不能归入上述分类的基金：一是船舶油污损害赔偿基金收入，这相当于相关企业交纳的事故押金；二是政府住房基金收入，这是由各级政府代为管理的住房公积金的孳息收入；三是"其他政府性基金收入"，一并归入"其他"。

在相当大的程度上，政府性基金是我国庞杂收费体系的折射。即收费项目中既有税收性质的收入，也有使用者付费性质的收入，还有国有资本（资源）性质的收入，甚至还有政府债务性质的收入，可谓结构复杂，内容繁多。由于管理上的政出多门，彼此协调联通不畅，导致整个政府收入体系"叠床架屋"。这凸显出重新整合政府收入体系、从总体上控制宏观税负的极端必要性。

（三）当前我国收费体系混乱的主要原因

2013年以来，为了进一步释放经济社会活力，国务院力推收费清理改革，并取得了明显成效。从中央到地方已取消了数百项收费项目，建立并公布了收费目录清单，加快了涉企收费专项治理，将部分收费和政府性基金纳入一般公共预算等，社会对此的总体评价是好的。但是，由于收费问题由来已久，目前仍存在许多问题。更重要的是，一些与收费相关的制度缺陷、体制机制方面的问题正在浮出水面。

1. 行政审批过多过滥

尽管经过多轮改革,我国现在行政审批制度仍然面临许多问题。这从近期各地陆续公布的权力清单上就可以看出,一级基层政府动辄有上千个审批事项。根据我们观察,一般而言,多数行政审批的背后都有收费,收费分三个层次:一是相关部门自己收的费,二是委托下属机构、事业单位收的费,三是由各类中介机构所收取的咨询评估费等。行政权力过于强大,"无所不批""批之必有费",这种权力与收费之间过于紧密的粘连关系,正是一些不合理收费项目顽固不去、死而复生的制度性根源所在。

2. 现代财政管理制度未及覆盖

在我国现行体制下,收费所产生的收入,都属于财政收入的一个组成部分。这一认识虽然在理论上早已厘清,但在实践上却迟迟落不到实处,相关财政管理制度不可思议地陈旧落后。一是"收、支、用、管"集于一体。如政府性基金中的多数项目,采用的是所谓"列收列支"的管理办法,由部门收取、由部门分配、由部门使用,财力部门化十分严重,即使一些项目连续多年出现大额结余,财政部门也很难对其进行统筹。二是一些收费项目还游离于财政管理之外。典型的是各类国有资产收益。三是"收支两条线"未能实质性地全面贯彻。一些收费项目,表面上纳入了"收支两条线"的管理,但在部门的收费总额与当年所获得的预算分配之间,仍然存在着若明若暗的关系。而这,既是财政部门不能下狠心彻底清理收费的原因,也是执收部门不能停止收费的根本原因,当然更是历次收费清理始终处于"剪复生、生复剪"的原因所在。

3. 公共资源交易制度尚不健全

在现代收费体系中由国有资产(资源)转让、出租、变卖形成的收费,其实质是市场交易行为。多年来,我国各级地方政府都已建立了公共资源交易中心和相应的制度,用以规范公共资源的交易,实现公共资源的价值。但现实上,无论是从公共资源交易的程序,还是交易的结果来看,公共资源交易都还不能完全满足"公开、公平、公正"的要求,公共资源交易中存在大量的设租寻租、暗箱交易的行为,部分公共资源低价流入个人,造成国有资源的大量流失。

4. 公共定价制度付诸阙如

在我国收费体系中,使用者付费的项目比例极大。相对于行政性收费,这类收费的正当性和必要性都十分显著,是今后收费体系的主力军。目前,一是这类收费存在的主要问题是公共定价制度不健全。关于公共定价的理论研究总体而言比较缺乏,如对于如何确定社会公众极为关心的教育、医疗的价格,少有人说得清楚。二是规制信息不公开、不透明。涉及使用者付费的行业多为自然垄断行业,其价格标准需要在公共利益与企业收益之间适当平衡,为此政府部门需要全面掌握相关企业的财务信息,并定期按规定、按程序调整;但这在实践中少有做到,结果造成两个方面的不合理:一些项目收费长期处于不合理的低价(如水、电、气价和部分城市的交通价格),企业只能依靠财政补贴维持,另一些项目收费又片面随市场起舞,只调增不调减,公众对其意见极大。

5. 行政性收费的合法性存疑

行政性收费主要指各级政府机关在面向公民和社会团体提供服务时所收取的费用,大的如各类监管费、管理费,小的如各类注册费、证照费等,遍布政府日常工作的方方面面。之所以说其合法性存疑,是因为这些收费所涉及的项目多为相关部门的本职工作,是政府之所以为政府的根本所在。这些涉及各社会主体、具有普遍性质的公共服务,其所需要的成本与费用已经通过税收取得,理论上没有任何理由重复再收。历史地看,行政性收费出台的背景是改革开放之初政府财政能力严重不足的权宜之计,但现在这一理由已经完全不成立了。

四、深化供给侧结构性改革,
大力推进减税降负

2016 年,中央经济工作会议指出,"要降低制度性交易成本,转变政府职能、简政放权,进一步清理规范中介服务""要降低企业税费负担,进一步正税清费,清理各种不合理收费,营造公平的税负环境"。与此相适应,广大企业对于 2017 年的减税降负有很大期待。笔者认为造成"税不重"而"负担重"的深层次原因在于政府收入秩序比较混乱。政府需将目光锁定在深化财税体制改革、进一步清理、整顿费与基金上面,同时适度降低社保、土地、工资、电价、气价、道路通行费、融资等综合成本,才能在当前经济增速下行、政府收入下降、税制改革的背景下,找到回应社会关切、为社会减负、释放经济社会活力的可行之路。

(一)加快推进中央与地方财政体制改革,加快推进我国税制转型

必须看到,近期社会上对于营改增减税效果的质疑,一定程度上是成立的。究其原因,在于我国迟迟没有启动中央与地方财政体制改革,导致地方政府在失去营业税这一税种之后预期不明,不得不以各种方式加紧组织财政收入。因此,必须尽快启动中央地方财政体制改革,健全地方收入体系,从制度上形成地方政府稳定的收入预期。税制方面,

总体而言,要坚持和深化党的十八届三中全会确定的"从以间接税为主向直接税为主"的税制改革方向,将税收的重点由过于集中在创造财富的环节(流转税)转向财富分配、消费和转移等环节(所得税),推动税收"向后走"。

具体措施包括以下几点:一是在全面"营改增"之后,要及时将重点转向增值税税率的简并,将增值税的普通税率从17%下调到13%左右,同时扩大可抵扣项,让政策的春风能惠及最多的市场主体。二是要将消费税明确为增值税辅助税种,以此设计和推进相关改革,防止"就消费税论消费税",一味只增不减或少减多增,加重税负。三是加快房地产税法的出台步伐,全面改革个人所得税。四是根据国际局势变化,适时调整企业所得税税率。与此同时,应当全面落实"税收法定"原则,对现行税收条文进行清理合并,能详则详,能细则细,向全社会传达出清晰的税收信号,营造良好的税收法治环境。

(二)以"正税清费(基金)"的思路对各类收费进行全面清理

税外各类收费是造成社会"税痛"的主要根源,也是政府收入秩序失衡的主要原因,应当成为为社会减负的主要着力点。综上而言,现行收费项目可分成以下几大类:一是附着于"税"收取,主要用于公共支出,如教育费附加。二是依附于价格加收,属于价外收费,如各类电价加收。三是因公民使用了某种特定设施、特定服务的定向收费,属于使用者付费。四是基于公共管理性的收费。对此,要以"正税清费(基金)"的思路进行清理整顿,分类定性,凡是那些事实上已具有税收性质的基金,可通过一定程序归并,纳入税收的整体管理之中;对于价外加收的"费"和具有使用者付费性质的"费",应归并到价格之中,通过价格来体现,属于一般性收费的,则应经过严格审批程序;对于部门间重复收取、"搭车"收取的,则应坚决取缔。同时,要继续推进行政审批制度改革,消除各类收费滋生的制度性根源。

综合各方面的情况,当前清理收费的重点可先行考虑行政性收费。所谓行政性收费,是指行政机关在面向社会提供服务时所收取的费用,如婚姻登记费、户口登记费、企业注册费、房屋登记费、货物检测费等。就项目数量与金额而言,这类费用在整个收费体系中并非主体,但因其概念在理论上说不通,现实必要性已经不复存在,反而既扭曲政府形象,又影响经济社会活力。

(三)加大政府性基金的清理整并力度

要进一步明确各项政府性基金的征收目的、征收金额、征收时限,建立定期评估与退出机制。一方面,可借鉴上述清理收费项目的思路,对政府性基金项目进行整理,对于确需征收的政府性基金,在设立之初就应当明确征收金额与时限,凡是那些已达到预定征收金额、年限的基金,到期就应当停止,确有必要继续征收的,必须重新启动设立程序。对于连续多年结余的基金,应全部重新评估,以切实减轻企业的非税负担。

在各项政府性基金中,当前企业意见最大之一者,是面向绝大多数企业征收的残疾人就业保障金。这项基金自1992年开始收取,已有25年。之所以企业对此意见最大,一是强令企业雇用残疾人的规定有违市场经济规律。二是收取的刚性强,1998年以来该保障金全部由税务部门代为收取。三是收费标准过高,由于计算基数是当年社会平均工资,因此近年来增长很快,以2014年为例,共收取了284.27亿元。四是基金的使用管理不规范。公开资料显示,巨额残疾人就业保障金中仅有较小比例是用于残疾人就业培训和创业支持等,其余的部分多用于养人、养机构,甚至作为基建费用。从理论上讲,与残疾人有关的各类保障是社会福利支出的一部分,应当由公共财政保障,其收入也应来自于一般公共收入。专列名目收取经费的做法,确实陈旧过时,应当及时清理。

(四)渐进式下调社保缴费水平,加快推进社保制度的全面改革

已有的研究表明,我国综合社保缴费率高达40%。2016年以来,在国务院的统一布置下,各地已陆续下调了社保的缴费水平,如养老保险费率已下调到19%—20%,累计减负1000多亿元。但社会对此的"获得感"并不强,而且进一步调整低费率极大地受制于当前我国碎片化的社保体系下的统筹层级太低和能力不足的问题,唯一的对策是深化社保改革,提高统筹层次。对于各方高度关注的住房公积金,也需要进行深入研究,提出相应的改革对策。

(五)继续降低各类要素成本

土地使用类、工资、电价、气价、道路通行费、融资成本等构成了企业的生产经营成本,都是企业负担重的源头因素。2016年以来,随着供给侧结构性改革的推进,在降低成本方面已有一些切实的举措,企业总体对此的评价是正面和积极的。但也要看到,与国际形势的快速变化相比、与当前稳增长的需要相比、与社会各方面的期待相比,企业负担下降的数量都还远远不够。从中国经济健康发展的长远角度看,应当加快改革,切实降低企业负担,为企业生产经营营造良好的制度环境。

"营改增"后的地方财政收入体系构建

本文认为,随着我国"营改增"的全面实施,重构地方财政收入体系已迫在眉睫。一个合理的、能保证地方政府正常履职需要的地方财政收入体系应由四个部分组成:一是由一般转移支付为主要形式的中央给付,二是与地方努力程度相挂钩的地方税体系,三是受到合理规制的地方债,四是少量的费和基金收入。

在新制度经济学中,制度供给是个非常复杂的命题,包括准确识别制度供给的需求、确定制度供给的目标、熟悉新制度运行的关键环节、效果评估以及适当修正等多个方面,是一个人类基于理性进行主动"建构"的系统工程,殊为不易。

启动于 2012 年、已于 2016 年 5 月 1 日全面实施的"营改增"正在成为上述制度供给的试金石,可以反映制度供给的各个环节和全过程,当然也可以使我们全方位地观察和思考"营改增"后地方财政的出路与走向。首先,"营改增"为重新构建地方政府的财政收入体系创造出了需求。这主要是因为"营改增"本身是一个具有减税效应的改革,根据财政部、国税总局的数据,2015 年以前"营改增"减税总计达到 6000 亿元左右,2016 年"营改增"全面实施后,减税效果将达到 5000 亿元,合计共 1.1 万亿元。更重要的是,"营改增"之后面临着重建地方收入体系的重大任务。这主要是因为,营业税是此前地方财政的主力税种,一般情况下要占到本级收入三分之一以上,虽然在前期改革期间"营改增"部分的收入仍然归地方政府所有,但在"营改增"全面实施、进入增值税体系以后,就不可能不参加到增值税的分享体制中来,分享势在必行。如何弥补地方财力缺口,寻找、培育新的地方税支柱以重构地方财政收入体系,成为当下迫切需要解决之事。

一、"营改增"重构地方财政 收入体系的目标与原则

"营改增"后重构地方财政收入体系首先需要设定一个总目标,以作为相应制度供给的指南与路引。贯彻党的十八届三中全会的精神,处理中央与地方财政关系的基本原则是"事权与支出责任相适应",这个原则清晰易懂,可获得各方面改革共识的"最大公约数"。但是,这一表述停留在地方政府的"事"与"权"相匹配的层次上,而并没有说出——哪怕是隐喻式的——地方政府在整个国家治理的地位与作用来,因而对今后地方财政收入体系的整体构建、特别是关于地方税权大小的问题上提供的指导有限。

即使制度供给有一个相对明确的总目标,也要看到,总目标之下还可能有一些次级目标,而次级目标之间可能还有短期和长期、局部与整体之间的冲突和不协调之处。如何决策,十分考验眼光与政治智慧。比如,针对"营改增"后可能出现的地方财力缺口,一个最直截了当的解决对策就是调整现行共享税制,提高地方政府的分成比例。比如,有

人曾建议将增值税中央和地方分享比例由现在的 75∶25 调整到 70∶30,所得税由 60∶40 调整到 50∶50;还有一种建议是增加共享税的种类,如将消费税也纳入共享税。这一建议短期内的确可以解决"营改增"后的地方财力缺口问题,但同时却引发了更严重、更复杂的问题,即保持了(如果说不是强化的话)现在地方财政收入与地方经济增长之间的密切关联性。正如各方面广泛认识到的那样,我国过去三十多年调整的经济增长,在相当大的程度上,正是拜这种关联性所赐,但同时这种关联性也带来了地方过度追逐 GDP 所致的一系列严重问题,甚至到了不得不改、不得不调整的程度。因此,从更长远的角度来看,现行共享税制应当逐渐弱化,直到消除地方政府经济增长和财税收入之间的密切关联,进而逐渐校正地方政府行为模式、转变政府职能。如此,有人诘问道,地方财政收入从何而来? 收支缺口如何填补? 笔者认为,一个能兼顾短期弥补地方财政收支缺口和长期转变地方政府职能的可行之策是扩大一般转移支付,使地方财政收入主要来自于规范的,甚至法定的一般转移支付。对此有人存有疑问,有没有必要一定要先将财政资金集中到中央、再分配到地方来解决地方政府的财政收入问题? 实际上,只要了解中国政治治理的实际情况,就知道这样做还是十分有必要的。

因此,重构地方财政收入体系的前提是科学界定中央和地方的事权范围,尽快建立财力与事权匹配、事权与支出责任相适应的制度。这方面的工作已列入 2016 年财政改革重点,但一直未见方案出台,必须抓紧落实。其核心是要尽快形成中央事权、地方事权、共享事权的清单,由粗到细地设计中央、省、市县三级政府的事权明细单,列明各自的专属事权,以及共担事权的共担方案。特别需要指出的是,由于事权划分涉及行政、政治结构,远非财政部门一家可为。这很可能就是事权划分方案迟迟不能与社会见面的主要原因。对此,建议与 2013 年以来"简、放、服"改革中各级政府花大力气完成的"四张清单",即权力清单、责任清单、收费清单、负面清单,在此基础上整并清理,综合推进。

二、短期可调整中央地方共享税比例,长期要建立一般转移支付法

在现行体制下,增值税、企业所得税、个人所得税等均属于中央与地方共享税种,来自这部分的分成收入大约占到地方税收收入的35%左右。"营改增"全面到位后,为了"保持中央与地方财力格局总体不变",就必须调整现行中央与地方税收分享办法。这方面,财政部已决定从 2016 年 5 月 1 日起开始执行增值税分享的过渡方案,将分享比例由现在的 75%∶25% 调整为 50%∶50%。这确是顺应现实需要之举。但长期而言,增值税作为流动性强、与经济活动联系密切且关系到国内统一市场建设的税种,并不宜实施分享,而应作为完全的中央税,从而切断地方政府在发展经济与取得税收收入之间强烈的关联,以促使地方政府形成以提供当地公共产品和公共服务为主的行为模式。这一点在当前化解产能过剩陷于困顿、资源环境压力加大的背景下,尤为重要。在此基础上,中央再根据各地人口数量、辖区面积等一系列因素,用一般转移支付来分配税收,平衡各地财政收支。对此,地方政府最为担心的是收入的稳定性、可及性以及其间协调沟通成本可能过高的问题,为此应当同时出台规范、公开、约束性强的中央与地方转移支付规定或转移支付法,以从根本上解决这一体制痼疾。

三、尽快将地方税建设提到议事
日程，重构地方税收体系

从中长期的角度看，重构地方收入体系的重中之重，是建设相对完善的地方税体系，使地方政府既有能满足履职需要的财力，同时也有因地制宜的治权。这是因为，在市场经济条件下，稳定的地方税是支持地方政府提供良好公共服务的重要财力保障，也是维持群众与当地政府密切关系的重要纽带。随着"营改增"的全面实施，加快地方税体系建设、培育新的地方主力税种已刻不容缓。

一是尽快开征房地产税。不动产的税基在空间上难于移动，在时间上使用期限长，在价值上随着经济增长有较大增值空间，完全具备地方税属性和成为地方主力税种的条件。应当加快房地产税的立法步伐与相关基础制度建设。由于我国房地产市场高度分化，现在看来要在全国范围内统一步调地开征房地产税，难度已越来越大。可考虑采用先出台房地产税法，在需要加大调控的一线城市率先开征，其他城市再陆续跟上的渐进方式，逐渐导入房地产税，慢慢将其培育为地方税的主力税种。二是将资源税划为地方税。资源税具备地方税的特征，特别是对于资源丰富而经济欠发达的中西部地区而言，改革后的资源税可以成为地方财政收入的重要来源。不久前，财政部门发布了资源税改革方案，不仅扩大了资源税从价计征的范围，而且还将资源税范围扩大到了水资源、森林资源和草原资源等，确是顺时应势之举。三是尽快开征环境保护税。当前，开征环保税的社会共识已经形成，环保税的草案也已公布，应当尽快实施。同时，也有必要进一步明确环保税的地方税性质。四是改革消费税。随着我国消费导向型经济的呼之欲出,地方政府逐渐退出生产投资事务,转向营造良好的消费环境、做好当地消费市场监管的需要正在加强,而这内在地契合地方政府职能转型的需要。为此,可考虑将消费税由现在的中央税改为地方税,并由现在的扩大征收范围这一改革重点逐渐、分步过渡到普遍征收,使之成为新的地方主力税种。五是要赋予地方政府一定的税权。在以上地方税建设上,一定要赋予地方政府一定的税政管理权限,允许地方政府根据本地实际情况制定实施细则或具体办法,因地制宜调整税基、税目、税率等。六是强化税收征管,落实"税收法定"。一方面,要完善现行国税、地税征管体制,防止税收"跑、冒、滴、漏";另一方面,应当将各类税收条例提升为税法,适时制定《税收基本法》或《全国税政要则》,以全面落实"税收法定"原则。

但是,必须同时看到,以上地方税中,无论哪一个建设起来都费时费力。比如各界广泛关注的房地产税,在上海、重庆试点了好几年,基本算是无疾而终。此后房地产税就进入了漫长的立法程序,但是现在看来,距离最后完成立法仍然遥不可及,特别是考虑到当前房地产正轰轰烈烈"去库存",就更是如此。另外开征环保税、改消费税为零售税等,距离其成为地方收入,仍有一个漫长的过程。但好消息是资源税改革方案中已明确了其收入主要归地方政府。总体而言,对地方政府而言,通过建设、完善地方税来解决"营改增"以后的财政收支缺口需要比较长的时间,"远水不解近渴",短期还是要回到增加一般转移支付的道路上去。

四、适度增加地方政府的债务管理权限

债务是财政收入的一种特殊形式,也是地方财政的必要补充。对于地方债,近两年有关部门已做了许多工作,如出台了地方政府性债务的相关管理办法,算是为近十年来野蛮生长的地方债套上了"笼头"。不足之处在于相关管理办法行政规制有余而市场约束不足,过多限制住了地方政府的手脚,同时也弱化了债务对于地方财政收入体系的作用。试举几例:一是关于发债的规模,现行的管理办法规定由国务院确定全国债务的总规模,再由财政部确定分区规模,再报各级人大审定。这里面的关键问题是,全国债务总规模可能是多少?中央与地方的比例是多少?财政部按什么标准在各省之间分配债务规模?⋯⋯可以想象,中央地方为了控制风险,会非常节制地制定新增债务规模,这在很大程度上约束了各地政府的手脚,而这并不完全符合我国城镇化快速发展的客观需要。二是关于债务的发行方法,现在的管理办法对此基本不置一词,市场主体(主要是各类金融机构)如何参与、如何互动,几乎没有一个字。但事实上,正如一些地方政府已经在实践的那样,在地方债的发行中,需要通过招投标的方式确定承销商、需要进行债务评级、需要进行债务统计与报告、需要建立公开的风险预警机制⋯⋯换言之,地方政府发行债务的约束不能只来自上级部门的行政规制,更应当有来自市场的内在约束。三是关于地方债务风险预警机制。现在的管理办法是由财政部针对各省的债务风险建立的预警机制,这当然是必要的,但绝非全部。更重要的是地方政府自己要有一套风险预警机制,且在每年对人大的预决算报告中公开。进一步地,与政府自身的风险预警相比,由第三方机构或者作为债市投资人的各金融机构进行的风险预期报告更能丰富各方对于风险的判断与认识。

总之,在我国新型城镇化的大背景下,应当适度扩大地方政府的债务管理权限,同时发展规范的地方债市场,行政与市场"双管齐下",外力与内因同时并存,才能打破"一管就死,一放就乱"的魔咒。

五、破除"收、支、用、管"一体化机制，大力增强非税收入管理

非税收入是地方财政收入体系的组成部分。主要包括三个方面：一是国有资产方面的收益，二是少量的行政事业单位收费，三是各类政府性基金。对这类财政收入，一方面要规范管理，另一方面要纳入到统一的、全口径的预算管理框架之中，以增强地方财政的统筹能力。

关于国有资产（资源）收益。应当落实党的十八届三中全会"提高国有资本收益上缴公共财政比例，2020年提到百分之三十"的精神。要进一步深化与规范公共资源交易制度，将具有"租"性质的收费收入纳入一般公共预算管理。目前，我国公共资源交易制度已初步建立，各地都有公共资源交易中心。但公共资源交易的程序、方法还应进一步规范，"公开、公平、公正"的程度有待进一步提高。从管理上看，国有资产（资源）（特别是土地出让金和大额矿产资源出让收入）、部分国有企业改制、上交等形成的收入，都属于我国国有资产（资源）制度下的特殊收益，归全民所有，应采取措施剥离管理部门与此类收益之间的利益连动关系，适时将其并入一般公共预算。特别是考虑到土地出让的净收入并不高，且现有土地出让金已有相当部分用于一般公共支出的情况，就更应如此。

关于收费和政府性基金。目前，地方政府共收取25种不同类别的政府性基金，另外还有各种名目的行政事业性收费。对这些收入形式，应当明确其"财政资金"的性质，大力消除"部门特色"，以加强地方财政的统筹能力。操作要点是破除现行"收、支、用、管"一体化机制，将现代

公共财政管理的理念、原则、方法,全面覆盖其上,从而规范财政收支秩序,提高财政管理质量。具体而言,一是要将收费、政府性基金等授权税务部门收取,财政部门按需安排预算,相关部门只负责"管"和"用",制度性地分离"收钱的""分钱的"和"用钱的",形成相互制衡的体制机制。二是实质性地贯彻"收支两条线",执收部门依法收费,财政部门据实安排支出,彻底切断收费收入与预算分配之间的联系。三是全面落实预算法的有关要求,所有的政府收入和支出都要纳入预算。四是做好财政信息公开,加强财政监督。必须同时指出,现行政府性基金也好、行政事业性收费也好,其内部都类别复杂、情形各异。对此,要结合形势发展的需要,做好相关的清理整合工作,该取消的要取消,该规范的要规范。更重要的是,这类收入只能是地方财政收入体系的补充,不能将其作为主要来源,那种税收不行就通过收费来补的做法应当彻底摈弃。

总之,一个完整的地方财政收入体系既包括起主力作用的地方税和转移支付,也有起补充作用的债、费、利、基金等,从而构成一个完整的体系。"营改增"的全面实施已提出了重构地方财政收入体系的迫切需要。现在,是时候在制度层面回应这个需求了。为此,一方面需要认真把握回应需求、供给制度的总体目标;另一方面还需深刻认识总目标之下各个子系统的衔接协调,把握好新制度运行的诸多关键环节和关键点,这样才能达到个别与整体、局部与全局之间相互支持、相得益彰的良好效果。

我国农村转移人口市民化的财政支出测算与时空分布研究

农村转移人口市民化是我国推进新型城镇化建设的核心问题之一。将农村转移人口纳入城镇公共服务体系，会带来巨量财政支出。本文计算了将现在已经在城市居住的农村转移人口纳入城市公共服务体系、按现行政策财政必须新增的资金数额。结果表明，以 2011 年不变价格计算，为将现有 15863 万已在城市居住的农村转移人口市民化，将新增财政支出 18091.58 亿元。如果将计算范围扩大到现有的 2.6 亿农村转移人口，则计算结果将增大到 29651.76 亿元。笔者认为，尽管资金浩大，但只要精心进行时间、空间分布设计，注重全国范围内均衡启动，进行相关财政支出的结构性调整，并从"钱""地"、转移支付等方面进行机制设计，这一人类历史上从未有过的浩大工程完全可以如期圆满完成。

2012 年，我国 GDP 总值达到 51.93 万亿元，居世界第二；与此同时，我国名义城镇化率已达到 52.57%。但是，在工业化、城镇化的光鲜外表下，隐藏着近 1.6 亿进城务工的农村人口虽然身在城市却不能与城镇居民一样同等享有基本公共服务的严酷现实。当前随着我国经济结构的转型升级序幕的拉开,以及国际市场的风云变幻,内需正在替代外需成为未来一定时期内我国经济增长的基本驱动力,以提高城镇化率为主旨的新一轮大潮正在到来。

学界公认,城镇化的核心在于农民的市民化,表现为两个对应的反向运动过程:农村人口的减少和城市居民人数的增加。从理论上讲,这两个过程是同步的。但是,在我国的特殊背景下,这一过程则主要表现为农村人口的减少和城市农村转移人口的增加,后者向城市居民的转化则迟迟未能完成。农村转移人口市民化的问题由此而生。

农村转移人口市民化问题的实质是政府提供的基本公共服务在城市居民和农村转移人口之间的均等问题,主要制约因素之一是资金问题。那么,将农村转移人口市民化,各级财政到底会为此新增多少支出? 能不能承受? 如何分担? 本文拟对此进行讨论。

一、已有的研究述评

2012 年以前,农村转移人口市民化的相关财政支出问题主要以"农民工市民化成本"为题进行研究。内涵层面,张国胜(2008)认为,农民工市民化成本包括生活成本、教育成本、社会保障成本、住房成本和基础设施成本五个方面。中国发展研究基金会(2010)指出,农民工市民化成本是指这一过程中必须投入的教育、医疗、住房、社会保障和基础设施等的最低资金量。国务院发展研究中心(2010)认为,农民工市民化成本主要应包括义务教育、居民合作医疗、基本养老保险、民政其他社会保障费用、城市管理费用、住房等。实践层面,重庆市于 2010

年推出的户改方案中涉及的成本项目包括七个方面:农民退出农村的承包地、宅基地所需要支付的费用,以及农民进入城市所产生的就业、养老、住房、医疗、教育方面的支出。

由于成本口径不一,各方测算出来的成本数量自然各不相同。张国胜测算出,东部沿海地区第一代农民工、第二代农民工市民化的社会成本分别为 10 万元、9 万元,西部内陆地区第一代农民工、第二代农民工市民化成本分别为 6 万元、5 万元。中国发展研究基金会测算出的农民工市民化成本为 10 万元左右。国务院发展研究中心课题组研究发现,一个农民工市民化的成本为 8 万元左右。而据重庆市政府测算,一名农民成为新市民的成本为 6.7 万元。

如何分担以上成本?各方面对此有一定共识,即政府是农民工市民化成本的主要负担者,但同时需要借助市场、个人等各方面的力量。如中国发展研究基金会在算出 20000 亿元的总成本以后,提出中央政府可以分担 5000 亿元,地方政府承担 5000 亿元,其他的 10000 亿元通过市场解决。重庆市对首期户改成本也提出了"政府作为主导""撬动社会各方面分担"的原则,并实际测算出在 2010 亿元改革总成本中,企业需投入 1229 亿元,转户农民需投入 465 亿元,政府需投入 316 亿元。

以上研究极具价值。但是,我们认为还有三个方面需要进一步厘清:一是现在研究还缺乏一个清晰的理论支撑,来说明为什么农村转移人口市民化的财政负担应当由不同主体来分担;二是现有研究没有将农村转移人口的财政负担在流出地和流入地之间进行考虑,而这一问题极其现实;三是这些支出如何在时间上寻求一个"力所能及"的分布方案?本文拟在这几个方面进行努力。

二、理论框架

（一）农村转移人口市民化财政支出的定义

本文认可国研中心关于农村转移人口市民化的定义，即将农村转移人口整体融入城市公共服务体系。个人融入企业、子女融入学校、家庭融入社区，在城市"有活干、有学上、有房住、有保障"。由此，农村转移人口市民化的财政支出主要指四个方面：随迁子女的教育支出、社会保障支出、保障性住房支出和就业服务支出。换言之，本文所讨论的农村转移人口市民化财政支出主要是指在农村转移人口实质性地融入城市过程中，政府必须负担且新增加的那部分支出，既不包含由企业支付的部分（如社保），更不涉及那些由个人支付的部分（如住房）。

（二）农村转移人口市民化是一束权益—伦理型公共产品的集合

从公共经济学的角度看，政府的职责在于提供公共产品。公共产品既包括纯公共产品、准公共产品，也包括部分具有私人产品特征但经公共选择程序决定必须由政府来提供的权益—伦理型公共产品（冯俏彬、贾康，2010）。所谓权益—伦理型公共产品，简言之，是指那些随着公民权利的觉醒，以及政府基于政治伦理方面的考量，必须向公民提供的、即使是从物理属性角度看属于私人产品的那些产品。本文所讨论的农村转移人口市民化过程中所涉及的主要公共服务项目——社会保障、就业、住房、随迁子女教育等——正是这样的产品。

从需求的角度看,权益—伦理型公共产品是基于某种权利因素——如自由、平等、公正——而要求政府向特定群体提供的某种公共产品或服务,其最大的特点在于改善权利不平等的状况。改革开放以来,大量原来禁锢在乡村、土地的农民为谋求收入的增加、生活的改善而进入城市,随着时间的流逝,农村转移人口对城市的贡献有目共睹,但他们与城里人迥然不同的公共服务待遇也引发了各方深切的同情,不仅有一大批的社会精英为其权利"代主张",他们自己(特别是新生代农村转移人口)也逐渐产生了与城里人同等对待的权利主张与要求,在当下直接表现为"有活干、有学上、有房住、有保障"的基本诉求。可以明显感知到,赋予农村转移人口与城里人相同的基本公共服务待遇的社会呼声已经越来越强烈。

从供给的角度看,逐步将农村转移人口市民化也已经成为政府在新时期的政治伦理之一。所谓伦理,本质上说是一种行为约束,这种约束可以来自某种理念,也可以来自现实压力。所谓政治伦理就是指那些政府作为公权力的行使者和社会管理者,在其行政行为和行政过程中应当为之、必须为之的方面。农村转移人口市民化之所以成为一种政治伦理,主要是由于以下几个方面:第一,历史地看,农村转移人口这一问题的产生,本身就与政府长期以来实行的城乡分隔制度、户口制度高度相关,是历史问题的延续,如果说在新中国成立初期的特定条件下这样做尚有一定合理性以外,到改革开放已三十多年的今天,这种合理性已丧失殆尽了。第二,农村转移人口问题已成为引发一系列严重社会问题的主要诱因,直接影响我国当前的社会稳定。如留守儿童、乡村空心化、青少年犯罪等,都已成为严重的社会问题,亟待政府解决。第三,现实地看,农村转移人口市民化有助于进一步促进我国经济增长,进而为防止出现"中等收入陷阱"作出贡献。近来各方持续论证,需要通过城镇化拉动内需增加、促进我国经济的进一步增长,而农村转移人口市民化正是城镇化的核心内容之一。

因此,农村转移人口市民化是随着形势的变化,政府应当而且必须提供的一种公共产品,是一束权益—伦理型公共产品的集合。

(三)基于公共产品受益范围理论,确定中央政府、流出地方政府、流入地方政府在农村转移人口市民化问题上的事权与财力配置

一旦我们明确地将农村转移人口市民化定位于一种公共产品,将其中所涉及的随迁子女教育、住房、社保、就业等定位于权益—伦理型公共产品,就可以借助于公共经济学现有理论框架,为实施农村转移人口市民化过程中各级政府的事权划分、财政责任分担,以及具体提供方式等谋求合理的解决思路。

农村转移人口随迁子女的教育问题。公共经济学理论已经阐明,由于义务教育所具有的基础性和强烈的正外部性,应当属于中央政府的事权范围,主要由中央政府承担财政责任。农村转移人口随迁子女教育的问题,主要是在义务教育层次,应当属于中央政府的事权范围。

农村转移人口的社会保障问题。在我国,社会保障主要包含社会保险和社会救助两个方面的内容。社会保险方面,已有研究表明,基于市场经济下劳动力的高流动性和一国范围内各区域之间必然存在的开放性,全国应统一建立制度及支付标准,因此农村转移人口的社会保障属于中央政府的责任范围,但其资金主要来源于企业缴费和个人缴费,政府并非第一主体。社会救助方面,政府主要针对的是那些自身无力解决其基本生活需要的弱势群体,这是地方政府的必然职责。

农村转移人口的就业问题。市场经济条件下,政府并不是直接安

排人员就业,而是通过促进本地区经济发展,间接创造就业机会与条件,从这个意义上讲,就业具有一定地方性。另外,农村转移人口就业还有一个重要组成部分,那就是政府支持下的职业介绍与技能培训等,这也具有明显的地方性,应当属于地方政府的责任范围。

农村转移人口的住房问题。已有讨论阐明,住房是具有高度私人性的产品,政府所要应对的主要是创制协助、支持人民解决住房问题的一系列机制,如土地制度、金融制度等。只有那些无力、无法解决自己住房问题的人员,才是政府支持的对象。这也是高度地方性的事务,属于地方政府的事权范围。

三、农村转移人口市民化财政支出的测算

基于本文对农村转移人口市民化财政支出的定义,我们想搞清楚这样一个问题:假定将现有已居住在城市的农村转移人口纳入四项基本公共服务体系①,各级财政将为此新增多少的支出? 换句话说,如果将"最急需那部分人"纳入"最基本的城市公共服务体系",财政到底要新增多少支出?

以下计算的主要假定是:

第一,一次性将现有已在城市居住的农村转移人口全部市民化,以此可求得财政支出的时点数据。

第二,用外出务工农村转移人口数代表已在城市居住的农村转移

---

① 此计算仅考虑农村转移人口市民化所需要增加的政府公共服务方面的支出。为简化起见,此处不考虑地方政府收储农村转移人口宅基地、承包地所需的开支,也不考虑地方政府为增加当地就业而招商引资所发生的各类财政费用。

人口数。

第三,所有计算以 2011 年价格为不变价格、2011 年的财政支出水平为基线。个别数据因统计原因找不到 2011 年的,用 2010 年的数据代替。所有数据均来自于相关部委的当年统计公报。

计算模型:

$$TC = \sum_{i=1}^{6} C_i = (c_1 n_1 + b) + c_2 n_2 + c_3 n_3 + c_4 n_4 + c_5 n_5 + c_6 n_6$$

(公式 5-1)

其中,TC 为总支出,c_1 为随迁子女的财政教育支出,c_2 为养老保险的财政补助支出,c_3 为医疗保险财政补助支出,c_4 为最低生活保障的财政支出,c_5 为保障性住房的财政支出,c_6 为就业、城市管理等方面的财政支出,对应的 n 为相应的人数。

(一)随迁子女的财政教育支出

资料显示,2011 年,全国外出农村转移人口总数约为 15863 万人,随迁子女约为 1400 万人。2010 年,经简单算术平均后,全国义务教育生均公共财政预算教育事业费为 4613.21 元,生均公共财政预算教育公用经费 1172.11 元,合计 5785.32 元[①],如一次性将其纳入现有城镇义务教育体系,将新增财政开支 809.94 亿元;另外,如果全部通过新建学校的方式解决,按教育部关于城镇九年制义务教育学校的建设标准——2100 生/校、16190 平方米的校舍面积——理论上需要新增学校6666.67 所,按 2010 年全国竣工房屋平均 2228 元/平方米的造价,累计

---

① 义务教育包含小学和初中,生均经费包括生均事业费和生均公用经费,通过简单算术平均得到。因为同一名随迁子女,要么是上小学,要么是上初中,不可能同时就读于两个学段。

投资为 2404.76 亿元。两者合计为 3214.70 亿元。（见表 5-3）

$$C_1 = c_1 n_1 + b = 809.94 + 2404.76 = 3214.70（亿元）\qquad（公式 5-2）$$

表 5-3　随迁子女的财政教育支出

农村转移人口随迁子女人数（万人）	全国义务教育生均经费（元）	小计（亿元）	新增学校（所）	校舍面积（平方米）	全国竣工房屋平均造价（元/平方米）	小计（亿元）	合计（亿元）
1400.00	5785.32	809.94	6666.67	16190.00	2228.00	2404.76	3214.70

资料来源：《2011 年度人力资源和社会保障事业发展统计公报》，人社部网站；教育部、国家统计局、财政部关于 2011 年全国教育经费执行情况统计公告，教育部网站；2002 年教育部、发改委、建设部《城市普通中小学校校舍建设标准》；《中国统计年鉴 2011》。

（二）养老保险的财政补助支出

目前，各级财政主要向城镇居民养老保险体系进行补助，2011 年为 2272 亿元，按当年参保人数 28391 万人计算，人均补助金额为 800.25 元。假定农村转移人口市民化后一次性全部纳入城镇养老保险体系，按现有制度，稳定就业的农村转移人口将参加城镇基本养老保险，无稳定收入来源且低于一定标准的将参加城镇居民养老保险。据此计算如下：

1.城镇基本养老保险

2011 年，全国外出农村转移人口总数为 15863 万人，已参保的农村转移人口总数为 4140 万人，需补助的农村转移人口总数为 11723 万人。假定一次性市民化所有农村转移人口，则按现有补助标准，每年财政将新增加养老保险补助 938.13 亿元。（见表 5-4）

$$C_2 = c_2 n_2 = 800.25 \times 11723 = 938.13（亿元）\qquad（公式 5-3）$$

表 5-4 城镇基本养老保险的财政补助支出

需补助的农村转移人口总数 （万人）	人均补助标准 （元）	总计 （亿元）
11723.00	800.25	938.13

资料来源：《2011 年度人力资源和社会保障事业发展统计公报》，人社部网站。

2. 城镇居民养老保险

2011 年年末，全国已有 27 个省、自治区的 1902 个县（市、区、旗）和 4 个直辖市部分区县及新疆生产建设兵团开展国家城镇居民养老保险试点，但总人数仅为 539 万人，未成气候。由于农村转移人口不可能同时参加两种养老保险，且居民养老保险的水平低于基本养老保险，因此即使考虑了居民养老保险的因素后，对上面计算出的财政补助养老保险的总金额只可能大幅减少，不可能增加。

（三）医疗保险的财政补助支出

目前，医疗保险主要是由企业和个人共同缴费，财政仅对新型农村合作医疗（以下简称"新农合"）和城镇居民医疗保险进行补贴。其中，新农合的财政补助标准为 240 元/人/年[1]；城镇居民医疗保险则主要由各地操作，无统一补助标准。

2011 年，全国外出农村转移人口总数为 15863 万人，已有 4641 万农村转移人口参加了城镇职工医疗保险。假定农村转移人口市民化后，其余未进入城镇职工医疗保险体系的农村转移人口全部进入城镇居民医疗保险体系，共计 11222 万人。按新农合每人每年 240 元的补贴计算，共计 269.33 亿元。但同时必须指出，由于我国新型农村合作医疗保险的

---

[1] 卫计委表示，2013 年对新农合的补助标准将提高到每人每年 280 元。

参合率已达97.5%(2011年),换句话说,几乎所有的农村人口——包括外出但未参加本地城镇医保的农村转移人口——都已参加了新农合且得到了各级财政累计240元/人/年的补助。如果市民化,则意味着这部分财政补助不过是由农村转移到城市而已,总量上并不显著增加,即使有新增部分,也仅为各地高出240元以上的部分。即:$C_3 = 0$

(四)最低生活保障的财政支出

除了对社会保险的补助支出,农村转移人口市民化后最可能增加的是各类社会救助性支出,特别是最低生活保障支出。2011年年底,全国共有城市低保对象2276.8万人,占同期城镇居民人口总数的3.39%;同期全国平均低保补差标准为240.3元/人/月,折合为2883.60元/人/年。据此,我们计算得出,农村转移人口市民化后财政将每年新增低保支出155.07亿元。即:

$$C_4 = c_4 n_4 = 15863 \times 3.39\% \times 2883.6 = 155.07(亿元) \qquad (公式5-4)$$

表5-5 最低生活保障的财政支出

农村转移人口总数(万人)	低保比例(%)	可能进入低保的农村转移人口总数(万人)	全国平均低保补差标准(元/人/年)	总计(亿元)
15863.00	3.39	537.76	2883.60	155.07

资料来源:《2011年社会服务发展统计报告》,人社部网站。

(五)保障性住房的财政支出

农村转移人口市民化后,最急切的需要将出现在住房领域,其中又特别是廉租房。按住建部的规定,目前城市廉租房的建筑标准为人均13平方米,2010年全国竣工房屋造价为2228元/平方米左右。借鉴世

界上保障性住房做得最好的中国香港,由政府提供保障性住房的人口比例为30%,则总计需要的支出为13783.68亿元。即:

$$C_5 = c_5 n_5 = 15863 \times 30\% \times 13 \times 2228 = 13783.68(亿元) \quad (公式5-5)$$

表5-6 保障性住房的财政支出

农村转移人口总数(万人)	政府提供廉租房的比例(%)	人均面积(平方米)	每平方米造价(元)	总计投入(亿元)
15863.00	30.00	13.00	2228.00	13783.68

(六)就业、城市管理等方面的财政支出

就业方面。政府承担的部分主要是职业介绍与职业培训(2010年,各级财政用于就业方面的支出为624.94亿元),而这是非新增事项,故不引起财政新增开支。

城市管理方面。由于农村转移人口已居住在城市,这部分费用早已发生,因此,也不存在严格意义上的新增财政开支。

基于上述考虑,农村转移人口市民化中就业、城市管理等方面的新增财政支出 $C_6 = 0$。

此外,各地还有名目繁多的计生、医疗、公共卫生、供水(气、热)补贴、法律援助、孤寡老人、殡葬等方面的开支,难以一一计算,此处忽略。

总之,基于一次性将现在已经居住在城市的15863万农村转移人口市民化的假定,所需教育、社保、低保、住房等方面的新增财政支出为18091.58亿元。

(七)影响上述计算结果增加和减少的主要因素

随迁子女的财政教育支出中,未考虑农村转移人口子女进入城

市后,相应农村义务教育支出随之减少的因素;未考虑现在已在城镇入学就读的农村转移人口子女情况。这两项对上述计算都有减少作用。

基本养老保险中,未考虑农村转移人口从农村转移出来所导致的农村养老保险减少的因素。

低保中,未考虑农村转移人口从农村转移出来后导致的农村低保支出减少的因素;未考虑到农村转移人口进入城市后,其符合低保条件的比例可能高于同期城镇人口的因素。对上述计算结果,前一个因素有减少作用,后一个有增加作用。

住房建设方面,30%的比例是参考国际上住房保障工作做得最好的中国香港的比例,远高于我国实际水平,因此计算结果偏大。另外,住房建设属于一次性投资,长期逐渐回收(当然并非全部),且租住的农村转移人口本身也要支付一定的租金,这是一项重要的减少因素。

以上所有计算均未考虑物价变动因素。长远而言,物价将维持低通胀特征,因此,对以上计算结果有向上拉升的趋势,特别是住房建设方面。

(八)以上计算结果的扩展

以上我们只计算了将已在城市居住生活的 15863 万农村转移人口纳入城市基本公共服务体系时,财政必须支出的最低支出数。

这只是一种"底线计算",即将最急需的人纳入最基本的保障所需要花费的支出。现实地看,这一数字可能继续放大。原因有三:一是农村转移人口的基数将扩大,如果将计算范围扩大到现有的 2.6 亿农村转移人口中,则计算结果将增大到 29651.76 万元;此外,有专家估计,以后每年还将新增 1200 万农村转移人口。二是财政补助标准提高,如 2013 年有关方面已提出,新农合的标准将从现在的 240 元上调到 280 元。三是纳入保障的基本公共服务范围可能逐渐扩大,如从本文立足的"四有"到包括计生、公共卫生、各类补贴在内的方方面面。

因此,我们认为,必须从现在起积极筹划方案,将农村转移人口市民化的财政支出在时间、空间上进行分布分担,构建农村人口向城市转移,并以"较低标准、相对公平、相对稳定"为特征的基本公共服务保障体系,为巨量人口进城做好制度性准备。

四、农村转移人口市民化财政支出的 时间与空间分布设计

(一)时间分布

农村转移人口市民化财政支出的时间分布主要是指,以上支出在某一个时段内,每一年要支出多少。

我们设计了以下两个时段。

1. 2013—2020 年

根据党的十八大到 2020 年全面建成小康社会的目标,假定到 2020 年全面解决 15863 万农村转移人口的市民化问题,则从 2013—2020 年的 8 年中,按简单算术平均且不考虑通胀因素的情况下,每年农村转移人口市民化的新增财政支出为 2261.45 亿元。其分布如表 5-7 所示。

表 5-7　2013—2020 年农村转移人口市民化的财政支出分布

（单位:亿元）

2013 年	2014 年	2015 年	2016 年	2017 年	2018 年	2019 年	2020 年
2261.45	2261.45	2261.45	2261.45	2261.45	2261.45	2261.45	2261.45

必须说明,每年 2261.45 亿元仅指财政为此新增加的支出部分,而非全部支出,原因在于上一年一旦支出,下一年就会被始终保留,呈累加之势。以 2015 年为例,这一年财政为农村转移人口市民化承担的支出并非仅当前新增的一个 2261.45 亿元,而是还包括 2013、2014 年已经支出的两个 2261.45 亿元,共 6784.35 亿元。表 5-8 为据此计算的财政当年的实际支出。

表 5-8　2013—2020 年各级财政为农村转移人口市民化发生的实际支出

（单位:亿元）

2013 年	2014 年	2015 年	2016 年	2017 年	2018 年	2019 年	2020 年
2261.45	4522.90	6784.35	9045.80	11307.25	13568.7	15830.15	18091.58

2. 2013—2030 年

由于农民工问题错综复杂,牵一发而动全身,因此 8 年时间相对紧张,假定再向后扩展 10 年,即到"第三代农村转移人口"出现之前必须解决,则从 2013 年到 2030 年的 18 年中,财政每年为农村转移人口市民化所负担的新增支出为 1005.09 亿元。

笼统观之,鉴于过去十年来,我国财政收入始终保持了 15% 左右的增速,据各方估计,我国经济还将保持 20 年左右的平衡增长,这将为财政收入的增长提供坚实的基础。保障性住房方面,已有一个三年投资 9000 亿元的整体考虑。因此,笼统而言,尽管所费不菲,但未来 10 年我国财力状况还是可能负担农村转移人口市民化的相关支出的。

(二)空间分布

农村转移人口市民化财政负担的空间分布主要是指,以上支出在中央政府、地方政府、农村转移人口流出地政府、流入地政府,大、中、小城市之间的分布情况。

1. 中央政府与地方政府之间的分担数额

如前,随迁子女的教育、养老保障、医疗保障属于中央政府的事权范围;社会救助、保障性住房、就业、城市管理等则属于地方政府的事权范围。以此观之,理论上讲,农村转移人口市民化财政支出中央政府和地方政府之间的分布如表5-9、表5-10所示。

表5-9　中央政府负担的部分　　　　　　(单位:亿元)

随迁子女的教育	养老保障	合计
3214.70	938.13	4152.83

表5-10　地方政府负担的部分　　　　　　(单位:亿元)

随迁子女的教育	养老保障	合计
155.07	13783.68	13938.75

2. 农村转移人口流入地政府和流出地政府之间的分担数额

总体而言,我国东部是农村转移人口的净流入地区,西部、中部是净流出地区。据国家统计局的调查,2011年,东、中、西部农村转移人口的比例分别为65.4%、17.6%和16.7%①。据此,如果不做调整,农

---

① 引自国家统计局:《2011年农村转移人口调查监测报告》,东、中、西部比例相加为99.7%。表5-11按此比例推算。

村转移人口市民化财政支出在东、中、西部之间的分布如表5-11所示。

表5-11 东、中、西部地区农村转移人口市民化财政支出分布

(单位:亿元)

总计	东部	中部	西部
13896.93	9115.94	2453.22	2327.77

3. 各层级城市之间的分担数额

据国家统计局的调查,2011年外出农村转移人口在直辖市务工的占10.3%,在省会城市务工的占20.5%,在地级市务工的占33.9%,地级以下城市(镇)为35.3%。据此,如果不做调整,农村转移人口市民化财政负担在各层级城市之间的分布如表5-12所示。

表5-12 各层级城市农村转移人口市民化财政支出分布 (单位:亿元)

总计	直辖市	省会城市	地级市	地级以下城市(镇)
13938.75	1435.69	2857.44	4725.24	4920.38

五、主要政策建议

综合上述研究,关于农村转移人口市民化的成本问题,我们可以得出以下结论。

第一,以2011年不变价格计算,如果将现有15863万已在城市居住的农村转移人口市民化,各级财政为此将新增支出18091.58亿元。

如果将计算范围扩大到现有 2.6 亿农村转移人口,则计算结果将增大到 29651.76 万元。

第二,从理论上讲,在 18091.58 亿元的总支出中,中央政府应当主要承担随迁子女教育成本和社会保障成本,共计 4152.83 亿元;地方政府主要承担社会救助、保障性住房成本,共计 13938.75 亿元。从农村转移人口的现实分布上看,如果中央不做调整,东部地区政府可能承担 9115.94 亿元,中部地区政府可能承担 2453.22 亿元,西部地区政府可能承担 2327.77 亿元,直辖市可能承担 1435.69 亿元,省会城市可能承担 2857.44 亿元,地级市可能承担 4725.24 亿元,地级以下城市(镇)可能承担 4920.38 亿元。

第三,如果到 2020 年完成农村转移人口市民化任务,各级政府每年为此新增的财政支出为 2261.45 亿元;如果该任务到 2030 年完成,则各级政府每年为此新增的财政支出为 1005.09 亿元。

第四,按金额大小排序,农村转移人口市民化最大的成本项目是保障性住房成本,其次分别是随迁子女教育支出、养老保险补助、最低生活保障支出和医保补助。

第五,按发生时间的先后排序,农村转移人口市民化过程中最急迫的是随迁子女教育、保障性住房支出等,而养老保险总体而言则是远期才会发生。

笔者认为,高达 18091.58 亿元的农村转移人口市民化的财政支出总额固然很高,但如果拉长时间界限,且纳入多个主体来考虑,再结合我国的经济发展与财政状况,却也并非不可承受之重。因此,农村转移人口市民化的财政支出,一方面是一个总量能否承受的问题,另一方面更是财政支出结构如何调整的问题。

笔者认为,处理如此巨大支出的关键在于把握两个方面:一是要全国各地均衡起步,防止一些地方动、另一些地方不动而带来的"洼地效应",进而阻止这一复杂工作的渐次推进;二是要处理好中央与地方,流出地与流入地政府,大、中、小城市之间的财政平衡关系。这两者都共同指向一点,那就是中央政府必须发挥顶层设计的关键作用,通过相关制度的调整、设计,构造出推进农村转移人口市民化的运作基础。

1. 要核定中央应承担的农村转移人口市民化的财政资金总量

可根据以上分析,将农村转移人口随迁子女的义务教育支出、相关社会保障补助支出,确定为中央政府财政负担事项,分担相应部分支出。

2. 调整转移支付制度,促成地方政府在农村转移人口市民化问题上的财力与事权相匹配

由于各地财力水平不同,负担能力有高有低,因此不能随着农村转移人口的自然分布而将相关的财政支出也自发分布在各地和各城市之间,必须由上级财政主持调剂。如上,在确定中央政府应负担的资金总量的前提下,中央财政就可通过增加转移支付总额、调整转移支付比例、修订转移支付系数等方式,来调节地区间、城市间的实际负担水平,促使地方政府的财力与事权能相互匹配。

3. 调整财政支出结构

各级财政在安排支出时,都要适应农村人口的转移情况,调整本地区的财政支出结构,基本方向是从农村向城镇调整,如调整城市义务教育中央与地方的负担比例、调整财政教育支出中农村与城市的支出比例、调整城市与农村的社保补助结构等。

4. 从"钱""地"两个因素着手,平衡流出地与流入地之间财政关系

一是由流出地政府向中央政府上交部分土地收益,然后由中央财政专门用于农村转移人口市民化工作,通过转移支付的方式注入农村转移人口的主要流入地区;二是在流出地和流入地之间建立土地指标的增减挂钩机制,中心意思是流出地政府收储的农民转让出来的承包地指标和宅基地指标,拿出一部分给流入地政府。此举的好处,一是流出地政府当期可以不拿钱或者少拿钱出来;二是可以在总体上维持全国土地增减的平衡,保住18亿亩耕地红线,另外还顺应我国新型城镇化的进程,提高东部人口自然集聚程度,以集约化利用土地。

5. 中央制定统一政策,保证全国范围内农村转移人口市民化工作的均衡起步

结合实际情况看,相对于财政补偿,更重要的是中央制定统一政策,保证各地农村转移人口市民化工作的均衡起步。在此基础上,再通过土地政策的调整、土地指标的适当倾斜以及适当的转移支付政策,调动各方面因地制宜,积极探索本地农村转移人口市民化之道。

6. 创造条件,积极谋求政府与市场、政府与社会组织的多方合作,共同分担农村转移人口市民化的支出

为降低政府负担,可积极引入企业、社会组织等主体参与相关公共服务的生产。要进一步创造条件,打开企业、民间资金进入通道,引入更多的市场主体、社会组织参与公共服务的生产,从而间接地分担政府责任、减轻财政压力。当然前提是创新政府与市场、与社会组织之间的合作机制与方式。

总之,我们认为,农村转移人口市民化是一项重大工程,相关成本的确浩大;但综合考虑各方面的情况,如果精心设计方案,妥善运作相关制度机制,在各级政府、市场与社会组织的共同努力下,并非不能承受之重。考虑到农村转移人口市民化对于中国现代化建设的重大意义,这是完全值得积极探索并付诸实施的。

从整体改革视角准确定位和
深化新一轮消费税改革

新一轮的消费税改革正在路上。综合各方分析,本文认为需要从整体改革的视角来定位消费税改革的诸多具体内容。一是要结合当前我国消费型经济正在兴起的这一深刻的时代变化,将消费税的征收范围从"三高"商品扩大到高服务消费。二是考虑中央与地方财政体制改革的需要,将消费税定位为中央税或共享税。三是要从我国税制结构从间接税为主转向直接税为主的背景出发,将消费税的功能定位为基于增值税基础之上的"调节"而非普遍全面征收。四是要与资源税、环保税、房地产税等其他税种的改革统筹协调,避免片面夸大消费税功能和重复征税。

党的十八届三中全会指出,"财政是国家治理的基础与重要支柱",并勾勒了到2020年建成现代财政制度的改革蓝图。近年来,我国财税改革在预算制度、税收制度方面取得了明显的进展;但相对而言,对于整个财税改革具有核心和灵魂作用的中央与地方财政体制改革尚未取得实质性进展①。从一定程度上讲,这可能使得若干细项的财税

---

① 2016年8月24日,国务院发布了《关于推进中央与地方财政事权和支出责任划分改革的指导意见》(以下简称《意见》)。这可视为这一核心改革的破冰之举,但《意见》本身仍然是指导性的,具体改革仍需时日。

改革陷入各自为政、缺乏统一的指向和目标,进而时不时"迷失方向"的状态,这在近期"营改增"中已有比较明显的体现。消费税作为此轮税制改革重点的"六税"之一,目前改革方案已呼之欲出。但从媒体报道的情况看,似乎仍然不缺乏有"迷失方向"和"自己改自己"之忧。对此,应引起高度重视,并在推出具体改革方案时力求避免。

一、消费税改革需要在整体改革中进行系统定位

著名科幻作家刘慈欣在其作品中,常从宇宙的角度观察地球与人类,并写出了一系列令世界为之惊叹的作品,因为"只有在高处,才能看清楚"。对于消费税而言,其"高处"依序而言一是税收制度,二是财政制度,三是中国当今经济社会发展形势。反过来讲,也可以表述为:中国的经济社会发展形势决定着财政制度的类型与形态,而财政制度决定税收制度,税收制度进而给定了类似消费税这样改革子项目在大系统内的位置与功能。具体而言,笔者认为,当前与消费税高度相关的我国经济社会层面的因素主要是"消费型经济"的兴起以及与之相适应的人民群众在消费结构、消费内容等方面发生的深刻变化,这对消费税的未来发展与征收范围的调整密切相关。与消费税高度相关的财政制度方面的因素主要是中央与地方财政体制,这决定着消费税所产生的收入归宿以及相应的征收方式。与消费税高度相关的税收制度方面的因素则是由间接税为主向直接税为主转化的税制转型,这决定了消费税的增长空间。另外,消费税改革还需要考虑与其他税种之间的协调与统筹关系。

二、我国消费型经济的兴起决定了消费税的征收范围应从商品扩大到服务

1994 年版的消费税法中,消费税的课税对象全是有形的商品,主要集中在三个方面:一是劣质消费品,如烟酒等;二是当时情境下的高消费品,如化妆品、珠宝首饰等;三是有污染效应的产品,如汽油、小汽车等。近年来,随着我国经济社会的发展和人民消费水平的提高,相关部门已在消费税的征收范围上进行了一些调整,将那些已成为普遍消费品的东西调出,而调入这两年来明显增加的高消费品,如私人飞机等,另外还增加了一些有环保意义的课税对象。可以看出,现行消费税征收范围上调整的思路主要停留在有形的商品之上。

但现实情况是,当前我国居民消费结构正在进行新一轮的转型升级,转型的基本方向是从有形的硬商品向无形的软服务转化。2015年,我国居民用于服务消费方面的支出明显上升,而且展望未来,服务消费将成为我国居民消费的主要组成部分。这一点,早已为发达国家的经验和道路所证实,也是当下中国正在发生的巨大变革之一。有专家估计,到 2020 年我国消费市场规模将达到 40 万亿—50 万亿元,国内市场规模位居世界前列。消费大市场的初步形成,不仅成为保持我国 6%—7%经济增速的突出优势,而且成为我国经济转型升级的重要推动力。当然也是此轮消费税改革必须考虑的大背景。

因此,此轮消费税的改革应当适应这个趋势,在调整征收范围时除了把高耗能、高污染产品及部分高档消费品纳入征收范围以外,还应将

部分高服务消费纳入其中。一般认为,可考虑纳入消费税征收范围的高端消费劳务包括高尔夫、狩猎、跑马、赛马、高档歌舞厅、夜总会、游艺厅、高档桑拿、高档美容健身院、高档酒店、私人会所、高级会员俱乐部等。对此需要一一甄别、具体明确。

三、中央与地方财政体制决定了
消费税应主要作为中央税,
至多放松为共享税

当前,有一种意见认为,在此轮消费税改革中应当将消费税划为地方税。这在"营改增"之后地方财政正面临困局的情况下,得到很多人的赞同。但是,从长远和整体而言,笔者认为这种意见是值得商榷的。

从大的方面讲,党的十八届三中全会以来,关于中央与地方财政体制改革的基本思路已经明确,即构建事权与支出责任相适应的中央与地方财政体制。综合各方面情况,这一体制的总体方向是中央上收部分事权,即将以前误配置给地方政府的司法、社保、教育、医疗等涉及全体人民基本权利的支出责任适当上收,相应地增加这方面中央财政的支出。保持中央与地方财政收入格局基本不变,即基本维持多年来中央与地方50%:50%的比例。简言之,改革的基本方向是收入格局基本不变,但中央财政支出占全国财政支出比重从15%提高到30%左右。这是考虑着消费税归宿问题的大背景之一。

已有的理论研究清楚表明,适宜作为地方税的税种应当具有税基较窄、不易流动、外部性弱的特点,由此建立地方政府提供公共产品上的成本与收益相对称的关系,理顺地方政府的职能范围。以此而论,由

于消费税的税基是与增值税一样具有较强流动性的商品或服务,因此就税种属性而言,消费税并不适宜成为地方税。另外,由于消费税的主要征收对象是"三高"产品和高端服务,若将其作为地方税之一,势必会激发地方政府大力发展类似产业,进而形成所谓的"逆向选择"作用,不利于地方政府将主要职能从经济增长转向专注于提供本地老百姓所需要的公共产品或公共服务之上。举例而言,烟酒通常是消费税征收的重点对象之一,占我国消费税的比重通常在50%以上,如果将其作为地方收入来源,那么内在地讲,将对地方政府形成大力发展这类产业的激励机制与内在动机,这显然不符合消费税的设计意图。类似的情况也同样存在于具有污染效应的消费品上,总不能指望地方政府先污染,后收税吧?

从国际经验上看,消费税既有全部属于中央收入的,也有中央与地方共享的,但相比之下,消费税大多属中央政府的国家转移,而将消费税作为地方税主体税种的国家很少。(见表5-13)

表5-13　世界主要国家消费税的归属权比较①

国别	税种归属权	中央的征收对象	地方的征收对象
美国	联邦(中央)、州和地方征收	酒、烟草、交通(船舶)、运输燃料、煤炭、垃圾堆积、有害物质、臭氧损耗、机场、航线、高速公路通行、奢侈税、糖等	酒、烟草、燃油等
日本	中央、地方征收(地方征收部分由中央税务部门代征)	酒、烟草(包括特别烟草税)、石油、汽油、液化石油气、航空燃料、矿产品、电气、轻油传输、动力资源开发、车辆船舶购置、糖、木材运输等	地方(都、道、府县)烟草税、柴油税、高尔夫球场使用税、地方道路税等

① 本表转引自尹音频、张莹:《消费税能担当地方税主体税种吗?》,《税务研究》2014年第5期。

续表

国别	税种归属权	中央的征收对象	地方的征收对象
德国	中央征收	酒(酒精、啤酒、香槟酒等)、烟草、矿物油、能源(动力)、盐、糖、饮料、电灯、火柴等	—
英国	中央征收	酒(酒精、啤酒、香槟酒等)、烟草、烃油(燃油)、垃圾填埋、气候变化、采石、车辆、航空旅客、赌博和游艺税等	—
法国	中央征收	酒、烟草、贵金属、首饰、收藏品、艺术品、古董、金银制品、燃油、煤、天然气、洗衣粉、洗涤剂、杀菌剂、电视服务、糖、矿泉水、火柴、打火机等	—
韩国	中央征收	酒、烟草、贵金属、首饰、高档家具、皮具、手表、燃油、汽车、高档食品、天然气、赛马场、老虎机、高尔夫球场、赌场、酒吧等	—
俄罗斯	中央征收	酒(包括含酒精产品)、雪茄烟和香烟、汽车、石油制品、天然气、珠宝、首饰、冰箱、化妆品、某些种类的矿物原料等	—

笔者认为,此轮消费税改革可考虑将其作为中央与地方的共享税种。原因有以下两个方面:一是目前我国税制改革的基本方向是"向后走",由重在创造和生产财富的阶段转向财富形成后的分配和保有阶段,重点在收入、消费和财富转移的环节增加税收。消费税正好处于财富形成后的"消费"这一节点上,有继续保有和适当发展的理由。对于地方政府而言,在经历了多年重视投资环境之后,正在逐渐转向重视和改善本地消费环境,不仅吸引人才而且在我国劳动力总量下降、劳动力成本上升的情况下更加注重吸引普通劳动者,这无论是从促进地方政府职能转型角度,还是从解决当前中国最大的难题——农民工市民化——的角度都是消费税改革应当考虑的大背景。消费税作为地方政府行为的"指挥棒"之一,当然要在这方面服务于国家大政方针,主动

发挥积极作用。二是现实地讲,"营改增"之后地方财政收入下降明显,客观上的确需要调整中央与地方财政收入的分配结构,消费税虽然不能成为地方政府新的主体税种,但对于缓解地方政府的财政困难还是有一定好处的,这在当前其他地方税种推出还需时日的情况下,就更是如此。具体操作上,笔者认为合适的做法是在明确消费税中央税属性的同时,允许地方附加一个比率征收。举例而言,假定卷烟的全国统一税率为40%,则可允许地方政府附加5%—10%征收,具体税率由地方政府根据本地情况自行确定。这样做的好处是:一方面明确了消费税的中央税属性;另一方面赋予地方政府一定的灵活性,两全其美。

四、我国税制转型方向决定了消费税的功能应定位"消费调节",而非组织财政收入

在已有关于消费税的研究中,对于此轮消费税改革的功能定位上有以下几种意见:一是增加地方财政收入,使其成为"营改增"之后地方财政收入的又一新的主体税种,即比较重视和强调消费税在组织财政收入方面的意义。二是保持消费税的调节税功能,"寓禁于征",重在纠正消费者的偏好误差,矫正外部不经济。三是发挥消费税调节收入分配的功能,将部分高消费品纳入消费,促进收入公平。从现实情况看,由于"营改增"之后地方财政收入吃紧,因此急需寻找新的财源,因此第一种意见有占上风之势。

笔者认为,对这个问题的判断需要拓宽视野,而不能仅就一时一事而论。消费税的功能定位应与我国税制改革的总体设计一并考虑,与

增值税、资源税、环保税、房地产税等统筹协调。根据相关改革安排,我国税制改革的总目标是由间接税为主向直接税为主转化,到 2020 年建成现代税收制度。形象地讲,我国税制改革的基本方向是"向后走",现在主要在生产经营环节征税转向后端,在收入、消费、财富三个环节增加税收分布。之所以如此,是因为流转税的基本特点是在商品(服务)的生产与交易环节征收。组织财政收入的意义重大,但对"创造财富"这一社会再生产的起始过程存在太多的打扰与扭曲作用,特别是考虑到流转税具有"价格楔子"的特点,税负易于转嫁,在某些情况下还存在着逆向调节作用时,就更是如此。当前,我国经济社会形势已发生了巨大的变化,税收作为国家治理的工具之一,必须要在调节收入分配、促进转型升级方面发挥更大的作用,其征收环节要由"创造财富"的前端更多地向"分配财富"的后端转移。因此,税制改革的基本方向可以概括为四个方面:一是减少或者至少不增加在生产经营环节的税收;二是更多地向收入、财富和消费征收;三是逐渐推动流转税、所得税"双主体"税制的名至实归;四是强化税收推动经济转型升级、鼓励创新、调节收入分配的功能,共同促进"双百"目标和中华民族伟大复兴中国梦的实现。消费作为流转税之一,在这一税制转型的主流改革方向中,如果不是说减弱,至少也不应明显加强。

确定消费税的功能定位必须考虑其与增值税的协同关系。显而易见,增值税是我国长期确定无疑的重大主体税之一,其流转税的属性框定了同属于流转税的消费税的"天花板"。换言之,在增值税作为主体税的背景下,消费税只能作为增值税的配套税种,在增值税调节不到或显失公平的方面辅助调节。比如,在全面实施"营改增"之后,原来征收税率高达 20% 的娱乐业转而按 6% 征收增值税,明显偏低,这就需要消费税的二次调节。另外,对于传统征收消费税的几类商品,如烟酒等

"劣质消费品"、汽油汽车等具有较强负外部性的污染品、游艇私人飞机等高消费品,在普遍适用增值税的情况下,均存在税收过低的问题,也需要消费税从旁辅助。有鉴于此,可考虑将消费税明确为"特别消费税"。这同时也为今后在增值税改革中减少税率档次,直至实行单一税率、发挥普遍调节作用创造了条件。简言之,在增值税基础之上的消费税,应当以调节经济为主要目标。

五、消费税改革要与其他税种改革统筹协调

除了增值税之外,从整体改革视角出发的消费税改革还需要特别重视与其他税种之间的协调关系。一是与资源税的协同。我国新的资源税方案已于 2016 年 7 月 1 日起生效,其中,石油已全面转向从价计征,相关的税款进入价格链,成为下游产品的价格内容之一。因此,在消费税改革中,既要重视但又不能过多强调其资源保护功能,以避免重复征税。燃油类消费税就是类似的典型例子。二是与环保税的协同。目前,《环境保护税法》通过人大审议,将于 2018 年 1 月正式实施,其"费改税"的立法精神也已为各方所熟知。在消费税税目中所涉及的具有环保意义的税目,应主动与此对接和协调。三是与房地产税的协调,针对近期房价上涨过快的问题,有人建议仿加拿大的先例,对第三、第四套住房征收高额消费税[1]。对此,笔者认为国内房地产市场最突

---

[1] 鉴于近期国内部分城市房价上涨过快,住建部原副部长仇保兴建议分拆房地产税,即消费税、空置税、转让税、物业税。其中消费税的实施方式可仿照一些国家的做法:首套购房免税,第二套购房征收 14% 的消费税,第三套购房征收 26% 的消费税,第四套购房征收 40% 的消费税。新浪网,http://finance.sina.com.cn/china/gncj/2016 - 09 - 22/doc-ifxwevmf1898722.shtml。

出的问题就在于交易环节的税收已经很多很重,而保有环节税收严重缺失,因此再通过增加交易环节的房地产税来为房市降温,并非根本之举。以后要不要这样做,还是要等房地产税这一"正税"出台后的情况变化再议。

总之,消费税作为此轮税制改革重点之一,切莫就消费税论消费税,而要从整体改革的大背景出发,站在更高的位置、用更广的视角来准确定位,进而讨论消费税的征收范围、环节、归宿等各方关注的具体问题。否则,就有可能陷入自己改自己、不符合潮流与发展方向,在改革方案推出不久问题重重、"今天的改革成果变成明天的改革对象"的尴尬之中。这一点,不仅适用于消费税改革,同样也适用于财政改革中的其他具体改革内容。

结语　未来财政的十大变革

党的十八届三中全会通过的《中共中央关于全面深化改革若干重大问题的决定》（以下简称《决定》）指出，"财政是国家治理的基础和重要支柱，科学的财税体制是优化资源配置、维护市场统一、促进社会公平、实现国家长治久安的制度保障"。《决定》共提出 336 项改革任务，其中财政部门作为牵头单位的有 76 项，作为参加单位的有 129 项，财税改革的重要性由此可见一斑。2014 年 6 月 30 日，中央政治局审定通过了《深化财税体制改革总体方案》，明确了财税改革的时间表与路线图，2016 年将完成重大工作与任务，2020 年基本建立现代财政制度。

财政作为配置公共资源的核心制度安排，体现着政府与市场、政府与社会、中央与地方政府之间三大重要关系，涉及经济、政治、文化、社会、生态文明等各个方面，对所有与公共资金相关的主体、行为都将产生重要影响，与各级政府、所有政府部门更是密切相关。因此，需要加强对新一轮财税改革的认识，把握财税改革未来的趋势性变革。

一、所有政府收入将纳入预算管理，
部门财力成为"过去式"

由于种种原因,目前我国各级政府的一些部门还掌握着形形色色的公共资金,如各类行政事业性收费、罚没收入、押金、土地出让金、国有资本经营收入、国有资源转让收入、各类基金等。这些资金虽然大部分已经纳入了"收支两条线"管理,但总的来讲,其"部门"特色是客观存在的。根据《决定》精神和新修订的《预算法》,未来财政将设立"四本预算",即一般公共预算、社会保障预算、国有资本经营预算和政府性基金预算。绝大部分现在由部门掌握的收入都将陆续纳入预算管理,即使不在这四本预算之内的一些特殊收入——如住房公积金——也将逐渐走向管理规范化和信息公开化。更重要的是,这些资金将与相应的执收执罚部门完全脱离联系,各部门不可能继续保有对这些资金的实际支配权,所需要支出缺口将转由公共财政体系提供。

二、编制中长期预算将成为常态，
部门工作计划性大大提升

一直以来,我国预算管理执行的是"一年预算、预算一年"。这种管理方式不仅给年终突击花钱提供了口实,而且不利于各部门制定、实施中长期工作计划和政策目标,影响了政府部门的工作绩效。对此,《决定》提出要建立跨年度中期预算,在财政部门的大力推动下,中期预算要于 2015 年进入实施阶段。这意味着,今后各部门要制定至少 3 年期的计划与政策,并合理分解到各个年度,进而据此向财政部门提出预算申请。这对各个部门的工作方式、工作安排、资金使用管理方式将产生重大影响,促使各部门相关政策研究、趋势预测,进一步提高工作的科学性与计划性。

三、绩效预算从局部走向全面,
财政审计与问责从弱到强

跨年度预算管理之下,必然会同时赋予各部门一定的资金调剂权,在满足一定的条件下,"打酱油的钱可以用于打醋"。但与此同时,绩效预算将从局部走向全面,一方面所有的项目资金都将纳入绩效管理,另一方面绩效管理的主体将由财政部门更多地转向各部门自身。后者要提出本部门的绩效管理目标、实施路径,以及绩效评估的具体方法等,管理责任较以往有所加重。另外,绩效结果将在更大范围内使用,比如与下一周期的预算申请相联动,不排除在某时期会向社会公开各政府部门的绩效信息。根据日前国务院批转的财政部《权责发生制政府综合财务报告制度改革方案》的要求,以后各部门每年都要向财政部门提交财务报告,接受审计、公开信息并对不良管理承担责任,审计部门也已调整了内设机构以应对未来加大财政审计的需要。因此,未来一段时期内,各部门将面临经常性、严格的财政审计,对审计中发现的违纪、违法问题,也很难止于现在的"点到即止",财政问责系列制度将陆续走到台前。

四、税收增长有所放缓,但不会
出现"断崖式"下降

随着我国经济进入新常态,税收的增长速度将有所下降,以往那种每年 10%—20% 的高增长将成为过去式。但是,综合考虑我国经济的成长韧性与税收征管方面的巨大空间,税收收入并不会出现"断崖式"下降,5%—8% 的年增长率仍然是可以预期的。随着对各类费与基金的清理归并,税收收入在地方政府收入结构中的比重将明显上升。

五、税收制度将进行结构性调整,
间接税下降,直接税上升

新一轮财税改革下,税收方面的重大变化将主要出现在税制结构性调整上面。调整的方向有两个:一是降低间接税比重、增加直接税比重,二是将主要从生产经营等"前端"环节征税转为向收入、消费、财富等"后端"环节征税。具体而言,"营改增"已于 2016 年全面实施,营业税将彻底退出历史舞台,有"中性税""良税"之称的增值税将承担扛鼎重任。消费税将进行重大调整,除了征收范围之外,征收环节将由生产环节、进口环节改为零售环节。致力于保护生态、促进节能减排的环保税将于 2017 年出台。如果立法进展顺利,房地产税将在 2017 年面世。个人所得税将进一步改革,但绝不会再走提高起征点的路子,而是向"广覆盖""较低税率"和"以家庭为计征单位"转变。遗产与赠与税一直不受待见,但综合各方面的情况看,来到世间只是时间与方式问题。

六、税收管理将更加重视个人, 税收优惠受到严格管控

　　长期以来,我国的税收征管制度主要是针对企事业单位的,对于个人的税收管理很弱。根据已经修订的《中华人民共和国税收征管法》,未来对于个人的税收征管将从小到大、从弱到强逐渐展开。个人将有终身税号,所有的收入与纳税信息都将归集于此。个人还将形成完整的纳税记录,并成为个人信用体系的一个组成部分。个人自主申报将成为税务管理的常态,税务机关每年进行一定比率的抽查,对于违规者进行重罚。2014 年 12 月,国务院发布了《国务院关于清理规范税收等优惠政策的通知》,未来各地区一律不得自行制定税收优惠政策;未经国务院批准,各部门一律不得规定具体的税收优惠政策。因此,今后税收优惠将不再是各地用于招商引资、发展经济的主要工具。针对社会上"减税"的强烈吁求,要看到问题的主要症结在于政府收入秩序的混乱而不是税真的太重。因此,要主要从减费、减基金的角度予以回应,以降低企业负担,促进创新创业。

七、各级政府的事权范围将逐渐 清晰,稳定性明显增加

　　政府间事权的清楚划分、相对稳定是中央与地方政府间财政体制

的基石,也是新一轮财税体制改革的硬骨头。未来,事权将分为中央事权、地方事权和共同事权三类。中央事权主要集中在宏观调控、国防、安全、生态保护、司法、基本公共服务上,地方事权主要集中在本地事务管理与公共服务上,跨区域的事权则归于共同事权。在事权的改变上,有两点需要特别指出:一是总体而言,地方政府的事权范围将有所缩小,支出责任有所减轻;相应地中央的事权范围有所扩大,支出责任有所加重;二是相对以往而言,省级政府的责任将有所加强,要承担起本区域内均衡财力、促进基本公共服务均等化的责任。当然,鉴于我国政府管理的现实情况,政府间事权改革不可能一步到位,应当首先会对各方已取得共识的事权归属进行调整,现在问题不突出、认识不清楚的事权会留待以后慢慢形成共识。新一轮政府间事权调整结果可能会通过某种制度进行确认,但短期内不会上升到法律层次。

八、分税制仍然是划分各级政府收入的基本制度框架

"分税制是市场经济的奠基性制度",未来变革将主要发生在如何分税上面。经过改革后的税种将重新在中央与地方政府之间进行划分。具体而言,增值税很可能将全部确定为中央税收,地方政府不再参与分享。消费税将调整为地方税。企业所得税和地方所得税成为主要分享税种,但很可能由"分成"转向"分率",即中央确定所得税的基本税率,地方政府可在此基础上增加某个比率。资源税、房地产税是典型的地方性税种,有望成为未来政府创收主力。

九、转移支付制度将成为分税制的有力支撑

即使分税制调整到位,但任何地区、任何时期,地方政府都不可能实现收入与支出的完全对等。因此,需要进一步完善转移支付制度,发挥其对分税制的重要支撑作用。改革的方向是:一般性转移支付将在"促进基本公共服务均等化"的目标下进行调整,各地获得的一般转移支付金额将趋于标准化、公开化和稳定化,并在地方政府的收入盘子中占据越来越大的比重。专项转移支付仍将存在,但额度将大大缩减,且管理也更趋规范,"跑部钱进"将得到抑制。省对下的转移支付制度将陆续建立,省级政府的辖区责任将进一步加强,财政体制渐臻合理完善。

十、财政政策继续积极,PPP 成为主流

财政政策方面,积极财政政策仍将在一定时期内保持且要加大力度,2015 年财政赤字率为 2.3%,2016 年为 3%,债务规模温和上升。未来地方政府性债务管理也将出现重大变化,这在《国务院关于加强地方政府性债务管理的意见》中已经说得很清楚,在此不再赘述。与地方政府性债务管理破冰同步,未来地方政府仍然将进行大规模的基础设施、市政设施建设,所需的资金部分依赖债务,但大部分将转向PPP 模式,即通过政府与社会资本合作来实现,由此将对地方政府的法律意识、管理模式、行为方式产生重大影响。

　　总之,随着财税改革时间表与路线图的完成,未来一段时期内,我国财政制度的基本面貌已经清晰可见。基于财政制度在国家治理中的重要作用,以及财政制度的综合性与全面性,改革将对各地区、各部门甚至每个人产生重大影响,需要认真辨识趋势,调整认识,以便未雨绸缪、主动适应财政管理"新常态"。

参考文献

1. [印度]阿马蒂亚·森:《贫困与饥荒》,商务印书馆2004年版。

2. [美]阿瑟·奥肯:《平等与效率》,王奔洲等译,华夏出版社1999年版。

3. [美]布坎南:《民主过程中的财政》,唐寿宁译,上海三联书店1992年版。

4. [美]Y.巴泽尔:《产权的经济分析》,上海三联书店1997年版。

5. [美]保罗·萨缪尔森、威廉·诺德豪斯:《经济学》,华夏出版社2002年版。

6. [英]查尔斯·沃尔夫:《市场还是政府:市场、政府失灵真相》,陆俊、谢旭译,重庆出版社2009年版。

7. 陈剩勇、孙仕祺:《产能过剩的中国特色、形成机制与治理对策——以1996年以来的钢铁业为例》,《南京社会科学》2013年第5期。

8. 陈华、赵俊燕:《巨灾保险体系构建研究:一个国际比较的视角》,《金融理论与实践》2008年第9期。

9. [美]唐纳德·凯特尔:《权力共享:公共治理与私人市场》,北京大学出版社2009年版。

10. [美]道格拉斯·C.诺思:《经济史中的结构与变迁》,上海三联书店 1991 年版。

11. [美] R.科斯、A.阿尔钦、D.诺斯等:《财产权利与制度变迁——产权学派与新制度学派译文集》,上海三联书店 2003 年版。

12. 党国英:《现代产权制度的内在演进力量》,《南方周末》2003 年 12 月 11 日。

13. 冯俏彬、王勇:《灾后重建:商业性信贷资金、政策性金融支持和立体化资金保障体系建设》,《财政研究》2010 年第 2 期。

14. 冯俏彬:《私人产权与公共财政》,中国财政经济出版社 2005 年版。

15. 冯俏彬:《深化供给侧结构性改革　增强经济发展新动能》,《行政管理改革》2015 年 11 月。

16. 冯俏彬:《我国应急财政资金管理的现状与改进对策》,《财政研究》2009 年第 6 期。

17. 冯俏彬:《进一步规范政府性基金的使用管理》,《中国财政》2013 年第 2 期。

18. 冯俏彬、郑朝阳:《规范我国政府性基金的运行管理研究》,《财经科学》2013 年第 4 期。

19. 高培勇主编:《公共财政:经济学界如是说》,经济科学出版社 2000 年版。

20. 国家行政学院经济学教研部:《中国供给侧结构性改革》,人民出版社 2016 年版。

21. 国务院发展研究中心课题组:《农村转移人口市民化　制度创新与顶层政策设计》,中国发展出版社 2011 年版。

22. [美] 哈维·罗森:《财政学》(第四版),中国人民大学出版社 2000 年版。

23. 黄仁宇:《资本主义与二十一世纪》,生活·读书·新知三联书店 2001 年版。

24. 黄仁宇:《放宽历史的视界》,生活·读书·新知三联书店 2001 年版。

25. 华夏新供给经济学研究院课题组:《"十三五"时期的供给侧结构性改革》,《国家行政学院学报》2015 年第 6 期。

26. 黄晓勇主编:《中国民间组织发展报告(2009—2010)》,社会科学文献出版社 2009 年版。

27. 贾康、孙杰:《关于 PPP 的概念、起源与功能》,《财政研究》2009 年第 10 期。

28. 贾康、叶青:《否定之否定:人类社会公共财政发展的历史轨迹》,《财政研究》2002 年第 8 期。

29. 贾康、冯俏彬:《论制度供给的滞后性与能动性》,《财贸经济》2004 年第 2 期。

30. 贾康、冯俏彬:《新供给:创造新动力——"十三五"时期供给管理的思路与建议》,《税务研究》2016 年第 1 期。

31. 贾康、苏京春:《新供给经济学》,山西经济出版社 2015 年版。

32. 江苏省社科联课题组:《关于深化省管县体制改革的几点建议》,《决策参阅》2013 年第 9 期。

33. 贾康、白景明:《县乡财政解困与财政体制创新》,《经济研究》2002 年第 2 期。

34. 贾康、刘军民:《非税收入规范化管理研究》,《税务研究》2005 年第 4 期。

35. 康晓光:《未来 10 年中国政治发展策略探讨》,《战略与管理》2003 年第 1 期。

36.[美]凯文·凯利:《新经济 新规则:网络经济的十大策略》，电子工业出版社 2015 年版。

37.康晓光、郑宽等:《NGO 与政府合作策略》，社会科学文献出版社 2010 年版。

38.康晓光、韩恒:《分类控制:当前中国大陆国家与社会关系研究》，《社会学研究》2005 年第 6 期。

39.[美]莱斯特·M.萨拉蒙:《公共服务中的伙伴——现代福利国家中政府与非营利组织的关系》，商务印书馆 2008 年版。

40.吕恒立:《试论公共产品的私人供给》，《天津师范大学学报》(社会科学版)2002 年第 3 期。

41.[美]理查德·派普斯:《财产论》，蒋琳琦译，张军校，经济科学出版社 2003 年版。

42.林毅夫、巫和懋、邢亦青:《"潮涌现象"与产能过剩的形成机制》，《经济研究》2010 年第 10 期。

43.刘军民:《财政转移支付生态补偿的基本方法与比较》，《环境经济》2011 年第 10 期。

44.刘尚希、陈少强:《构建公共财政应急反应机制》，《财政研究》2003 年第 8 期。

45.李洪、程锋、全小庆、徐爽、于敏赟:《保险资金在我国应急管理体系中的作用及地位重塑》，《宏观经济研究》2010 年第 10 期。

46.刘尚希:《论非税收入的几个基本理论问题》，《湖南财政经济学院学报》2013 年第 6 期。

47.李晶:《与增值税改革联动的消费税制度创新》，《税务研究》2014 年第 5 期。

48.李梦娟:《我国消费税改革的考量与权衡》，《税务研究》2014

年第 5 期。

49. [英]迈克尔·希尔:《理解社会政策》,商务印书馆 2003 年版。

50. 马珺:《公共品概念的价值》,《财贸经济》2005 年第 11 期。

51. [美]D.C.诺思:《经济史中的结构与变迁》,陈郁、罗华平等译,上海三联书店、上海人民出版社 2002 年版。

52. 秦晖:《群己权界论:个人价值整合成社会价值的关键》,《中国与世界观察》2006 年第 4 期。

53. 秦晖:《农民中国:历史反思与现实选择》,河南人民出版社 2003 年版。

54. 任世丹、杜群:《国外生态补偿制度的实践》,《环境经济》2009 年第 11 期。

55. [美]E.S.萨瓦斯:《民营化与公私部门的伙伴关系》,中国人民大学出版社 2002 年版。

56. [美]斯蒂芬·戈德史密斯、威廉·D.埃格斯:《网络化治理:公共部门的新形态》,北京大学出版社 2008 年版。

57. [南]斯韦托扎尔·平乔维奇:《产权经济学——一种关于比较体制的理论》,经济科学出版社 2000 年版。

58. 唐祥来:《公共产品供给的第四条道路:PPP 模式研究》,《经济经纬》2006 年第 1 期。

59. 吴伟:《西方公共物品理论的最新研究进展》,《财贸经济》2004 年第 4 期。

60. 王家范:《百年颠沛与千年往复》,上海远东出版社 2001 年版。

61. 王俊秀:《新经济:信息时代中国升维路线图》,电子工业出版社 2016 年版。

62. 王开泳:《行政区划视野下我国城市化发展的现状、问题与对策》,《工程研究——跨学科视野中的工程》2011 年第 3 期。

63. 王璟谛:《广西政府性基金预算管理问题研究》,《经济研究参考》2010 年第 71 期。

64. 王绍光、马骏:《走向"预算国家"——财政转型与国家建设》,《公共行政评论》2008 年第 1 期。

65. [澳]休·史卓顿、莱昂内尔·奥查德:《公共物品、公共企业和公共选择》,经济科学出版社 2000 年版。

66. 席涛:《政府监管影响评估分析:国际比较与中国改革》,《中国人民大学学报》2007 年第 4 期。

67. [美]英吉·考尔等编:《全球化之道——全球公共产品的提供与管理》,人民出版社 2006 年版。

68. [英]约翰·洛克:《政府论两篇》,赵伯英、来鲁宁译,陕西人民出版社 2004 年版。

69. [美]约瑟夫·熊彼特:《经济发展理论》,何畏、易家详译,商务印书馆 1990 年版。

70. 杨全社、王文静:《我国公共定价机制优化研究——基于公共定价理论前沿的探讨》,《国家行政学院学报》2012 年第 3 期。

71. 杨寅、刘建平:《行政审批收费改革的经验、境遇与发展方向——以上海市行政事业性收费清理为例》,《华东政法大学学报》2013 年第 6 期。

72. 尹音频、张莹:《消费税能够担当地方税主体税种吗?》,《税务研究》2014 年第 5 期。

73. 赵萌:《慈善金融、欧美公益风险投资的含义、历史与现状》,《经济社会体制比较》2010 年第 4 期。

74. 张馨:《论公共财政》,《经济学家》1997 年第 1 期。

75. [美]詹姆斯·M.布坎南:《财产与自由》,韩旭译,中国社会科学出版社 2002 年版。

76. 周其仁:《产权与制度变迁——中国改革的经验研究》,社会科学文献出版社 2002 年版。

77. 张昕竹:《市场经济发展中的政府监管体制改革》,《改革》2010年第 9 期。

78. 张日旭:《地方政府竞争引起的产能过剩问题研究》,《经济与管理》2012 年第 11 期。

79. 张占斌、苏珊·罗尔:《中国新型城镇化背景下的省直管县体制改革》,《经济社会体制比较》2012 年第 6 期。

80. 周金涛、郑联盛:《结构主义的薪火:周期波动、结构演进与制度变革》,《资本市场》2010 年第 11 期。

81. 赵要军、陈安等:《突发事件应急管理中公共财政应急机制探析》,《中国管理科学》2006 年第 10 期。

82. 中国行政管理学会课题组:《建设完整规范的政府应急管理框架》,《中国行政管理》2004 年第 4 期。

83. 卓志、吴婷:《中国地震巨灾保险制度的模式选择与设计》,《中国软科学》2011 年第 1 期。

84. 中国发展报告:《促进人的发展的中国新型城市化战略》,人民出版社 2010 年版。

85. 张国胜:《基于社会成本考虑的农民工市民化:一个转轨中发展大国的视角与政策选择》,《中国软科学》2009 年第 4 期。

后　记

　　本书是张占斌教授主持的国家社科基金重大项目《把握经济发展趋势性特征　加快形成引领经济发展新常态的体制机制和发展方式研究》(15ZDC009)之子课题"加快财税治理现代化"的成果形式,汇集了笔者近年来相关的研究论文或工作报告,诚挚希望得到各界朋友的批评和指正。特别要说明的是,由于丛书体例原因,编辑过程中对原文略有调整,并删去了一些图表和部分参考文献,由此给读者带来的不便,还请谅解。

　　感谢张占斌教授的无私支持。本书的形成既源于他作为课题负责人下达的任务,也基于他提供的出版资助。自从我进入国家行政学院工作以来,张占斌教授给予了我很多帮助与支持。感谢之情,无以言表!

　　要特别感谢并致以万分歉意的是本书收录文章的相关合作者。由于体例原因,无法在正文中列示他们的名字,但他们的贡献与帮助我始终铭记心怀。特别是我的博士生导师贾康教授,多年来我们一起完成了若干重要研究,至今他仍然是我最主要的合作者与学术导师。还有我的同事与学生们,如刘敏、侯东哲、安森东等,我们曾经在不同的阶段并肩研究,其中乐趣横生、令人难忘。在此一并致谢!

感谢人民出版社郑海燕主任提供的出版支持。本书能顺利出版，郑主任提供了大量宝贵而有益的意见与建议。近年来，我们与人民出版社多次合作，形成了良好且富有成效的协作关系，相关研究成果多次获得有关部门的表彰。希望今后这种合作更多更好，共同为深化改革、促进经济社会的健康发展作出更大的贡献。

国家行政学院李贺博士、北京工业大学谢竞天同学在学习之余，承担了本书编辑方面诸多基础性工作。此书反反复复，前后编辑达四次之多，他们协助我完成了大量艰苦细致的编辑、核校事务，在此深表谢意！

冯俏彬

2017 年 7 月于北京